LES SOUVENIRS

DE L'ÉTIENNE FOURVIÈRE

PARIS

IMPRIMERIE NOTRE-DAME DES CHAMPS

96, Boulevard du Montparnasse, 96

—

1901

LES SOUVENIRS D'ÉTIENNE FOURVIÈRE

Je suis né à ..., le ... — Mais qu'importe l'heure où le petit nuage blanc, tamisant un vague rayon de lumière, traverse le ciel bleu, pour aller se perdre au-delà des horizons ? — Et qu'importe le coin de terre où se pose le berceau de l'humaine créature, lorsque celle-ci ne sait s'il lui faut à son souvenir, sourire ou pleurer ?

Donc, dans un siècle mauvais, — ils le sont tous, qui plus, qui moins, — j'apparus en ce monde, ou plutôt ce monde m'apparut, comme il apparaît à tous les enfants, pour les émerveiller d'abord, les séduire, s'il le peut, et les rassasier de misère, toujours.

Oh ! ces premiers souvenirs du foyer de famille ! — Mais devrais-je tant me presser de parler de foyer, moi qui n'en ai jamais eu, si ce n'est à l'âge où l'on est à peine capable d'en sentir les joies véritables, d'en goûter l'intime douceur ? Moi qui l'ai vu s'effondrer à l'heure où j'aurais pu en recevoir ces encouragements, ce précieux appui qui soutient si à propos l'adolescent, le jeune homme, dans ses premières luttes avec la vie ?

Donc, placez mon berceau dans une petite ville de montagne, et ma naissance à une année quelconque de ce siècle qui vient de finir, tristement. L'année est indifférente : ni les événements politiques, ni les décadences civiles, morales, religieuses, longtemps du moins, n'ont eu de répercussion sur mon existence. Lorsque le moment sera venu de m'expliquer à moi-même certains faits qui m'ont atteint cruellement, certains hommes qui ont saccagé ma vie sans la troubler, grâce à Dieu, et qui croyant la briser l'ont mise dans sa voie, je jetterai le coup d'œil nécessaire sur les ambiances sociales et professionnelles.

Mais alors, dans mon récit, j'aurai près de quarante ans, je serai en pleine carrière, je veux dire au plein de la formidable lutte qui m'est échue en partage. A la vérité, je vois aujourd'hui qu'à peine au sortir du premier âge, sinon même plus tôt, la Providence m'y préparait. — Mais alors je ne le soupçonnais pas ; et je veux revivre mes commencements tels que je les ai effectivement vécus, allant devant moi, souriant à tous dans l'ingénuité de mon âme naturellement douce et pacifique, cueillant au bord du chemin les rares fleurs que j'y rencontrais, inconscient de l'avenir, et ne me demandant point ce que je rencontrerais au prochain détour de la route.

3 Août 1901.

MES SOUVENIRS

I

Jusqu'à douze ans.

Une rue montante, courant à la base de la colline. Dans cette rue, le magasin de mes parents, ils étaient commerçants. — Puis, ne faisant qu'un avec le magasin, la maison de famille, d'où je suis parti de si bonne heure, pour n'y plus revenir.

Je revois le magasin, où quelquefois, dans mes moments sérieux, je parachevais l'étalage. J'ai toujours aimé l'ordre, ce qui est beau, ce qui est bien, surtout ce qui est rangé, ce qui plaît à l'œil et au cœur.

Je revois les dépendances du magasin, tous ces recoins où l'enfant aime particulièrement à fureter, à promener ses jeux, parce qu'il s'y sent moins soumis à la gêne du « tiens-toi tranquille. »

Je revois surtout les chambres de l'habitation, avec ceux qui s'y rencontraient, en ces années où c'était pour moi le monde dans toute son ampleur.

Je revois aussi le jardin, au pied de la montée ; et sa porte de sortie, donnant sur les halliers et la futaie toute proche ; et le sentier qui escaladait, en serpentant, ces pentes boisées, pleines d'ombre et de silence. Que de fois, tout jeune, tout jeune, je l'ai parcouru, seul, ce sentier ! Que de fois je l'ai gravie en courant, cette pente abrupte ! Il y avait là-haut, sur le sommet, quelque chose qui, invinciblement, m'attirait. Quoi ? — Je ne savais.

De là-haut, le regard embrasse toute la ville, une ville de douze à quinze mille habitants, pittoresque et mouvante, mais la ville ne m'intéressait guère ; — et les montagnes qui se profilent au loin sur le ciel, mais les montagnes ne me disaient rien ; — et tous les enchantements de la verte et profonde vallée, mais je n'y prenais pas garde. Rien de tout cela ne me séduisait. L'enfant jouit de la nature, il ne l'observe pas. C'est un bien qu'il prend où il le trouve, ainsi qu'il le trouve, sans se demander d'où il lui vient, ni ce qu'il vaut; sans rechercher pourquoi il l'aime et s'y sent à l'aise. Tout ce qu'il sait le mieux, c'est qu'il est content de vivre. Et pourtant...

Non, autre chose m'appelait, m'entraînait comme d'instinct vers la hauteur. Thabor ou Calvaire, — mais ces grands noms n'étaient encore pour moi que des mots, — il me faisait bon être là. Volontiers, j'y serais demeuré. Pourquoi ? — Je ne le savais, et ne me mettais point en peine de l'apprendre. J'y étais bien, je le sentais, c'était une cause suffisante à mes jeunes déterminations.

Quelques années plus tard, ainsi que je l'ai appris, on a érigé à cette place une statue monumentale de la Vierge. De ce sommet, mon endroit favori, la Vierge domine aujourd'hui toute la ville et règne sur le pays, comme, au temps de mes pérégrinations enfantines, elle dominait déjà ma vie, et sans que j'en eusse la claire perception, commençait à tenir le sceptre de mon existence.

Je sais maintenant le pourquoi de mes prédilections, le but, ignoré de moi-même, de mes incessants pèlerinages.

Déjà Marie avait choisi ce sommet ; déjà la Madone, invisible pour un temps, en avait pris possession. Déjà, elle y attirait, pour qu'il se souvînt plus tard, le pauvre enfant qui, bientôt n'aurait plus d'autre refuge que ses autels, d'autre abri que les plis de son manteau. — Si, d'aventure, quelque lecteur de ces humbles souvenirs s'égare sur ces hauteurs, et y rencontre la grande Madone, qu'il prie pour l'enfant joyeux d'autrefois, pour le petit pèlerin avant la lettre, je veux dire, avant le pèlerinage. La Vierge règne toujours sur lui, la Vierge le protège toujours.

Nous étions quatre à la maison, mon père, ma mère, ma sœur et moi ; six, lorsque, de temps à autre, mes grands parents maternels venaient y passer quelques semaines, l'égayer et l'édifier par leur bonne présence.

Chers et vénérés aïeux, vrais chrétiens du vieux temps, douces et saintes figures qui rassérènent un peu l'horizon dévasté de mes jeunes ans ! Quelle sagesse dans leur langage, quelle heureuse composition et quelle délicatesse dans leurs manières ; quelle tendresse dans leurs affections ; mais surtout quelle foi et quelle piété dans leur religion ! J'ai encore le livre de prières de ma digne et si aimée grand'mère. Je le conserve comme une relique, la seule hélas ! que l'ouragan ne m'ait pas arrachée... relique d'une sainte femme, tout embaumée encore du parfum de sa prière.

Je n'aimais pas mon père. D'aussi loin que je me souvienne, antérieurement même à ma première aube de raison, alors que je n'étais qu'instinct et embryon de sentiment, j'éprouvais à son égard une répulsion invincible. Quoi donc? Les âmes se sentent-elles avant même que de se connaître ? Se devinent-elles, s'attirent-elles ou se repoussent-elles ainsi, d'elles-mêmes et comme à l'aveugle, puisque, sûrement, je n'avais aucune conscience d'un phénomène, qui, même à l'heure où je le signale, reste une énigme pour moi ?

Cependant, mon père jamais n'a cessé d'être bon à mon égard. Il m'aimait, je le voyais ; il était même affectueux, je l'éprouvais de mille manières. De mon côté, par nature et par besoin de tempérament, j'étais tout expansion et tendresse; mon cœur sans défiance allait à tout le monde. Et je ne pouvais parvenir à l'aimer ! Et je subissais à regret ses caresses, un peu plus les eussé-je repoussées ! Ah ! mystère, mystère affreux, et qu'aujourd'hui, à distance, après trente ans de réflexions amères, je ne puis expliquer que par un mot : la dissonance de nos âmes !

Mais le fait est là, positif, inexorable, poignant. Dès le matin de ma vie, il a pesé sur mon cœur, privé de toute joie, de tout appui de ce côté. Pour le cœur, je n'ai jamais eu de père. Maintenant, que la mort l'a couché là-bas, dans sa tombe effacée, il ne me reste pas même la consolation de le pleurer, de ces douces larmes qu'on donne à un absent qui nous fut cher.

O le glaive acéré, hideux, empoisonné, dont bien peu d'hommes ici-bas, par pitié pour eux je l'espère, n'auront senti la pointe! Moi, il m'a atteint jusque dans les profondeurs, dans la moëlle de l'âme. Si Dieu, dans sa miséricorde, ne m'avait longtemps dissimulé l'horreur de la blessure, et si, depuis, il ne l'avait cicatrisée en partie, par la conscience intime qu'il m'a donnée, de ses desseins sur moi, ce serait épouvantable comme un tourment remonté de l'abîme où, éternellement, les maudits ne pourront que se haïr.

En revanche, j'aimais profondément, tendrement, délicieusement, ma mère. Elle était tout pour moi. Elle me comprenait, et je la comprenais. Elle répondait à mes sentiments, devinait mes aspirations, et les secondait. Mon cœur se jetait dans son cœur, comme mes bras à son cou, dans ses bras. Il y avait amour filial et ardente sympathie.

J'avais aussi beaucoup d'affection pour ma sœur, plus jeune que moi. Pour elle, mille tendresses, et toutes mes attentions protectrices. « O petite sœur chérie, comme nous serons heureux ensemble, n'est-ce pas ? Plus tard, quand nous serons grands, comme je te donnerai de belles choses, et comme nous nous aimerons, en aimant le bon Dieu ! »

Eh ! où sont ces doux rêves ? — Qu'est devenue ma mère ? — Qu'est devenue ma sœur ? — Mon père, je l'ai su, est mort à l'abandon, loin des siens, loin du pays, sous le coup de la catastrophe qui a détruit le foyer : nul de nous ne lui a fermé les yeux... Mais les autres ?... Ah ! survivances plus lourdes à porter que la mort elle-même. Incertitudes glacées, plus angoissantes que la plus douloureuse réalité. Heureux celui à qui le malheur a tout pris d'un seul coup, fortune et affections, tout ce qu'il avait et tout ce qu'il aimait ! Dans la solitude de ses tristes pensées, il peut encore se traîner au bord du gouffre qui a englouti les siens, et les genoux à terre, goûter je ne sais quelle consolante amertume à se dire : « Ils sont là ! » — Mais moi...

Seigneur, je ne me plains pas. Il le fallait ainsi, j'adore vos desseins. Je vous bénis, ô Père qui êtes aux cieux, dans un deuil qui n'a pas même le soulagement de prier au pied d'une croix, sur un tertre de gazon. Il fallait, ô mon Dieu, que je fusse seul, absolument seul au monde, pour y faire votre œuvre, l'œuvre que vous m'avez montrée. Soit, j'en ai été la victime ; s'il le faut, j'en serai le martyr ignoré : je me repose en vous. Vous m'avez appelé par la souffrance matinale, Seigneur : me voici ! S'il le faut, que la souffrance soit aussi mon sacrifice du soir !

Aussi bien, tel a été votre partage : « Bienheureux, avez-vous dit, ceux qui pleurent ! »

. . . .

Ces murailles effondrées, ces ruines béantes et comme frappées de la foudre : un sombre portique à l'entrée de ma vie, n'est-il pas vrai ?

Ainsi, dans nos ravins, au fond de la vallée étroite et silencieuse, des blocs énormes, détachés de la montagne en un jour de tempête. Un accident de terrain, une branche, un grain de sable, un rien semble les tenir suspendus au-dessus du sentier. Leur lourde masse effraie le passant, le menace, lui intercepte la lumière, l'enveloppe soudain d'une atmosphère humide et pesante, où il croit respirer la mort. — Mais la passe obscure franchie, la voûte maudite laissée en arrière, voici que le ciel, le beau ciel reparait à ses yeux. La lumière se fait, pour lui, par le contraste, plus rayonnante et plus pure. De nouveau, le sentier se borde de fleurs ; le passant reprend sa marche d'un pas plus joyeux, jusqu'à ce que peut-être, un peu plus loin, sous les coups de l'orage ou par l'imprévu des dangereuses rencontres, la dure loi des choses de nouveau s'exprime pour lui, dans ces fonds, avec une âpreté qu'elle n'a pas dans la plaine, insignifiante et monotone.

Telle a été jusqu'ici ma chétive existence.

J'y ai rencontré, au delà de la déchirure tragique, effroyable, après le bouleversement de cataclysme, des passes ensoleillées, bon nombre de rayons doux et chauds, parfois de ravissantes affusions de lumière ; puis des jours sombres, de mauvaises rencontres, des hivers noirs et d'abominables tempêtes. C'est à travers ces alternatives incessantes que je me vois m'acheminer, d'un pas qui, grâce à Dieu, n'a jamais cessé d'être allègre et résolu, vers le but que sa Providence m'a marqué.

Mais le moment n'est pas venu d'insister sur ce caractère

si nettement accusé de ma vie. Je reviens à mes premiers souvenirs.

Jusqu'à douze ans : — Que dirai-je de moi, durant cette période ? Période crépusculaire, assez nébuleuse, naturellement. A quels faits pourrai-je, de si loin, rattacher le fil ténu de ma petite existence ? Quels signes retrouverai-je, auxquels je reconnaitrai mon état d'âme, en ces premières heures de ma journée ?

Observez l'enfant dans ses jeux. C'est là qu'il met toute sa spontanéité : c'est là, par conséquent, qu'il se révèle le mieux, avec son caractère, ses tendances. C'est là, bien souvent, qu'il esquisse à traits rompus ce qui, plus tard' deviendra sa vocation ; là qu'il s'essaye, sans le savoir, à la profession qu'il embrassera, un jour, à moins que les hommes ou les choses ne lui créent d'insurmontables obstacles. Le pronostic, même, serait presque infalllible, si l'instinct d'imitation, aussi impérieux chez l'enfant que le besoin de mouvement, ne le portait parfois à reproduire, en dehors de ses sympathies innées et peut-être encore endormies, les spectacles qu'il a tous les jours sous les yeux : ne rêvant d'abord que machines ou constructions, s'il est né près de l'usine, aux abords du chantier ; jouant au marin, s'il s'élève et grandit sur le littoral ; au soldat, s'il voit de près la vie militaire ; à la chapelle, si le milieu que lui crée la naissance ou l'éducation le familiarise avec le prêtre, le religieux et leurs pieuses fonctions.

Mais ce n'était pas le cas pour moi. Rien de ce qui m'entourait, ne me sollicitait en un sens ou dans l'autre. Seules mes tendances intimes, extériorisées aussitôt que parvenues à leur développement initial, me déterminèrent dans le choix de mes passe-temps. Ceux-ci disaient sans ambages à quiconque y prenait garde ce qui, déjà, me faisait battre le cœur, mon envie secrète, mes naïves ambitions. Comme d'autres, qui n'ayant jamais vu d'ateliers, ni la mer, ni les beaux régiments, jouent au constructeur, au marin, au soldat, je jouais au prêtre et, gravement, j'en faisais les fonctions devant les autels que j'installais ici, que je transportais là, que j'ornais à ma manière et défendais de mon mieux.

Et ma mère, volontiers, se prêtait aux exigences de mon ministère. Elle entendait mes prônes, admirait mes reposoirs, laissait évoluer mes processions, au besoin, subventionnait mon culte. Elle voyait, en tout cela, ce que, d'ailleurs, un aveugle même y aurait vu : ce que sa foi de chrétienne lui faisait un devoir et un bonheur d'encourager par tous les moyens en son pouvoir.

Dès que j'eus conscience de moi-même, j'eus aussi, je ne dis pas la notion claire, — franchement il était trop matin, — mais le vif et irrésistible sentiment de ma vocation. Jamais, non jamais, pas même un seul instant, — je vous en bénis, mon Dieu, — la vie ne m'apparut, même en rêve d'enfant, sous un autre aspect. Jamais, non jamais, je ne me vis dans l'avenir, jamais je ne pus me concevoir autrement que prêtre. Prendre une autre voie m'a toujours paru impossible. La pensée même n'aurait pu m'en venir. Et à mesure que, le soleil montant à mon horizon, l'instinct céda au sentiment, le sentiment à la réflexion, l'activité spontanée, inconsciente, à la détermination raisonnée, je n'eus rien à ajouter, rien à retirer, rien à modifier, sous ce rapport, dans mes impulsions primitives.

C'est ce que ma mère voyait avec complaisance, et ce que mon père était seul à ne point apercevoir. Commerçant, il voulait faire de moi un commerçant. J'aurais été son second, d'abord, puis son successeur. Ses vues n'allaient pas au delà. Que Dieu le lui pardonne !

Dieu, après tout, veut ce qu'il veut, et ce qu'il veut, s'effectue toujours. Néanmoins, il laisse l'homme s'agiter librement, pour son malheur, hélas ! et pour éprouver la vertu des autres, jusqu'à ce que l'heure décisive, qu'il a fixée dans ses insondables conseils, ait sonné.

Cette complète divergence de vues, entre mes pauvres parents, sur la question de mon avenir, devint la cause d'un véritable malaise dans la famille, et pour moi, l'occasion d'un ballottement dont le résultat le plus clair, à première vue, fut de compromettre dès le commencement le succès de mes études.

En six ans, je changeai cinq fois de maîtres, partant de livres, de méthodes, de direction. Je ne sais même si je ne fis pas ainsi, avant d'avoir atteint ma douzième année, toutes les écoles de la ville.

De six à huit ans, la bonne école maternelle des Sœurs Trinitaires. — Le milieu était assez clérical, mais je n'inquiétais pas encore, par l'exagération de mes tendances, l'auteur de mes jours. Il aurait, d'ailleurs, pensait-il, le temps d'apporter remède au mal, si les symptômes en devenaient alarmants.

Mais au sortir de cette école d'où m'excluait la limite d'âge, il pensa que le moment était venu de me donner une direction plus laïque. J'avais huit ans. Au grand regret de ma mère, et en dépit de ses protestations, je fus inscrit à une institution libre, dirigée par un excellent homme, qui, paraît-il, offrait toutes garanties à mon père, au point de vue de ses projets d'avenir à mon sujet. J'y restai un an.

Ma mère put, alors, reprendre les avantages qu'elle avait perdus. L'instruction donnée dans le petit établissement, si

consciencieuse et intelligente qu'elle fût, ne pouvait pourtant
soutenir la comparaison avec les succès obtenus, de l'aveu
même de leurs ennemis, dans les établissements des Frères
des Écoles Chrétiennes. Ce fut, sans doute, l'argument que
ma mère sut faire valoir pour atteindre le but supérieur qu'elle
poursuivait. Je passai de l'Institution libre au Pensionnat des
Frères, et j'y restai deux ans.

Mais, décidément, mon père avait eu tort de céder aux
objurgations de ma mère. Ces bons Frères allaient me fausser
le jugement, il le voyait bien. Encore un peu, et l'on ne pourrait plus rien faire de cet enfant. Aussi, aux grands maux,
les grands remèdes. Pour couper court à une situation pleine
de périls, et peut-être aussi témoigner quelque sympathie
aux promoteurs locaux du mouvement démocratique, je fus
envoyé, purement et simplement, à l'école publique de la
Ville. Il y avait économie, sans doute. Cette considération,
toutefois, n'entrait point dans les calculs de mon père. Le
motif déterminant de sa décision, son but réel était toujours
le même, me laïciser autant que possible, pour m'assouplir à
la vie des affaires. Je passai une année dans la promiscuité
des jeunes garçons de l'endroit.

C'est ainsi que j'atteignis mes douze ans. — J'avais traversé sans encombre tous ces milieux si différents, et pour
quelques-uns, si mêlés. Dieu m'avait gardé. Partout, d'ailleurs,
j'avais été bien accueilli. Partout, — j'en ai encore les touchants témoignages, — je m'étais montré bon écolier, et suivant mon naturel, bon camarade, pour dire le mot, bon
enfant. De tous mes maîtres, sans exception, j'ai gardé un
affectueux et reconnaissant souvenir. Il va sans dire, pourtant, que la bonne sœur Alexandra, de l'école maternelle, et
le cher frère Pelegrinus, du Pensionnat, gardent une place
privilégiée dans ma mémoire et dans mon cœur. Ils m'ont
plus rapproché de Dieu.

Cependant, j'avançais en âge, il fallait prendre une décision. L'école publique était manifestement insuffisante. Il y avait lieu d'aviser, en m'éloignant de la maison paternelle, que je n'avais point quittée jusque-là. C'était un sacrifice assez lourd, mais il y allait de mon avenir... commercial. Cette fois encore, ce fut mon père qui l'emporta. Il décida que je partirais, après les vacances scolaires, pour l'Institution Franklin, à Lyon.

Douze ans. — L'Institution Franklin. — Ma première Communion.

Au commencement d'Octobre 1873, on prépara donc la malle du petit Étienne, et je fus dirigé sur la grande ville.

C'était pour la première fois que je quittais le foyer natal, ce que mes camarades appelaient si gentiment leur « chez nous ». Je n'en fus peut-être pas aussi bouleversé que l'eussent été la plupart d'entre eux. Je n'éprouvai point, dans toute sa rigueur, ce déchirement qui, pour tant d'autres, est vraiment la première douleur profonde, et comme un aperçu sommaire des effondrements successifs, que la vie, hélas! leur réserve à tous, plus ou moins. Ce jour ne fut pas pour moi, l'avant-coureur des jours qui viennent tôt ou tard, et dans lesquels il nous semble qu'une séparation violente, la disparition d'un être chéri, entraîne pour nous la fin de toutes choses. Non, je n'ai point souffert outre mesure de ce départ, ou du moins, mon chagrin n'a pas été complet.

La raison de cette insensibilité relative ? — Hélas! toujours la même : une raison qui m'apparaît aujourd'hui épouvantablement triste, mais dont je ne me rendais pas compte, à cet âge. Heureux les enfants qui ont à pleurer toutes les larmes de leurs yeux, lorsque le coche ou le wagon les emporte, pour la première fois, loin du nid qui leur était si doux ! — Moi, je n'avais pas tous les motifs de me désoler. Il en est un qui me manquait alors. Le cruel ! il s'est bien dédommagé depuis, se révélant avec le temps, la réflexion, et m'infligeant une de ces douleurs qui restent à jamais inconsolées.

Sans doute, me séparer de ma mère, jeûner tout à coup de ses tendresses, renoncer par force à ses baisers, ne plus me sentir sous sa protection, dans ses bras, me fut un coup bien sensible. Je me rappelle avoir abondamment pleuré. Mais, dans le même temps, l'affreuse dissonance d'âme qui m'écartait de mon père, l'instinctive et irrésistible froideur, voisine de la répulsion, que j'éprouvais à son égard, tempérait les effusions de mon cœur. A côté des chaudes émotions, il y avait en moi une indifférence, une glace qui me gâtait tout.

Toutefois, le cœur ne s'accommode pas de ces distinctions contre lesquelles proteste la nature. A mon insu, je souffrais de ne point souffrir de tous les côtés à la fois, dans la circonstance. Oh ! faire si jeune acception de personnes, et de quelles personnes, ô mon Dieu !...

Le chemin de fer m'amena à Lyon. Le trajet m'avait paru interminable ; c'était le plus long que j'eusse jamais fait.

Tout est relatif ici-bas. A douze ans, franchir la limite d'un département, en traverser ou côtoyer un autre, ne laisse pas que d'être considérable, solennel; et rouler durant quatre ou cinq heures, six peut-être, ne vous paraît guère moins mémorable que d'entreprendre un tour de France, sinon même un tour du monde. — Enfantillages, dira-t-on, que ces conceptions d'une petite tête d'écolier ! A la bonne heure, mais sous ce rapport comme sous beaucoup d'autres, ne restons-nous pas enfants toute notre vie ? Nos mouvements de l'âge mûr sont-ils beaucoup plus considérables, envisagés à la lumière de l'immuable éternité ? Et nos entreprises, même nos entreprises dites colossales, celles pour lesquelles nous nous réunissons dix mille, cent mille, entassant les capitaux, combinant les plans, perfectionnant les méthodes, appelant et utilisant tous les concours, mettant à réquisition toutes les forces de notre intelligence, de notre activité, de nos bras, — si on les compare à l'immensité des mondes et à l'irrésistible puissance des forces de la nature, surtout si on les considère à la lueur vaguement entrevue de cet infini dans lequel les mondes flottent ainsi que des atômes, — ne sont-elles pas des efforts de pygmées, des calculs d'enfant, des mouvements imperceptibles, et comme un vagissement incertain du néant ? Rapprochez-les des insondables mystères de l'au-delà, et dites-moi ce qu'il faut penser de tout ce bruit.

Nous avions de la famille à Lyon. J'y fus reçu avec une grande bienveillance, et je trouvai, aux jours de sortie, chez ces parents, des visages accueillants, des cœurs dévoués, de vrais amis qui m'aidèrent, par leurs attentions et leurs prévenances, à supporter sans peine le régime de l'internat.

Ces bons parents, je les retrouverai plus tard, en des conditions bien différentes pour moi. A plus d'un égard, ils me seront encore secourables. Rien ne s'oppose à ce que je les considère comme ayant été auprès de moi des agents de l'adorable Providence. Tout me fait un devoir, au contraire, de saluer en eux les véritables précurseurs de ces auxiliaires imprévus, mystérieux même dans une certaine mesure, que la divine Bonté échelonnera sur ma route, avec leur mission spéciale et bien déterminée, avec leur rôle toujours temporaire, mais toujours efficace et proportionné, dans ses résultats, aux difficultés du passage que j'aurai à franchir, aux misères, à l'angoisse, aux dangers de l'heure qui aura sonné pour moi.

L'Institution Franklin, dans laquelle mon père m'avait placé, était une école préparatoire au commerce. L'établissement avait de la vogue. Les élèves y étaient fort nombreux, et comme on peut le supposer, de provenance assez variée. Direction laïque mais honnête et respectueuse de la Religion comme des droits de la conscience de l'enfant. M. Raison, qui avait fondé cet établissement, ou tout au moins l'avait élevé au degré de prospérité véritable qu'il atteignait en ce temps, m'apparaît, aujourd'hui que je puis le juger, comme un type de probité professionnelle. Dans les limites de son action, qui ne pouvait s'étendre bien loin dans le domaine de l'éducation proprement dite et de la formation du cœur, mais qui pouvait être et qui, effectivement, était considérable en ce qui concerne l'instruction et la culture de l'esprit, il a droit à toute ma reconnaissance. Je ne la lui ai pas marchandée, et c'est avec bonheur que j'en consigne ici l'expression, en priant pour lui, comme je le fis, lorsque quelques années après mon séjour à Franklin, j'appris l'accident de rivière dans lequel il avait prématurément succombé.

Je me fis aisément à cette vie de collège et d'internat. Je sentais le besoin d'apprendre, et j'en avais le vif désir, bien que les programmes de l'enseignement que je suivais, ne fussent guère adaptés au genre de connaissances que je savais nécessaires à mon avenir. D'un autre côté, la vie réglée, ordonnée, avait pour moi de l'attrait, quoique le réglement de la maison ne me préparàt que de loin à cet avenir dont le doux rêve ensoleillait mon horizon. Enfin, le bon Dieu m'avait donné un caractère facile, une humeur gaie, un naturel accommodant et malléable. Aisément, je me prêtais à toutes les exigences. Bref, je n'ai jamais, pour ma part, compris les ennuis, les petites misères de la vie commune.

On dit, que, parmi ses graves inconvénients, la vie d'internat imposée au jeune âge a, du moins, cet avantage qu'elle assouplit et forme les caractères, en les soumettant de bonne heure au frottement d'un petit public qui n'est ni plus indulgent ni moins inégal et bizarre que le monde lui-même. On dit aussi que cette promiscuité hàtive peut aguerrir l'enfant, qu'elle le munit d'une expérience précoce, qu'elle l'habitue à redouter certains contacts et à les éviter, dans un âge où les dangers qu'ils font courir sont moins terribles, et les défaillances qu'ils provoquent, plus aisément réparables qu'elles ne le seront plus tard, dans la société. Soit ! Pour moi, j'avoue que ma candeur, dans ce milieu qui devait être si mêlé, n'a pas même soupçonné le péril, et que je n'ai pas souffert, un seul instant, de l'antipathie des caractères ou du choc des volontés.

Naturellement, sans efforts, et sans me douter que c'était là un don assez rare de votre divine tendresse, ô mon adorable Maìtrè, j'aimais tous mes camarades, et tous mes camarades m'aimaient, et j'oserai dire, me respectaient. Je travaillais de mon mieux, je jouais avec ardeur ; ma gaieté et mon entrain ne se démentaient pas. En un mot, je vivais ma vie d'écolier, joyeusement, sans reproche comme sans soucis.

Si bien que, à la fin de l'année, lorsque, suivant l'usage adopté dans certains établissements d'instruction, les maìtres et les élèves de Franklin eurent à fixer par leurs communs suffrages, plus consciencieux assurément que tant de votes émis dans le monde, où toutes les passions, toutes les convoitises s'évertuent à fausser le scrutin, l'attribution du grand prix d'honneur, — décoré en style de l'époque, plus ou moins prud'hommesque, du titre de « prix d'estime » — je fus l'heureux lauréat, désigné d'un accord unanime, et préféré à quantité d'autres élèves plus âgés que moi ou plus avancés dans le cours de leurs études. — Un petit triomphe bien éphémère sans doute, et qui — cette constatation a pour moi plus de valeur que la chose elle-même, — ne modifia en rien le secret et ardent désir que j'avais d'abandonner au plus tôt des études, qui, malgré tout, ne me convenaient pas et ne pourraient jamais me convenir.

Cette vie, où je ne marchais que contraint par une volonté momentanément plus forte que la mienne, m'avait conduit à une heure avec laquelle nulle autre ici-bas ne saurait soutenir la comparaison. C'est au cours de mon année de Franklin que, pour la première fois, je touchai Dieu, dans le mystère d'une rencontre, aussi diverse dans ses effets intimes et profonds, qu'elle semble uniforme par la solennité de son appareil. Je veux parler de ma première Communion.

L'âge fixé par les réglements diocésains était, pour moi, pleinement révolu et même dépassé : j'allais accomplir ma treizième année. Pourquoi n'avais-je pas eu plus tôt ce bonheur et cette grâce que, pour certains enfants du moins, on retarde trop longtemps, au gré de Notre-Seigneur ? Pourquoi cette belle fête, la fête de famille par excellence, n'avait-elle point été célébrée, pour moi, dans ma ville natale, au foyer domestique ? — Je ne sais trop. Il me semble toutefois que les dissentiments dont j'ai parlé, et qui persistèrent si longtemps entre mon père et ma mère au sujet de mon éducation, les incertitudes que ces dissentiments engendrè-

rent, et les perpétuels ballotements qui en furent la conséquence à mon détriment, doivent être regardés comme la
cause extérieure de ce retard. Quoi qu'il en soit, aujourd'hui
que, regardant en arrière, je puis, à la lumière de tant de
choses survenues dans ma pauvre vie, entrevoir plus distinc-
tement la raison des dispositions providentielles, en ce qui
touche ma chétive individualité, je crois que ce retard n'était
rien moins qu'une spéciale attention de la Bonté divine à mon
endroit.

A Franklin, j'étais sans nul doute dans des conditions
bien plus avantageuses que je n'eusse été au pays natal, pour
accomplir avec toutes les dispositions désirables, cet acte
qu'on n'a pas sans raison déclaré le plus important de la vie.
Plus de calme extérieur, un milieu moins agité, une vie mieux
réglée, des secours religieux plus parfaitement organisés,
un enseignement catéchétique donné d'après les meilleures
méthodes, et plus complet.

Notre chef d'Institution tenait à ce que ses élèves ne
manquassent d'aucun des moyens utiles ou même simplement
désirables dans leur préparation au plus beau jour de la vie
chrétienne. Le prêtre avait libre accès et pleine indépendance
d'action dans l'école. L'instruction religieuse y était soignée
et honorée. Et toute facilité nous était accordée pour que,
dans la préparation immédiate et les exercices de la Retraite
qui nous étaient communs avec les enfants de la paroisse,
nous fussions entourés par notre catéchiste et ses confrères
de tous les soins intelligents, délicats, minutieux jusqu'au
scrupule, dont bénéficient les premiers communiants de la
grande et chrétienne cité Lyonnaise. — J'ai conscience d'en
avoir largement profité.

O Notre-Dame de la Guillotière, église qui m'es chère
entre toutes, chère comme l'église de mon baptème, et qui
possède même un avantage sur celle-ci, puisque j'avais sous

tes voûtes ce qui me manquait dans la première, la pleine
conscience du don divin qui m'était fait, et que je puis me
remémorer au vif les ineffables moments que j'ai vécus dans
ta céleste atmosphère ! Ah ! je te revois, telle que tu étais
au 16 Avril 1874, en ce jour, à cette heure bienheureuse... ;
pas un détail n'échappe au regard ému de mon âme. Voici
le banc sur lequel je me tenais agenouillé ; voici la place que
j'occupais à la sainte table. Je revois le prêtre à ton autel, et
les autres prêtres circulant dans nos rangs, et dirigeant tous
nos mouvements avec des gestes qui avaient un recueillement
de prière. J'entends le prédicateur, et lorsqu'il eut fini, je vois
le prêtre, l'hostie sainte en main, et de blondes têtes
d'enfant, parmi lesquelles la mienne, ô mon Dieu, — Dieu
de bonté qui, seul, as réjoui ma jeunesse ! — élevant leurs
regards purifiés vers ce pain des Anges, et disant par
l'altération de leurs traits la naïve ardeur de leur foi et de
leur amour. C'est ainsi que je te revois toujours, lorsque je
pense à toi, grande église des faubourgs Lyonnais. Telle est
l'image qui m'est restée de toi, si profondément gravée dans
mon cœur, que nul souvenir jamais ne prévaudra contre le
tien. Et tu m'apparais ainsi, dans le fond lointain de mes ans,
comme une Horeb ombreuse et nourrissante, que Dieu mit
sur mon chemin, à la première étape d'une route qui devait
traverser tant de plages arides, désolées.

Mais surtout, ô chère et sainte église de ma première
communion, je te revois, à travers mes yeux baignés de
larmes, éclairée des plus suaves rayons de la Vierge, ma
Mère, de la Vierge qui, sans doute, ne m'avait amené à Lyon,
que parce qu'elle voulait me conduire elle-même à Jésus. Je
te revois toute rayonnante et fière du patronage de la Vierge
des douleurs et de l'immense pardon, qui, sachant ce que
l'avenir renfermait pour moi, dans ses replis cachés, daigna
me présenter de ses mains maternelles à son divin Fils, l'ado-

rable Victime et le sublime promulgateur du : « Pardonnez-leur, ô mon Père, ils ne savent ce qu'ils font ! »

Moi, sans doute, à cette heure matinale de mon humble existence, j'ignorais ce que la Vierge, un jour, m'inspirerait pour sa gloire et la consolation des pauvres humains si prompts à ajouter à tant de blessures que leur fait la vie, les coups plus meurtriers de l'envie, de la discorde, d'une mutuelle vengeance et d'une haine réciproque. A moi aussi, pauvre enfant perdu dans la foule des jeunes convives du céleste banquet, la Vierge, ma douce Mère, aurait pu dire comme autrefois le Christ Jésus à tel de ses apôtres : « Ce que je fais pour toi à cette heure, tu ne le sais pas pour le moment, tu le sauras plus tard, » — Oui, plus tard, en effet, je l'ai appris, et je le sais aujourd'hui. Mais par combien de tribulations et de morts n'ai-je pas été amené à le reconnaître ?...

Cependant, tout le mystère de ma première communion est là. Est là aussi, car la conséquence est légitime, tout le secret de ma vie, toute la raison du programme que, les événements et la réflexion aidant, j'ai résolu de donner à ma frêle existence. Le comprendra quiconque, sans se laisser décourager par la monotomie de ces intimes souvenirs, aura suivi jusqu'au bout le récit vécu de mes joies et de mes douleurs.

Mais je le répète, à l'heure sainte de mon initiation eucharistique, je ne goûtai qu'une douceur indicible, sans application pratique immédiate, et il ne m'en resta qu'une impression profonde, ineffaçable, sans autre corollaire qu'une persévérance de plus en plus prononcée dans la voie sacerdotale que, dès ma première aube de raison, le divin Maître m'avait montrée.

Notre-Dame de la Guillotière ! avec quelle confiance et quelle filiale tendresse, franchissant ton seuil béni, les lèvres encore humides du Sang divin, et le cœur tout plein de la divine présence, je cherchai du regard de mon âme, puisque, de ce point, mes yeux ne pouvaient l'apercevoir, le trône virginal que Marie s'est érigé dans la vieille cité gauloise, sur la hauteur qui domine Lyon et le protège mieux que toutes les citadelles avancées, Notre-Dame de Fourvière ! Je me le rappelle, il pleuvait légèrement : une rosée bienfaisante, plutôt qu'une averse. Mais mon âme tout ensoleillée n'en avait souci. Miraculé de Fourvière, à l'âge de trois ans, au sortir du berceau, j'avais toujours eu présente à l'esprit, depuis que ma mère me l'avait une première fois racontée, la douce intervention de l'illustre Madone en ma faveur. Or, en ce moment, ce souvenir s'actualisait avec une telle intensité, se fondait dans un tel afflux de reconnaissance et d'amour, que je croyais me le rappeler pour la première fois, et n'avoir jamais remercié, béni, comme il convenait, ma douce libératrice. — Depuis, je n'ai jamais cheminé dans les rues de Lyon, la ville qui me fut en ce jour si divinement hospitalière, sans me sentir en la présence, sous les regards et la bénédiction de la Vierge posée sur la haute colline.

Et un peu plus tard, dans les heures libres de cette inoubliable fête qu'on ne célèbre qu'une fois dans la vie, avec quel redoublement de ferveur naïve, je gravis les pentes abruptes qui montent de la plaine populeuse vers la mystique Cité de l'incomparable Reine ! — Cette ferveur, soyez-en louée à jamais, ô ma céleste Mère, cette tendresse filiale, je crois l'avoir toujours gardée. C'est elle, j'en suis sûr, qui, au moment où je l'affirme dans ces lignes, voile mes yeux et fait trembler ma main.

Mais déjà, ô Mère, les sentiers qui me conduisaient vers vous, ressemblaient aux chemins pierreux du côteau Lyonnais, moins ombreux, plus arides, moins fleuris que les pentes de là-bas. Ces chemins rapides, emmuraillés, n'avaient ni le charme ni le parfum des sentes buissonneuses par lesquelles j'escaladais les hauteurs dont se couronne ma ville natale, courant, sans le savoir vers la « Vierge qui n'y était pas encore. » Hélas ! et combien plus désolés, plus pénibles seront ceux qui, dans quelques années, m'entraîneront vers un inconnu austère et sombre, où, dans la désolation d'une terre sans eau, ravagée par l'ennemi et bordée de précipices, m'apparaîtra, pour que je la montre à tous, la Vierge des douleurs et du Pardon, la · Vierge qui n'y est pas encore ! »

Assez sur ce point. A chaque heure son souvenir, ses tristesses, ses larmes, et ses divines compensations. — Je reviens à mes treize ans.

Lorsque, l'année scolaire achevée, je rentrai au foyer de famille, l'éternel débat se rouvrit, l'éternel déchirement, plus douloureux que jamais, troubla la paix de la maison.

Mon passage à l'Institution Franklin n'avait pas été sans encouragements ni succès. Avec le grand prix d'Honneur, je rapportais presque tous les prix de ma classe. Je n'en avais pas moins de hâte de quitter définitivement un milieu qui n'était pas et ne serait jamais le mien. Fis-je part à ma mère des désirs persévérants de mon cœur ? Je le crois bien, mais je n'en ai pas le souvenir précis. Ma mère, en tout cas, les aura vite devinés : qu'est-ce qu'une mère peut donc ignorer des plus intimes sentiments et des aspirations secrètes de son enfant ?

Toujours est-il qu'elle reprit avec plus d'énergie que jamais une lutte dans laquelle plusieurs insuccès l'avaient atteinte sans la décourager. Et si la victoire définitive ne lui vint pas encore, elle remporta du moins un avantage qui n'était pas sans prix.

Elle obtint que, les vacances écoulées, je ne rentrerais pas à l'Institution Franklin.

Avantage négatif, à la vérité, et qui, faute d'entente ultérieure, me laissa d'abord sans occupation déterminée, précise, dans une incertitude, une expectative peu profitables, assurément, à mes progrès intellectuels.

Mais il fallait s'en contenter pour le moment.

Trois années d'attente.

Mon pauvre père ne démordait pas de son idée.

Son commerce se développait ; le chiffre de ses affaires s'élevait, paraît-il, d'année en année. Peut être, dans ses illusions de négociant, le voyait-il grandir au delà de la réalité ? Pour mieux répondre, pensait-il, aux exigences de cette situation favorable, il se transportait sur un point plus central de la ville, et y construisait une maison importante. Avec quelle prestesse n'eût-il pas éconduit quiconque aurait essayé de lui faire entendre que tout cela n'était pas « l'unique nécessaire », pas même le véritablement opportun !

Or, les affaires continuant à s'étendre dans ces proportions, un second, sur lequel il put avec une entière confiance se reposer en partie, lui devenait indispensable, et ce second n'était, ne pouvait être que son fils.

De son côté, ma mère ne tenait pas moins à ses pieuses espérances et à son intime conviction. Elle voyait mieux que jamais que rien au monde ne changerait ma détermination. Je ne manquais pas de le lui rappeler à toute occasion qui se présentait ; mais elle pouvait aisément s'en convaincre par elle-même, depuis que la façon agréable dont je venais de passer mon année d'internat et les succès qui l'avaient couronnée, bien loin de modifier mes sentiments, n'avaient pas même produit, chez moi, les légères et toutes fugitives hésitations, qu'il est si fréquent de rencontrer dans l'esprit mobile des enfants, de ceux-là mêmes qui sont, au fond, les plus positivement résolus.

Quel devait être le résultat de l'action simultanée de ces forces contraires et à peu près égales ? — Ce qu'il est habituellement. Lorsque les deux plateaux de la balance sont chargés de poids sensiblement équivalents, quoique de nature diverse, on les voit osciller, un instant, au gré des impulsions données, et aussitôt après s'immobiliser dans une neutralité qui donne aux deux forces contendantes également raison, également tort.

Comme je l'ai dit, il fut non pas précisément décidé, car toute décision entre deux sentiments contradictoires implique un certain triomphe de l'un des deux sentiments, mais imposé par la force des choses et accepté en fait que je resterais à la maison. Quant à la question de savoir au juste à quoi j'emploierais la plus grande partie de mon temps, et de quelle manière je terminerais des études qui, même au point de vue de l'avenir que mon père m'assignait, se trouvaient encore fort incomplètes, on ne prit aucun parti. Après toutes mes allées et venues, tous mes stages presque aussitôt interrompus que commencés dans la plupart sinon la totalité des établissements de la ville, la question devenait presque insoluble : on la laissa sans réponse.

Cependant, je piétinais sur place, à quatorze ans, trop jeune pour me prendre à quelque chose de définitif, trop âgé pour ne rien faire. Si je pouvais rendre quelques services insignifiants dans le détail du négoce, et — je note de nouveau ce point, parce qu'il est une des caractéristiques de mon tempérament, ami de l'ordre matériel, épris des beautés de l'arrangement, particulièrement sensible à l'heureuse disposition des choses, — si je savais dès lors donner aux étalages du magasin une variété, un agrément, une harmonie que toute la ville remarquait, mes journées n'en

étaient pas moins à peu près vides, et mes loisirs extraordinairement prolongés. Ma bonne mère songea à profiter de
l'inconvénient, pour me rapprocher insensiblement, sans
fracas et comme à la dérobée, du but auquel tendaient, je puis
le dire, toutes les puissances de mon être et toutes les pulsations de mon cœur.

Il y avait, dans notre petite ville, un jeune abbé que sa
santé débile ou d'autres empêchements tenaient momentanément éloigné du Grand-Séminaire. Il pourrait me donner les
premières leçons de latin, tout en complétant le peu que
j'avais pu acquérir dans les cours de l'enseignement primaire,
dont j'avais à peine abordé le degré supérieur. Ce serait
autant de gagné pour le jour où une victoire décisive me
permettrait d'entreprendre franchement les études indispensables à ceux qui aspirent au sacerdoce. Le bon abbé viendrait, ainsi, trois ou quatre fois la semaine, à la maison. Dans
l'intervalle de ses leçons rudimentaires et trop espacées,
sans parler du reste, pour que mes progrès fussent excessivement rapides, je pourrais, tout en préparant exercices et
devoirs, continuer à me rendre utile au magasin.

Mon père acquiesça à cet arrangement, ou pour mieux
dire, il le subit. Soit qu'il ne vît pas tout d'abord où nous
voulions en venir, soit que, fort embarrassé lui-même d'une
situation anormale, qu'il avait, plus que tout autre, contribué
à créer, il ne fût pas fâché d'en sortir par cette fausse porte.
Les livres de grec et de latin, les lexiques et les grammaires
ne parurent pas lui porter grand ombrage, et le silence,
sinon l'accord, se fit sur la question si longtemps débattue.

C'est ainsi, ô mon Dieu, que vous m'avez conduit, bien
lentement et d'une façon en apparence bien précaire, vers le

but que, de toute éternité, vous aviez marqué à votre petit élu ; pour me faire comprendre, sans doute, ce que d'autres enfants qui ne rencontrent pas les mêmes obstacles ignorent longtemps, à savoir, que notre vocation sublime est un incomparable bienfait de votre miséricorde, le sacerdoce un honneur sans équivalent, un trésor inestimable, et qu'il est juste que, pour le conquérir, on y mette le prix.

Trois ans se passèrent de la sorte : trois ans durant lesquels j'étudiai un peu, passant à travers les premières classes latines, plutôt que les suivant avec méthode, sous un maître qui n'avait, certes, ni une haute compétence ni une expérience consommée, et que d'ailleurs aucune direction ne soutenait dans ses propres efforts. Je ne lui en ai pas moins voué une grande reconnaissance, et lui-même, si j'en juge par une lettre qui m'est restée de lui, ne laissait pas que d'avoir conçu un véritable attachement pour son élève d'occasion.

Bon abbé Bouvéry ! il fut, lui aussi, à son heure, l'homme providentiel et le secours suffisant que Dieu m'envoyait pour cette période de transition qui, dans ses adorables desseins, devait m'apprendre, selon le mot de l'Apôtre, à « courir par la patience » au but qui m'était proposé.

Au demeurant, je faisais ainsi, dans des conditions assez étranges, mais qui n'étaient pas aussi défavorables qu'on pourrait le supposer, ce que les autres enfants destinés à la cléricature font, pour la plupart, avec plus de facilité et peut-être moins de fruit, mes premières années de Petit-Séminaire.

Ces années de préparation lointaine, en effet, n'ont pas seulement pour programme d'initier l'enfant, soit aux premiers rudiments du grec et du latin, soit aux autres connaissances scientifiques et littéraires qui complètent, pour cet âge, la culture de l'esprit. Déjà, par les pieux exercices un peu plus multipliés, et par un ensemble de vie plus rapproché de la vie cléricale proprement dite, on habitue l'enfant à ce qui deviendra plus tard la loi fondamentale de son existence. Et la formation du cœur est l'objet de soins plus délicats, plus suivis, en harmonie avec la vocation spéciale dont ces jeunes élèves, selon toute apparence et pour le plus grand nombre, sont effectivement honorés. Ce ne sont pas encore les exercices, ce n'est pas la règle d'un Grand-Séminaire, où les clercs se préparent immédiatement à la digne réception des saints Ordres. C'est plutôt un acheminement, un travail d'approche, un mouvement progressif qui s'accentue d'année en année, vers les dispositions que l'Église exige de ceux à qui elle devra conférer, un jour, les redoutables pouvoirs et la suréminente dignité de ministres de Jésus-Christ.

Sans doute, je n'avais pas, dans la situation qui m'était faite, les avantages précieux de protection, de sauvegarde et de pieux entraînement, que la vie commune assure à tant d'autres, qui ne savent pas encore en apprécier le bienfait. Je n'avais, pour me défendre ou me soutenir, ni ces hautes murailles d'un asile inaccessible aux bruits malsains et aux spectacles dissolvants du dehors, ni cette douce tutelle qui, tout en écartant les périls, prodigue les encouragements et les secours. Mais Dieu, qui voyait mon indigence, y suppléa.

Faisant le compte de mes jours, et repassant devant lui, comme dit le prophète, mes années enfuies, je suis obligé de mettre celles-ci au nombre des plus pieuses qu'il m'ait été donné de vivre. Ce n'est point un éloge que je me décerne, car, en vérité, je n'y avais aucun mérite. C'est un fait que je constate dans la sincérité de mon âme, et dont je rends de très humbles actions de grâces à Celui qui, voyant mon dénuement et ma misère, voulut, par un surcroît de grâces choisies, se faire lui-même mon rempart ixexpugnable, et mon éducateur assidu, jaloux.

L'église paroissiale était devenue le centre de ma vie, le presbytère mon séjour préféré, ses hôtes mes conseillers et mes amis, leur conversation, leur compagnie, mes plus doux passe-temps. Je n'étais heureux que là, le reste de la ville n'existait pas pour moi.

Il y avait aussi, dans la paroisse, une petite communauté qui possédait, concurremment avec le presbytère, le don de m'attirer et de me retenir. C'était un établissement de charité. D'excellents Frères y dirigeaient un Orphelinat agricole. Ils me voyaient souvent, et toujours m'accueillaient avec bonté. Les distractions que je cherchais auprès d'eux, ne m'éloignaient point de Dieu, elles m'en rapprochaient plutôt. Et leur bienveillance à mon égard était si parfaite que, insensiblement, ils étaient devenus les amis de notre maison. Quelle reconnaissance je leur dois ! Cher Frère Séraphin, l'un des plus fermes appuis de la Sainte-Famille de Belley, c'est vous surtout que je vise en ce moment.

Cependant, je n'avais au fond qu'un seul Maître, celui-là même qui a dit : « *Magister autem vester unus est, Christus.* » Lui seul, par les sensibles attraits de sa grâce, par son ineffable sollicitude à écarter de ma voie, ainsi que la plus tendre des mères n'eût pas su le faire pour les premiers pas de son enfant, tous les obstacles, tous les dangers, toutes les occasions de chute, m'a conduit comme par la main durant cette période d'initiation à la vie fervente, et d'attente prolongée du milieu qu'il me destinait. Lui seul a poussé la condescendance jusqu'à m'épargner, dans le même temps, ces petites épreuves intérieures que presque tous les autres connaissent et qui sont dans l'ordre général de sa Providence, mais qui, étant donnés mon dénuement, ma détresse passagère et ma faiblesse native, auraient pu me devenir fatales. Lui seul a semé sous mes pas, en ces jours, ces fleurs de dévotion dont le parfum était si pénétrant et si suave. Ah ! oui, j'ai connu, dans ces années, le Christ aimant, le Christ souriant, le Christ attirant, le Christ des enfants prédestinés ou des nouveaux convertis !

Avec quelle fidélité je suivais les offices, tous les offices de la paroisse, ne regrettant qu'une chose, qu'ils fussent ou trop rares ou trop courts à mon gré ! Avec quelle piété je recourais, chaque semaine, au sacrement de l'énitence ! Avec quel bonheur, chaque semaine, et même à certains moments, plusieurs fois la semaine, je m'approchais de la Table sainte, mes délices, ma vie ! Quelle ferveur enfantine, mais si franche et déjà si lucide, j'apportais à tous ces actes de la vie chrétienne ! Oh ! encore une fois, je ne m'en loue pas, et ne veux pas qu'on m'en loue, je recevais tout et donnais si peu ! mais laissez moi me souvenir.

Au risque de me répéter, laissez-moi m'attarder un peu dans ces jolis parages : j'en ai rencontré si peu d'aussi charmants dans ma course accidentée ! J'y étais si bien, voyez-vous, il y faisait si bon ! L'adorable Sagesse fait si divinement les choses ! Quoi de plus tendre ? quoi de meilleur ? — Elle me retenait loin du Séminaire, mais du même coup, elle m'en faisait tenir tous les avantages, m'en versait à profusion tous les charmes. Point de murailles protectrices, point de réglements tutélaires : mais une atmosphère de joie, de calme et d'inconsciente sécurité, plus infranchissable à l'ennemi que les hautes murailles et les sages règlements. Point de directeurs choisis entre mille, dans l'élite d'un diocèse, et dès longtemps formés à la culture des petites vocations naissantes : mais une lumière intérieure, douce et pure, une intime et persévérante volonté du bien, que toutes les instructions, toutes les exhortations des maîtres les plus expérimentés, des prêtres les plus pieux, n'auraient pu m'inspirer avec autant d'abondance et d'onction. — Soyez béni, mon Dieu, pour ces années d'attente, où vous ne m'éloignâtes de la voie commune et tant désirée, que pour me tenir plus près de vous !

Des attestations diverses, que je devrai plus tard, et pour des raisons que l'on comprendra, solliciter des vénérables prêtres et religieux de la paroisse, certifieront la parfaite régularité de ma vie d'enfant, en ces années de faveurs débordantes, mon assiduité rigoureuse aux offices et à tous les exercices de la paroisse, ma fidélité remarquable à fréquenter les sacrements. Ce qu'elles ne diront pas, parce que ceux qui les rédigeront n'en auront point pénétré le mystère, c'est de quel phénomène de grâce procédaient ces effets consolants. Ce mystère, je viens de l'expliquer en partie. Mais il me semble ne pas en avoir donné toutes les raisons.

Autant que je puis en juger, le présent et ses détresses momentanées, en ce qui concernait la culture de ma vocation, ne fournissait pas à la divine miséricorde l'unique motif de son intervention. Le bon Maître voyait aussi l'avenir, un avenir qui devait être si rigoureux pour son pauvre néophyte. Il savait de quelles épreuves j'allais être assailli dans un temps peu éloigné. Il les voyait venir, il y compatissait, et sans que je le susse, il m'y préparait.

Un jour, — ce jour, je me le rappelle entre tous ceux de ma vie, — la préparation, sans cesser d'être mystérieuse et discrète, se fit plus intense et d'une efficacité plus sensible. Une parole intérieure, fort distincte, d'une clarté et d'une autorité à laquelle on ne résiste pas, me fut dite, qui s'im-

prima sur mon âme comme un sceau indélébile. Des siècles
et des siècles passeraient sur moi, que l'empreinte en subsis-
terait, aussi vive qu'au premier moment. Dans le silence de
toutes mes facultés et le recueillement subit de toutes mes
puissances intérieures, la voix me dit : « Vous êtes pauvre,
et vous ne demandez pas à ceux qui sont riches. »

Vous êtes pauvre, et vous ne demandez pas à ceux qui
sont riches ! — Je ne saisis pas tout d'abord le sens de ce
doux reproche, mais le mot me resta, pour l'heure où il me
serait donné de l'entendre, où les événements se chargeraient
de me le rappeler et de m'en fournir l'explication.

Les événements se produisirent, et je compris. Je compris aussi, et je le constate avec une reconnaissance sans
bornes, qu'en cette heure, qu'en cette minute inoubliable,
m'avait été enseignée d'une manière merveilleuse la divine
loi de la prière, son efficacité toute-puissante sur le cœur de
Dieu, les trésors de consolation qu'elle renferme pour le
pauvre cœur humain, brisé par le malheur. De ce jour, de
cette heure, voisine du terme que la Providence avait assigné
à cette période d'attente, je fus armé du glaive qui, seul,
m'a défendu, depuis tant d'années, contre tant d'ennemis
acharnés à ma perte. De ce jour, de cette heure, je fus muni
du céleste viatique qui, seul, m'a permis de ne pas tomber
épuisé, sans forces comme sans espoir, sur le rude chemin
que j'ai dû parcourir, et dont le terme ne s'aperçoit pas
encore : toujours pauvre, assurément, toujours dénué devant
les hommes, mais demandant toujours, par dessus la tête
des hommes, à ceux qui sont riches, et qui toujours m'ont
entendu, au moment précis de l'extrême détresse ou de l'inévitable danger.

Durant ces trois années d'expectative, ni ma bonne mère
ni moi, comme bien on pense, n'avions abandonné la lutte

engagée pour Dieu contre la volonté de mon père. Peu à peu nous avions gagné du terrain, il en avait perdu. J'avais seize ans accomplis. Il devenait de plus en plus évident que jamais je ne ferais un négociant passable. Pour réussir dans le commerce, comme d'ailleurs dans toute autre carrière, il faut d'abord avoir reçu de la nature ou tout au moins contracté par la pratique un certain goût, et les premières difficultés vaincues, ressentir quelque attrait pour la profession : je ne manifestais ni attrait, ni aptitudes réelles. D'un autre côté, j'avais assez bien profité des leçons si incomplètes du bon abbé Bouvéry. Je pouvais suivre avec profit les cours de la quatrième latine.

Mon père, à la fin, rabattit de ses prétentions. Il fut décidé qu'on m'enverrait, dès la rentrée suivante, au Petit-Séminaire du Rondeau. Cet établissement était mixte, préparant aux carrières du monde, en même temps qu'à la vie ecclésiastique. Mon père, en adhérant à ce projet de ma mère, ne perdait donc pas tout à coup ses dernières espérances. Il se laissa arracher cette victoire, qui, au point de vue de ma vocation, hélas ! et dans un autre sens singulièrement lamentable, devait être la dernière.

Au commencement d'Octobre 1877, je quittai la maison paternelle pour ne jamais la revoir...!

IV

Le Rondeau

Au pied de Grenoble et des Alpes, dans la plaine fertile et riante, une large route, bien plantée. Puis, à deux kilomètres de la ville, et s'embranchant sur la route, au point de jonction de trois ravissantes vallées, une grande avenue bordée d'arbres magnifiques, des chênes géants, si je ne me trompe. Une large allée de parc, pleine d'ombre et de fraîcheur.

A son extrémité, un pavillon de grand air, vraiment monumental, et à la gauche de celui-ci, une immense cour d'honneur, dont on peut admirer du dehors la simple mais gracieuse ordonnance, grâce à la longue grille de fer qui l'enclôt du côté du chemin.

A cinquante ou soixante mètres du pavillon d'entrée, et s'y reliant par une aile en retour, de vastes constructions, qui se développent sur une étendue considérable, et reçoivent à flots, par d'innombrables baies, l'air et la lumière.

C'est le Rondeau.

Dans le pavillon d'entrée, les parloirs, de grandes salles de réunion, des galeries d'exposition scolaire, les appartements du supérieur, les bureaux de l'économat, les principaux services de l'administration.

Dans l'aile qui continue le pavillon d'entrée et le rattache aux principaux corps de logis, les locaux spécialement affectés à ce que là-bas, en souvenir des vieux Allobroges, sans doute, on appelle le « petit camp », autrement dit, à la seconde division, formée des élèves qui n'ont pas encore atteint leur quatorzième année.

Quant aux principaux corps de logis, surélevés de trois sinon quatre étages, ils sont occupés par les élèves du « grand camp », c'est-à-dire, par les aînés de la maison, depuis les philosophes jusqu'à ceux des écoliers de quatrième qui ont atteint ou dépassé l'âge de quatorze ans.

A l'extrémité de cette longue ligne de constructions, on a élevé, peu après mon départ, la chapelle de l'établissement. Cet édifice, remarquable, dit-on, est également bâti en retour. Il forme ainsi parallèle avec celui qui prolonge, à droite, le pavillon d'entrée ; et il achève d'enclore la grande cour d'honneur, définitivement bornée sur trois côtés par les bâtiments, et par la grille dont j'ai parlé, sur le quatrième.

Les cours de récréation, disposées à peu de distance de la cour d'honneur, sont admirablement aménagées. Ombrages, galeries ou préaux, matériel de jeux ou d'exercices, rien n'y manque.

Celle du « grand camp », en particulier, confine à l'idéal du genre. Elle est d'une disposition parfaite pour les grands jeux dont elle est fréquemment le théâtre animé, retentissant.

Partout, au surplus, de l'espace, de l'air, du soleil, des ombrages, de la verdure, de vastes abris, qui interdisent à la canicule, à la pluie, à la neige, aux intempéries quelconques de gêner ou d'interrompre les parties commencées, et de favoriser les conversations inutiles, en contrariant les ébats de cette jeunesse pour laquelle, à tous les points de vue, le mouvement est si nécessaire.

Sur l'un des côtés de la cour du « grand camp », un sanctuaire ou plutôt un petit enclos sacré, toujours accessible aux élèves. Quelques barrières le protègent, quelques arbres l'accompagnent, la voûte du ciel en forme le dôme, quelques fleurs en sont la simple parure. Là, sur son piédestal de granit, adossée à la muraille trifoliée qui lui fait fond sans la dérober aux regards, une statue monumentale de la Vierge Immaculée, la statue de Notre-Dame du Rondeau, — c'est le nom qui désigne l'auguste Mère de Dieu, dans cette maison dont elle est effectivement la Reine et la Souveraine. On dirait que la Vierge tutélaire, puissante protectrice de ces âmes d'enfant, gardienne vigilante de ces cœurs si bons mais si fragiles, a voulu choisir elle-même sa place, pour mieux surveiller leurs jeux, défendre leur inexpérience contre les dangers de tout ordre, et de son doux regard souvent rencontré par ces étourdis, arrêter sur leurs jeunes lèvres les paroles inconsidérées, contenir les soubresauts de leur imagination vagabonde, prévenir les écarts d'une activité que la raison n'a point encore eu le temps de régler.

Par delà les cours et les bâtiments, des jardins et des jardins, un véritable parc, trente hectares de dépendances. Et plus loin encore, à l'horizon, les sommets neigeux ou verdoyants de nos Alpes Dauphinoises, les arêtes et les pics de nos montagnes, se découpant sur le ciel bleu.

Tel est le souvenir par trop sommaire, et peut-être, je le crains, un peu risqué dans ses détails, que j'ai gardé du Rondeau. D'autres le décriraient mieux que moi, qui n'en auraient pas été arrachés aussi brusquement, ou qui auraient pu, du moins, le revoir après l'avoir quitté.

Moi, ma destinée, jusqu'à ce jour, a été de ne jamais revoir les lieux où j'ai laissé le meilleur de mon âme, des lambeaux de mon cœur... — En cela, comme en tout, la sainte volonté de Dieu soit faite !

J'arrivai donc aux premiers jours d'octobre 1877 dans cette belle et célèbre maison. J'y arrivai, je puis le dire, comme au port du salut, j'étais au comble de mes vœux. Tout ce que je voyais, tout ce que j'entendais là, était bien de nature à m'émerveiller, et je ne mettais point de réserves à mes enchantements. Pourtant, je l'affirme, ce Séminaire eût-il été, par son installation, aussi misérable et dépourvu qu'il m'apparaissait grandiose et resplendissant, que ma joie intime n'en eût point été diminuée, ni mon bonheur troublé. Après une si longue et si pénible attente, je me sentais enfin dans mon élément, et il ne me restait plus que le désir ardent de m'y développer, d'y croître et progresser jusqu'à l'entier accomplissement des desseins de Dieu sur moi. Sans mentir à mes propres souvenirs, et la lampe scrutatrice plongeant jusque dans les profondeurs de mon âme, j'ose écrire que lorsque je franchis pour la première fois le seuil béni du Rondeau, beaucoup moins qu'un écolier entrant au collège, j'étais un enfant allant à Dieu, le sachant, et se le disant, se le chantant à lui-même, au plus intime de son cœur en fête. Disposition qui, évidemment, était une grâce privilégiée, et grâce qui, non moins évidemment, était un des fruits issus de cette sève féconde, inépuisable, qui jaillit de l'épreuve.

C'est par les sentiments qu'on y a éprouvés, par les joies qu'on y a ressenties ou les douleurs dont on y a porté le fardeau, par les heures, en un mot, consolantes ou cruelles, qu'on y a vécues, qu'une maison, une ville, un hameau, un site, se gravent dans la mémoire du cœur. C'est sous l'empire de cette loi, que nous prêtons aux lieux, aux choses une âme, qui n'est que le dédoublement de la nôtre. Et c'est ainsi que, à des centaines, à des milliers de lieues de distance, et après vingt ans, trente ans, cinquante ans écoulés, nous reprenons avec ces lieux, avec ces choses, une conversation d'autant plus charmante, qu'elle a été plus soudainement interrompue, ou par des faits plus pénibles.

O mon Rondeau, qu'il me serait doux, en ce moment, de reprendre avec toi, pour la prolonger indéfiniment, la conversation inachevée ! Que j'aimerais à renouer connaissance et à causer avec tous tes chers coins, avec tous ces êtres, tous ces objets, qui m'ont si délicieusement embelli la vie, dans ton oasis sainte, par laquelle hélas ! je ne fis que passer. — Voici ma classe, et ma place dans cette classe, et la Madone de classe que j'étais chargé d'entretenir de fleurs et de lumières. Elles sont fanées, flétries depuis longtemps, où sont-elles les jolies guirlandes que je lui tressais ? Où sont même tous ces enfants, mes camarades, qu'il me semble retrouver à leur place, que je revois, qui me regardent, qui vont me parler ?... Mais la Madone est toujours là, sur son petit autel mural, et comme autrefois, elle m'ouvre ses bras et me sourit. — Voici, au premier étage du grand bâtiment, la vaste salle qui nous servait de chapelle, en attendant que la chapelle définitive et superbe, — on me l'a écrit, — fût construite. Ici, je ne retrouve plus mon banc, ni l'autel qui étincelait aux grands jours de fête, ni la douce et sainte table de communion : mais que j'ai bien prié en ce lieu ! — Voici ma belle cour, où l'on jouait avec un si merveilleux et si continuel entrain; je reconnais les arbres et je voudrais leur parler, je reconnais les galeries, je reconnais tout; rien n'a changé, rien n'a vieilli. C'est là que se célébraient, à certains jours, vers la fin de mai, nos grands Jeux Olympiques, ces luttes d'agilité, de vigueur et d'adresse, que nous, plus jeunes, nous suivions d'un œil émerveillé; que nos aînés menaient avec tant de grâce et d'entrain; que nos bons maîtres encourageaient et couronnaient si volontiers,

convaincus qu'ils étaient, à notre insu, de la part qui revient
aux exercices du corps, dans la conservation du bon esprit
et le maintien des bonnes mœurs. — Et voilà, voilà, tout
près de l'arène bruyante, sur la lisière même du « grand camp »,
la Vierge monumentale, ma douce Vierge du Rondeau, celle
que tous, tous sans exception, nous venions saluer, invoquer
de si bon cœur, lorsque la cloche, avec son tintement
d'avant-quart, annonçait la fin imminente de la récréation.
Oh ! que de bonnes pensées, que de résolutions généreuses
ont germé là, parmi cette verdure et ces fleurs, dans le cœur
de ces adolescents agenouillés, volages et distraits peut-être,
confiants, aimants et pieux tout de même ! Chers *Ave*, bien
rapides quelquefois et endommagés par l'habitude routinière,
mais qui n'en étaient pas moins agréables à la divine Mère,
que les anges qui la servent recueillaient par ses ordres, et
qui peut-être, pour certains d'entre nous, jetés par la vie
dans les régions du désordre et de l'oubli, fleuriront à leur
dernier jour, en grâces de repentir et de pardon !

Mais il faut me hâter : un si long chemin me reste encore
à parcourir ! — Pourtant, ô mon âme, un moment de répit
sous ces chers ombrages. Asseyons-nous, oublions le présent
et causons un peu de ce passé, que nous ne retrouverons
plus.

Chacun sait ce qu'est, dans son intérieur, une maison
d'éducation vraiment chrétienne et vraiment florissante, bien
organisée, animée du meilleur esprit, largement pourvue de
tous les moyens les plus propres au développement de l'intelligence et à la formation du cœur. L'heureux temps !
l'heureux séjour ! s'en vont, répétant tous ceux dont elle a
abrité les jeunes ans. Oui, l'heureuse maison où maîtres et

élèves ne forment qu'une famille, mettant en commun joies et douleurs ; où l'enfant jouit largement, sans qu'il s'en rende compte, de la plus parfaite condition du bien-être, qui est l'ordre dans la variété et l'harmonie d'une vie bien réglée ; où chaque heure, dont l'emploi n'a été contrarié par aucun obstacle venu du dehors, s'enfuit rapide, pour laisser sa suivante apporter une occupation nouvelle, qui rompt la monotonie et prévient l'ennui, « né, dit-on, de l'uniformité » ; où les récréations, les jeux, le premier échange d'idées entre enfants honnêtes, donnent, à intervalles sagement répartis, satisfaction à ce besoin d'expansion de la nature agissante et pensante, en pleine évolution de la vie ; où l'heureuse succession des jours de travail et des jours de repos, des jours de classe ou de concours et des jours de fête, abrège les mois sans souffrir qu'ils restent vides ; où tour à tour les lettres, les sciences, les arts, également honorés et cultivés dans la mesure qui leur convient, éveillent dans l'enfant, le jeune homme, le sens du vrai, du beau, du bien, lui donnent l'avant-goût des plus exquises jouissances, stimulent l'ardeur des natures apathiques, et, pour répondre à des aspirations nées de la veille, provoquent ces essais ordinairement imparfaits, quelquefois malheureux, rarement découragés, et qui ne vous tombent pas sous la main dans l'âge mûr, sans que vous éprouviez une émotion profonde, toujours bienfaisante ! L'heureuse maison surtout, dans laquelle la religion, si indispensable et si chère à l'âme de l'enfant, inspire et domine toutes les pensées, préside à tous les exercices, reprend et pardonne toutes les infidélités ; l'heureuse maison dans laquelle, à certains jours plus graves, l'Église recueille dans un sentiment plus austère l'esprit et le cœur de ses jeunes néophytes, son doux espoir, — en les invitant à jeter un premier regard sur ces mystères de l'éternité dont on peut dire que le sens éclôt dans l'âme avant même que l'âme ait eu le temps d'apprendre les mystères de la vie! L'heureuse maison, où la foi, la piété, la dévotion ardente, à certains autres jours, éclatent en fêtes splendides, en incomparables solennités, dans lesquelles, ni pour les yeux, ni pour l'ouïe, ni pour l'intelligence, rien n'a été omis de ce qui peut rendre Dieu sensible au cœur !

Mais le tableau de toutes ces félicités n'est plus à faire. Bon que je me le représente à moi-même, un instant ; si pourtant je n'évoquais que de pareils souvenirs, je ne ferais que redire pauvrement ce qu'ont si vivement ressenti tous ceux dont la jeunesse s'est écoulée dans ces sanctuaires de l'enseignement chrétien. Je ne ferais qu'exprimer imparfaitement ce qui leur reste à tous, comme le parfum lointain de champs embaumés qu'ils ont traversés avant d'arriver aux pentes arides et aux courses laborieuses de l'existence. — D'ailleurs, c'est du Rondeau, de ce qui lui est propre et c'est de mon passage au Rondeau que je veux principalement me souvenir.

Ce qui est propre au Rondeau, ce qui le distingue parmi les maisons d'éducation chrétienne, c'est l'ardente dévotion qu'on y professe à l'égard de Celle que j'en ai appelé la véritable Reine et Souveraine. Nul ne peut respirer l'air du Rondeau, sans se sentir aussitôt sous l'influence de cette bienheureuse contagion. Pas de christianisme, sans doute, et pas de maison chrétienne, où Marie ne soit très pieusement honorée. Mais au Rondeau, la mesure générale est notablement dépassée, si bien que le Rondeau ne serait plus le Rondeau, si, par malheur, le culte de Marie s'y ramenait au niveau, fort élevé, je le reconnais, qu'il tient dans les autres établissements chrétiens.

Au Rondeau, pas un jour de l'année, pas une heure du jour, — je l'ai déjà remarqué à propos des récréations, — pas une page du coutumier, que Marie n'ait marquée de sa virginale empreinte.

Académiques ou religieuses, la Vierge est de toutes les fêtes ; on sent même qu'il n'y aurait point de fête sans Elle.

Pas de solennités liturgiques plus splendides ni plus pieuses que celles qui célèbrent la mémoire de ses mystères augustes, et entre toutes celles qui se rencontrent au cours de l'année scolaire, la fête de son Immaculée Conception. Ah ! ce jour-là, quelle joie, quelle ferveur, quelle sensation de paix, quel regain de pureté, d'innocence, dans toutes les âmes ! Et au soir de cette journée vraiment céleste où l'on oublie jusqu'aux brumes assez ordinaires de la saison, quels décors, quelles illuminations ! Et quelle merveille que la procession aux flambeaux, se déroulant, bannières déployées, sous ces feux ? Quelle féerie pour les yeux, quels tressaillements pour le cœur, et dans cet éblouissement, auquel on a rêvé longtemps auparavant, auquel on rêvera longtemps après, quelles harmonies et quels chants !

La Vierge est tellement souveraine au Rondeau, que les jours les plus saints, ceux dans lesquels l'Eglise célèbre les plus grands mystères de la vie et de la mort du Seigneur lui-même, reçoivent du souvenir de Marie un reflet spécial et singulièrement doux. Au Rondeau, moins qu'ailleurs, on ne peut se résoudre à dissocier de l'adoration du Fils le culte privilégié de la Mère. Au beau jour de la Fête-Dieu, en ces heures solennelles où l'Eglise concentre sur l'Hostie sainte toutes les énergies suppliantes de la foi des fidèles, c'est encore la Vierge, ou plutôt, si je puis m'exprimer de la sorte, la rencontre du Fils et de la Mère, qui donnait aux pompes eucharistiques leur éclat principal ou, pour être plus exact, le sens le plus saisissable à nos âmes d'enfant.

Je revois, je revois cette merveilleuse procession de cinq heures et demie du soir, et ces tentures, et ces guirlandes, et ces fleurs, et ces encensoirs qui fument, et ces roses effeuillées que les plus jeunes d'entre nous jetaient à pleines mains de leurs blanches corbeilles, et ce long cortège se déroulant sous les ombrages, à travers nos cours, dans les allées de nos jardins, et cette foule accourue de la ville pour trouver chez nous, dans la grâce touchante d'un décor qu'on eût cherché vainement au milieu des agitations de la cité, un spectacle émouvant et saint. Or, c'est aux pieds de la Vierge du « grand camp », sous le regard de Notre-Dame du Rondeau, que le spectacle atteignait son plus haut degré de grâce attendrissante et d'inoubliable beauté.

Là, aux pieds de la Madone tutélaire, se dressait le reposoir principal. Là, à profusion, les fleurs et les lumières, tout ce que notre pauvre terre peut offrir de plus charmant et de plus pur à son Créateur. Et autour de ce merveilleux autel d'un jour, improvisé sur le chemin, cette autre parure vivante de trois cents enfants, groupés, prosternés, adorant. Et la grande et souriante figure de la Vierge dominant toute cette scène, mais pour, Elle aussi, s'incliner vers son Fils, l'Éternel, et lui faire comme les honneurs du domaine que ses enfants de l'exil lui ont consacré, dédié ! Là, sous le pavillon du ciel, aux rayons adoucis du soleil baissant, s'unissant dans une bénédiction commune, le Fils et la Mère, la Vierge et l'Eucharistie, l'Hostie trois fois sainte et Celle qui nous la donna, — les deux sacrés, les deux seuls viatiques que, plus tard, ces pauvres enfants rencontreront sur leur route à travers la vie : ah ! je vivrais des siècles et des siècles, que ce spectacle serait toujours présent à mes yeux. Ni orages, ni tempêtes, ni tumulte assourdissant n'y feront. Toujours, je me verrai à cette heure ineffable, en ce moment divin, au milieu de mes condisciples chéris, dans cette atmosphère embaumée, sous ce rayon lumineux qui m'arrivait de l'ostensoir d'or et de la grande Madone. Depuis, j'ai vu des cérémonies bien autrement grandioses, de plus splendides fêtes : je n'ai jamais retrouvé pareille ébauche de ce qui doit être la vie du ciel.

Marie, au demeurant, n'était pas plus absente de nos fêtes académiques qu'elle ne l'était de nos solennités sacrées. Pas une réunion littéraire où elle ne fût célébrée, chantée. D'elles-mêmes, et comme mues par un impérieux besoin, les intelligences, à l'envi des cœurs, se tournaient vers l'Étoile qui illuminait l'heureuse maison. Et, lorsque revenait le Mois de Mai, c'était un renouveau, une véritable effervescence. Pour lui donner jour, il avait même fallu recourir à une institution charmante et, autant que je le sache, sans équivalent dans les autres maisons ecclésiastiques.

Un concours littéraire était ouvert dans toutes les classes de la maison, depuis la philosophie et les humanités jusqu'aux classes élémentaires. Ce concours, pour lequel toutes les formes, tous les genres étaient admis, n'avait qu'un sujet, celui sur lequel on peut parler, écrire, chanter toujours, sans se répéter jamais, la très sainte Vierge Marie Et pour chaque classe, les essais les plus heureux étaient couronnés dans une solennité splendide, présidée par l'Évêque lui-même, à la suite d'un rapport écrit par l'un des principaux professeurs du Séminaire. Et le rapport et les pièces couronnées étaient imprimés dans un Recueil annuel, d'un intérêt puissant pour tous les esprits élevés, que touchent particulièrement ces premiers essais de l'intelligence, ces premières et parfois si ingénieuses ou si naïves manifestations du cœur. Oh! ce ne sont pas des chefs-d'œuvre que ces travaux d'écolier, — les chefs-d'œuvre d'ailleurs sont rares à tout âge et partout. Mais qui feuillettera cette collection, ne pourra contenir son émotion, ni même se défendre d'un sentiment d'émulation salutaire, au spectacle de si touchants efforts, tentés de toutes parts et par tous dans la maison, pour louer, bénir, faire aimer Celle que la devise même de la maison déclare supérieure à toute louange : *Major omni laude.*

Voilà donc mon Rondeau, mon cher Rondeau, dépeint sinon avec habileté, du moins avec toute la sincérité qui y était, à proprement parler, la caractéristique de la piété et des sentiments de tous, depuis le chef vénéré de la maison jusqu'au dernier ou plus étourdi de ses enfants. Et je me revois dans ce milieu « sincère », aussi favorisé du côté de mes supérieurs et de mes égaux, que j'étais émerveillé de la maison elle-même, et heureux de la vie si conforme à mes aspirations, qu'on y menait.

Car c'est par là, sans doute, par là surtout que le Rondeau a répandu tant de charmes sur le souvenir qui m'en est demeuré. Le plus merveilleux palais du monde ne peut toucher, émouvoir celui qui l'habite, lorsque le cœur de celui-ci n'est point en harmonie avec les gens qu'il y rencontre. L'âme oublie vite les lieux où d'autres âmes ne lui ont point fait écho ; et si les choses, comme celles au milieu desquelles je viens de laisser si doucement errer ma pensée, gardent encore, après vingt et trente ans, le don de nous émouvoir, c'est qu'elles vibrent encore des sentiments échangés par nous avec ceux qui vivaient là, en même temps que nous.

C'est donc par le choix et les remarquables mérites des personnes avec lesquelles, ô mon Dieu, vous me mîtes en contact dans ce séjour de bénédiction, que le Rondeau m'apparaît dans ma vie, non plus seulement comme un enchantement printanier, mais surtout comme une grâce insigne, décisive, et dont les effets se prolongeront jusqu'à ma dernière heure.

Au Rondeau, j'eus d'excellents camarades, et en grand nombre, ce qui n'est pas extraordinaire, dans une maison de cette qualité. Mais ce qui est plus rare, eu égard au peu de temps que j'y passai, j'y eus des amis, oui, des amis véritables, au sens rigoureux du mot.

Au Rondeau, j'eus des maîtres excellents, cela va de soi. Mais ce qui est moins commun, j'y eus certains maîtres particulièrement et personnellement dévoués au plus obscur et au dernier venu de leurs élèves ; certains maîtres que je pouvais appeler et qui, au reste, quelques mois plus tard, s'intitulaient eux-mêmes mes amis; qui l'étaient, en effet, dans ce sens élevé du mot, où l'autorité, le dévouement, la tendresse et la charité s'unissent pour composer un sentiment qui tient à la fois de la piété compatissante, du sacerdoce et de la fraternité.

Au Rondeau, cela devait être, je rencontrai un Supérieur éminent, et qui l'était pour tous, sans exception ni conteste. Mais on eût dit que, par ses aptitudes, sa méthode de direction et la sélection des principes qu'il y appliquait, ce Supérieur avait été suscité et préparé par la bonne Providence, pour les besoins spéciaux du pauvre enfant qui allait par surcroît devenir son pénitent.

Aujourd'hui que le présent éclaire pour moi le passé, je ne puis me tenir de considérer ces trois ordres de faits personnels comme autant de manifestations de la divine miséricorde à mon égard. Lorsque j'en reçus la grâce, l'avenir m'était caché, et je m'engageais, confiant, sur la voie enfin aplanie qui semblait s'ouvrir devant moi. J'ignorais ce que prévoyait, ce que voyait Celui à qui rien ne se dérobe ; et dans sa paternelle Providence, il me munissait extraordinairement pour un avenir qui me devait être prochainement, et encore plus à quelques vingt ans de là, si redoutable.

Par les amis qu'elle me donnait, presque avant que nous

cussions eu le temps rigoureusement nécessaire pour nous connaître, la Providence, outre qu'elle m'affermissait dans le bien, me préparait les réconforts de la piété et de la généreuse *compatissance* pour les jours mauvais : cette charité, ces bons offices d'égal à égal qui peut-être touchent plus sûrement le cœur et le consolent davantage que les attentions, si délicates soient-elles, de supérieur à inférieur,

Fayollat, le pieux et grave rhétoricien, Bernaix, le brillant humaniste, et toi, mon André Hardelais, plus jeune et plus primesautier que tes camarades, mais si candide et si bon, quel bien ne fîtes-vous pas à mon âme ! Le temps n'est pas venu de raviver et d'esquisser pour moi-même vos traits aimables et purs, tels que je les revois, tels qu'ils se sont fixés à jamais dans mon cœur. Ce sera pour le jour trop prochain, hélas ! où vos lettres, vos visites même, sur le rivage où m'aura jeté la tempête, verseront dans mon cœur brisé le baume consolateur et salutaire, oui, salutaire, de votre jeune affection. Mais déjà, dans ces mois heureux du Rondeau, quelle vive impulsion, vous surtout, mes aînés de rhétorique et de seconde, n'avez-vous pas donnée à ma première ferveur ! Ah ! Fayollat, ah ! Bernaix, vous en souvient-il ? —Vous souvient-il de la Congrégation qui groupait là-bas les plus dévots enfants de Marie? Vous souvient-il des sages conseils et des pieux exemples que vous donniez au dernier inscrit dans cette élite des Croisés de la Vierge ? — Vous êtes prêtres aujourd'hui, comme je le suis moi-même, ô mes amis que je ne reverrai jamais, sans doute ; vous êtes prêtres par le caractère, mais alors par le sacerdoce que vous exerciez sur mon âme plus jeune et plus faible, ah ! prêtres, vous l'étiez déjà !

Et parmi mes maîtres, puis-je donc oublier mon cher

professeur de classe? — Une circonstance particulière m'avait rapproché de lui. J'arrivais dans mon cours de quatrième, à peu près au pair pour le latin, mais d'une insuffisance marquée pour le grec. Il y avait là, dans mes études à bâtons rompus, une lacune principale à combler. Durant tout le premier semestre, je dus prendre auprès de mon professeur des leçons particulières. Des rapports aussi fréquents, presque quotidiens, ne tardèrent pas à créer entre cette âme de prêtre et ce cœur d'enfant, ouvert et confiant par nature, les liens d'un attachement réel et réciproque. L'*Anabase* du vieux *Xénophon*, que j'expliquais ou plutôt qu'il m'expliquait, me fit trouver le chemin d'un cœur vraiment sacerdotal, que je compris et qui me comprit. — J'ai gardé de M. Valentin le souvenir le plus précieux ; c'est à mes relations studieuses avec lui que je fais remonter la première notion, gravée en moi, de ce que doit être le prêtre avec l'enfant, tout encouragement, patience et bonté, mais en même temps, sous peine de déchoir, tout autorité, dignité et fermeté.

De M. Bondat, professeur de troisième, j'ai gardé le même souvenir, exceptionnel et admiratif. — Parmi les maîtres si nombreux d'un collège ecclésiastique ou d'un Petit Séminaire, il en est toujours un qui, plus particulièrement que les autres, encore qu'ils soient tous communément aimés et respectés, a su conquérir l'affection, les sympathies, la confiance et la vénération générale de ce petit peuple d'écoliers. Il semble que ce père le soit plus que ses collègues. A lui les recours plus fréquents dans les heures difficiles, lorsque de petits orages printaniers passent sur la tête de l'enfant. M. Bondat, avec le vénéré M. Boël, — encore un nom que mon cœur me rappelle souvent, — exerçait au Rondeau cette magistrature à part, extra-hiérarchique, toute de convention, mais qui n'en était pas moins puissante, et parfois singulièrement occupée.

Sur moi aussi, M. Bondat, plus que tous ceux qui, là-bas, nous façonnaient à leur image, exerça une action bienfaisante, toute sainte et salutaire. Je le retrouve, dans mes souvenirs heureux, aux côtés de M. Valentin. Sous des traits différents mais de famille, ils me représentent l'un et l'autre, l'amitié sacerdotale s'inclinant sur une âme d'enfant, et pour mieux se faire accepter, ne tenant compte des distances que dans la mesure nécessaire au maintien de cette dignité qui préserve l'affection des inconvénients de la camaraderie.

Encore un beau modèle qui me fut montré pour que je m'en souviasse aux jours lointains de mon ministère ecclésiastique, en ce temps-là fort compromis ; mais surtout encore un puissant réconfort qui m'était ménagé pour un lendemain auquel je courais sans l'apercevoir. De même que mes chers et bien aimés camarades, Fayollat, Bernaix, Hardelais, je retrouverai mes bons et si tendres maîtres, à l'heure de l'horrible catastrophe. Tandis que le monde me tournera le dos, ils me tendront la main.

Mais au-dessus de tous les dons que Dieu me fit, en ces mois privilégiés du Rondeau, je dois placer la grâce insigne qu'il m'accorda, en m'inclinant à choisir pour mon directeur et père dans l'ordre de la conscience le vénérable M. Ginon, Supérieur du Séminaire.

Que M. Ginon ait été, dans les années de sa précoce maturité, le type parfait du maître et le modèle achevé du supérieur, l'homme éminent dans l'art de former la jeunesse, c'est ce que proclament à l'envi tous ceux qui ont eu l'heureuse fortune de grandir sous sa tutelle. C'est ce que reconnaîtront de même tous ceux qui, avec quelque expérience de la matière, auront lu son admirable étude sur les *Moyens de développer la dignité et la fermeté du caractère* dans le cœur de l'enfant.

Or, ce Mémoire, dû à la haute compétence d'un vétéran de l'enseignement chrétien, et qui naguère enleva par acclamation l'unanimité des suffrages, au sein du jury de concours institué par l'*Alliance des maisons chrétiennes de l'enseignement libre*, n'est pas seulement un chef-d'œuvre du genre. C'est, de plus, le programme rétrospectif d'une carrière qui fut féconde en œuvres de salut, et qui est restée comme un exemple illustre, et — dirais-je, si de nombreuses générations d'élèves n'en avaient eu, pour leur bonheur, la réalité sous les yeux, — comme le fugitif et insaisissable idéal de l'éducation selon le cœur de Dieu et le véritable esprit de l'Eglise.

Et c'est à cet homme que la Providence me confia, à cet homme qui savait si merveileusement définir et appliquer les principes de la formation du caractère, — ce qui manque le plus à notre époque d'universelle décadence !

C'est à cet homme que la Providence me confia, non seulement pour qu'il me dirigeât par l'entremise de ses collaborateurs, mais pour que, dans le tête-à-tête et le cœur à cœur de la direction spirituelle, il imprimât lui-même à jamais, en des traits indélébiles, dans mon âme encore neuve, les grands principes directeurs de la vie, les seuls principes qui fassent l'homme digne de ce nom et, conséquemment, le prêtre digne de sa mission surnaturelle, laquelle suppose nécessairement et avant tout l'homme d'honneur, aussi conscient de ses devoirs que de sa dignité.

C'est par cet homme,   je n'aurai jamais assez de gratitude et d'admiration pour les conseils secrets de l'adorable Providence, — que celle-ci, à mon insu et en quelques mois de paix féconde, me prépara à la dure épreuve que de tragiques événements allaient m'infliger.

C'est par cet homme enfin, un maître sans rival en cette science, que Dieu m'inculqua les grands principes directeurs qui seraient, un jour, ma boussole et mon bouclier. C'est par cet homme que me fut fourni à l'avance et pour toujours le moyen de repousser les assauts qui me seraient livrés, alors que, en pleine vigueur comme en pleine situation, j'aurais à choisir, contre l'avis des pusillanimes et à la désapprobation, peut-être à l'injurieuse pitié de plus d'un confrère sans doctrine, la ligne du devoir austère mais fondé en justice et en vérité.

La dignité, la fermeté du caractère ! — Grands mots, qui, pour beaucoup, même parmi ceux qu'on dit les meilleurs, ne sont plus que des mots ! Grands devoirs méconnus, désertés, et dont on concilie l'omission avec la pratique d'une piété frelatée, plus commode, en vérité, plus productive aussi d'honneurs et d'argent !

La dignité, qui est une force, parce qu'elle s'allie avec l'humilité sincère, véritable, tandis que l'orgueil n'est, au fond, qu'une faiblesse misérable, conduisant à toutes les bassesses.

La dignité, qui s'allie, non avec la platitude ou l'asservissement, mais avec l'obéissance motivée, rationnelle, la seule qui convienne à l'homme et mérite le nom de vertu.

La dignité, qui se tient toujours aux ordres de la vérité et de la justice, tandis que l'orgueil en fait litière, toujours prêt à se vautrer lui-même aux pieds du riche ou du puissant, pour en tirer quelque jouissance ou quelque hochet.

La dignité, qui apprend à l'homme que son propre honneur est le seul bien qu'il ne lui soit jamais permis d'abdiquer, et le dispose à accepter avec joie tous les sacrifices, y compris parfois celui de la vie, pour sauver cet unique bien que nul n'a le droit de lui ravir.

La dignité, enfin, qui est la rectitude du caractère, comme la fermeté en est le ressort.

La fermeté, qui n'est ni l'entêtement superbe, ni l'obstination aveugle et stupide, mais simplement la constance à revendiquer les droits inaliénables de l'homme juste et libre.

La fermeté, qui n'est pas plus la violence, que l'arrogance n'est la dignité.

La fermeté, qui apprend à vouloir énergiquement le bien, à combattre énergiquement le mal, et dans les deux cas, à ne tenir aucun compte des inconvénients personnels qui peuvent résulter de l'accomplissement du devoir.

La fermeté, qui ne recule devant aucun sacrifice, quand la conscience a fait entendre sa voix ; qui ferme son cœur au découragement des peureux, son oreille aux conseils de lâche désistement, ses yeux à l'entassement des obstacles, estimant avec un sage que, dans ce cas, « les accidents même mortels sont un inconvénient, non un embarras » dont il faille tenir compte.

La fermeté qui n'est, en un mot, que la persévérance courageuse et calculée de celui qui, après avoir prié, réfléchi, s'est résolu mûrement, et va droit à son but, simplement et d'un cœur affermi, parceque le devoir lui impose d'y aller, y marchant d'ailleurs sans ostentation ni bravade, mais avec une rectitude, une mesure et cette inflexibilité patiente, qui est, au demeurant, la meilleure marque et la plus sûre garantie de son droit.

Voilà ce que je recueille, au hasard de la plume, du Mémoire de l'ancien supérieur du Rondeau ; voilà les principes dont il a jadis pétri mon âme. Ah ! quelle empreinte je reçus là ! Et quelles armes me furent remises, pour le jour de la grande lutte à venir !

Et je le répète, quelles actions de grâces ne devrai-je point à l'adorable Providence, lorsque, au moment le plus difficile mais aussi le plus solennel de mon humble existence, je reconnaîtrai que ces principes essentiels, qui sont de la moëlle même du christianisme, et dont mon entourage et mes supérieurs eux-mêmes, hélas ! m'eussent volontiers détourné dans la pratique, m'avaient été infusés, inculqués fortement, dès les jours de mon adolescence, et qu'ils étaient devenus, pour ainsi parler, l'âme de mon âme, sous la main d'un maître incomparable, que j'eusse vainement cherché dans vingt autres écoles peut-être ! — Sans y penser, le vénérable supérieur du Rondeau, s'est peint moralement dans son étude magistrale. Sans le vouloir, assurément, je me suis représenté moi-même, dans tout ce que j'ai écrit pour la défense de ma cause, au moment de la lutte terrible. Qu'on rapproche ces ouvrages d'un mérite fort inégal, et qu'on dise si le disciple n'a pas, du moins, gardé l'empreinte vivante du maître.

Je lis encore, dans le Mémoire du cher et vénéré M. Ginon, ces lignes qu'on dirait vraiment écrites à mon souvenir.

« Aucun âge n'est à l'abri de la souffrance. Bien des fois, hélas ! nous avons pu voir les chagrins les plus cuisants déchirer des cœurs que l'âge eût semblé devoir préserver. C'est alors que le maître doit faire appel à tout ce qu'il a de cœur, de raison, de tendresse et de force, pour que, d'une part, ces pauvres enfants soient un peu soulagés et consolés ; pour que, de l'autre, ces épreuves décisives ne passent pas inutilement sur leurs âmes. Veillez aux sanglots de l'enfant, à ce frémissement de l'acier qui se trempe. Que cette importante opération ne soit pas compromise par votre incurie. »

Oh ! elle ne fut pas compromise par mon cher et bien aimé Père en Dieu, cette formidable opération de l'acier qui se trempait dans mon âme, le 13 juillet 1878, au jour où, moins de trois semaines avant les vacances et alors que tous mes camarades fêtaient le retour au foyer, dans la montagne ou la vallée, le bon Supérieur dut m'appeler chez lui, non pour me révéler tout mon malheur, — tant de raisons s'y opposaient ! — mais pour soulever à mes yeux un coin du voile qui me dérobait l'avenir cruel et ténébreux.

Il sut bien, en effet, « faire appel à tout ce qu'il avait de cœur, de raison, de tendresse et de force », non pour me parler, mais plutôt pour se taire et me dissimuler l'irréparable, en me découvrant et faisant accepter l'inévitable et l'urgent.

« Mon enfant, voici la fin de l'année ; il vous sera impossible de retourner chez vos parents ; ils sont gravement malades et ne sauraient vous recevoir. Mais nous avons pourvu à cette difficulté ; on va vous conduire chez un excellent prêtre, de nos amis, qui pourra vous aider à bien faire vos devoirs de vacances, et vous nous reviendrez plus tard. »

Ce fut tout. La prudence ne lui permettait pas un mot de plus. Étourdi par le coup, auquel je ne comprenais rien, je ne répondis que par mes larmes. Ah ! les séparations de la mort ne doivent pas être plus cruelles. Quoi ? Tout quitter, et si vite ! Mes parents malades, très malades, morts peut-être ! Et mon Rondeau, mon Rondeau tant aimé ! Quoi, en partir si tôt, tout de suite, tout de suite, sans une minute de répit, sans dire adieu à qui que ce soit ! Et qu'est-ce donc ? ô mon Dieu, qu'est-ce donc ?

— « Le mieux, mon cher enfant que j'aime tant, vous le savez, le mieux est de partir au plus tôt. M. Bondat que vous aimez, peut vous conduire aujourd'hui. Vous n'irez pas seul, mon cher Étienne ; et puis, priez bien, priez beaucoup, le bon Dieu ne vous abandonnera pas... nous nous reverrons... » finit-il en m'embrassant.

Le cher Père n'ajouta plus rien : en aurait-il eu la force ? — Maintenant, je ne le crois pas.

« Oh ! le Rondeau, nom plein de doux souvenirs ; maison chérie, où nous avons connu le bonheur ! — Maison bénie, ô notre Rondeau, nous te disons nos derniers adieux ! Tu as reçu notre enfance ; dans ton sein nous avons grandi ensemble, sous le regard de la douce Mère de Dieu ; dans ton sein nous avons goûté les plaisirs si purs de l'innocence et des premières affections! Autels de Marie, campagnes bien connues, toits hospitaliers, bois où nous avons joué le soir, toi surtout, famille bien aimée du Rondeau, adieu ! »

Ainsi, s'épanchait, au nom de tous ses condisciples, l'un des partants de ma génération. Mais il partait à l'heure fixée pour tous...

Moi, je ne fis point d'adieux à cette maison où je ne devais plus revenir. Je ne revis pas la douce Madone, je ne revis ni maîtres ni condisciples. Le mot du pauvre supérieur avait eu le tranchant du glaive... J'étais un disparu. — Mes larmes brûlantes, amères, furent mon unique adieu.

. . . .

A deux ou trois heures de ce moment, moins que cela peut-être, car mes souvenirs se troublent lorsqu'ils se reportent sur cette horrible journée, le cher M. Bondat me prenait par la main, et je partais avec lui, emportant ma petite malle d'écolier, le seul bien qui me restât désormais en ce monde.

Mais, à ce moment, je ne le savais pas.

V

Au désert. — Notre-Dame de Chambarand.

Je ne savais pas, non plus, où l'on me conduisait...

Si jamais ces lignes que j'écris pour moi, tombe sous les
yeux de quelque inconnu, à coup sûr il s'étonnera de l'étran-
geté de mon récit. J'avoue, pour ma part, que le vécu, plus
d'une fois en cette heure sombre, franchit, à mes propres
yeux, la limite de l'imaginable. — Mais qu'y puis-je ?

Reprenant jour par jour, et telles qu'elles furent subies,
les vicissitudes de ma jeune existence, repassant par tous
mes sentiers et, autant qu'il m'est permis de le faire, m'y
replaçant dans l'état d'âme où je me trouvais lorsque mon pied
les foula, je ne puis pourtant dire de ce fatal 13 juillet, autre
chose que ce que j'en sus moi-même lorsqu'il s'abattit
sur moi.

Mystère pour le lecteur ?

— Oh ! sans doute. Mais le mystère existait aussi bien
pour moi, et avec plus de cruelle angoisse, dans l'obscur
tourbillon qui m'emportait.

Et puis, que le public, — non ! le public n'a point à connaître de ces choses, — que le pieux confident qui s'intéres-
sera d'aventure à mes douleurs, veuille bien prendre patience.
Les explications qui pourront m'arriver plus tard, — les lam-

beaux de vérité que j'arracherai péniblement à l'impitoyable énigme, — je les lui communiquerai au fur et à mesure qu'elles me parviendront. Je lui distillerai goutte à goutte, comme on le fit pour moi-même, la coupe d'amertume, que mon cher supérieur et père du Rondeau m'avait présentée sous un voile épais, — si épais que lui-même, au moment où il me la présentait, ne savait sûrement pas ce qui se cachait au fond du calice de misère.

Que si, après cela, je ne réussis pas à mettre la pleine lumière dans mon récit, c'est qu'elle n'aura jamais été faite complètement à mes propres yeux. — Va, bon lecteur, tu en sauras toujours assez pour me plaindre, et finalement pour bénir avec moi ce grand Dieu, qui frappe et qui guérit.

J'allais donc aux côtés du digne maître qui m'accompagnait. Sans avoir même pu serrer silencieusement la main à aucun de ceux que j'aimais, j'allais, abasourdi par le coup, muet, ne voyant rien, ni des lieux que je traversais, ni des objets qui défilaient sous mes yeux...

Nous prîmes le chemin de fer, je m'assis en résigné aux côtés de mon cher guide. Il ouvrit son bréviaire, et pria. Je demeurai muet, inerte, la tête baissée mais en feu, sillonnée de questions angoissantes, hurlantes, qui se succèdaient au galop, se heurtant, s'entre-choquant, et que je ne parvenais pas à résoudre.

Après deux ou trois heures de trajet, nous descendîmes. Nous étions à Roybon.

« Est-ce ici, Monsieur ? » fis-je à demi-voix. — « Non, mon enfant, il nous reste encore quelque distance à franchir. »

Mais l'heure était avancée, le jour baissait. Nous prîmes gîte dans la petite ville.

Tel était, à ce moment, le trouble de mes idées, que j'oubliai longtemps, par la suite, ce détail de mon douloureux itinéraire, et que je ne parvenais pas à m'expliquer comment, ayant quitté le Rondeau dans l'après-midi du 13, je me voyais arriver au terme du voyage le 14 seulement, vers les dix heures du matin, aux brillants rayons d'un soleil qui contrastait durement avec les ténébres dont je me sentais enveloppé.

Nous fîmes en voiture, le lendemain matin, 14 juillet, la plus grande partie de la route que nous avions encore à parcourir. Le chemin montait, montait toujours, à travers un paysage accidenté, pittoresque. Mais que m'importait l'aspect du paysage ? Je le voyais, je ne le regardais pas. Au bout d'une demi-heure, trois quarts d'heure peut-être, la voiture s'arrêta.

« Monsieur, sommes-nous arrivés ? » — « Bientôt, mon cher enfant, nous n'avons plus que quelques pas à faire. Nous approchons. »

Et nous voilà engagés sur une pente plus rapide, qu'il s'agit d'escalader. Le chemin qui s'y dessine, est visiblement de fraîche date ; au reste, il n'est pas encore achevé. D'épais fourrés, de vieux chataigniers moroses, des noyers séculaires, énormes, le transforment presque en une avenue. Oh ! ce n'est plus l'avenue de mon Rondeau, si régulière et si charmante. Nous apercevons bientôt un bois assez étendu, un ruisseau longeant la lisière de ce bois, et un instant après, nous arrivons.

« C'est là ! »

Nous sommes bien au désert, au vrai désert, à six cents mètres d'altitude, et à vingt lieues, on le croirait du moins, de la terre habitée, sur le plateau des Chambarands. Ah ! j'en avais entendu parler tant de fois ! Qui donc, en Dauphiné, ne connait, au moins par ouï-dire, ces fameux

Chambarands : Et qui ne les connait pour une terre inculte, sauvage, rebelle au travail de l'homme, curieuse par ailleurs et prodigieusement tourmentée, qu'il peut être intéressant de visiter en touriste, mais dont on ne saurait, à moins d'être fou, songer à faire sa demeure ?

Sur un point, pourtant, ce désert était habité. Tout en restant le désert et sans rien sacrifier de son silence ni de sa solitude, il avait refleuri depuis une dizaine d'années. La prière y avait amené la vie, et le travail commençait à y triompher d'obstacles réputés insurmontables. Un monastère de Trappistes, essaimés de Sept-Fonts, s'y était établi.

Nous sommes à la porte hospitalière du cloître.

« C'est ici, me dit M. Bondat, que demeure l'abbé Nortet, ce bon prêtre dont M. le supérieur vous a parlé, et qui veut bien s'occuper de vous, durant ces mois de vacances. — Entrons. »

Je glisse sur toutes les particularités de notre arrivée, et du charitable accueil qui nous fut fait. Toutes ces personnes, toutes ces choses si nouvelles pour moi, et qui en d'autres temps m'eussent causé une impression profonde, difficilement oubliable, et ce qui se disait, et ce que je voyais, tout cela glissait uniformément sur mon âme, sans y pénétrer en aucune façon. Ah ! oui en ce moment, j'étais ailleurs, loin, bien loin de là, s'il n'est plus exact de dire que je n'étais nulle part, si ce n'est dans un rêve lourd et confus, sous un nuage noir, qu'aucune lueur ne traversait.

Après quelques heures, M. Bondat m'embrassa. Avec un accent qui trahissait que lui-même n'avait plus grand espoir, il me pressa de prendre courage et d'espérer. Puis, il me dit un « au revoir » qui sonnait comme un adieu et, silencieusement, la porte du monastère se referma sur moi.

J'entrais, sous la main de Dieu, dans une phase nouvelle de mon existence.

Le plateau de Chambarand, centre et sommet des diverses collines qui, sous le même nom pluralisé, s'en détachent en rameaux sinueux pour former des vallées profondes, creusées dans toutes les directions, n'avait pas toujours été aussi dénudé. Une superbe forêt, une forêt princière où les rois chasseurs s'étaient créé un rendez-vous, le couronnait autrefois. Mais le temps et les hommes avaient eu raison de ce travail des siècles. Déjà fort entamée, la haute futaie avait succombé définitivement sous les coups de la Révolution, qui, destructive par essence, dévastait le domaine des seigneurs, après avoir fait rouler leurs têtes sur la plateforme des échafauds. Quelques vieillards vivaient encore, qui avaient vu les derniers grands chênes de Chambarand s'abattre sous la cognée du bûcheron, et le racontaient en pleurant. Ils disaient aussi que ces fourrés sauvages avaient, dans le même temps, fourni une retraite aux prêtres poursuivis, traqués par la meute sanguinaire. Le fait, d'ailleurs, n'est pas douteux. Quatre-vingts ans avant moi, Mgr d'Aviau, l'illustre archevêque de Vienne, avait erré, fugitif, sans asile et sans pain, aux lieux mêmes où la bonne Providence me ménageait une vie moins précaire et un abri plus sûr, contre une tempête dont l'histoire n'aurait point à enregistrer le souvenir.

Dans l'état où je le trouvai, au moment où l'on m'y « réfugiait », le plateau des Chambarands offrait vraiment l'aspect et donnait l'impression de la grande solitude. A quelques pas au-dessus du monastère, sur cette voie célèbre de la Fêta, l'œil embrasse un panorama grandiose, immense. Vers le sud, les Alpes Dauphinoises ; à l'est, le massif recueilli de la Chartreuse, et au delà les monts de Savoie, avec leurs neiges éternelles. A l'ouest, les hauteurs du

Forez et du Vivarais ; au nord, la plaine, la plaine sans fin. Et s'étendant sur cette immensité, y régnant en souverain, le silence, le silence éternel, qui, pour l'âme, et malgré qu'elle en ait, devient la grande voix de Dieu.

Tel était mon horizon.

Et pour refuge, j'avais le monastère, assis un peu en contre-bas du plateau, à l'abri de la bise du nord, sur les rives fuyantes du Galauret, un torrent rapide comme la vie, tumultueux comme elle.

Il était jeune encore, ce monastère. Dix ans s'étaient à peine écoulés, depuis que les fils de Rancé, escortés par tout un peuple, monté de la plaine avec eux au chant des saints cantiques, avaient pris possession des Chambarands — mai 1868 ; et leurs premières années s'étaient perdues en efforts infructueux. Deux prieurs avaient fléchi sous le poids de la rude entreprise, le premier n'ayant jamais cru à la possibilité même du succès, et le second ayant soudain perdu courage, après avoir entrepris et poursuivi d'utiles travaux, interrompus, il faut le dire, par le désarroi de la chose publique. À son départ, comme au départ du premier, mais avec plus d'insistance, on s'était demandé si de vouloir établir quelque chose sur les Chambarands n'était pas courir après une chimère.

J'avais la réponse sous les yeux.

Le véritable fondateur de l'œuvre et son organisateur admirable était encore là, Dom Antoine, le vénérable prieur qui nous avait reçus avec tant de dignité, de grâce et d'aménité. Son prieuré avait été récemment élevé à la dignité d'abbaye, et il venait lui-même d'être élu, pour en devenir le premier titulaire. Dans quelques semaines, prêtres et évêques devaient monter à Chambarand pour y consacrer l'église du monastère, et le lendemain, dans ses murs encore humides de l'onction sainte, donner la bénédiction abbatiale

à l'infatigable promoteur de tout ce bien, réalisé en si peu
d'années.

La noble et sainte figure de Dom Marie-Antoine occu-
pera dans mes récits une grande place, une place propor-
tionnée à celle qui lui appartient dans ma mémoire, à celle
que je lui garderai à jamais dans mon cœur. Je n'essaierai
pas de la peindre, en ce moment : elle se dessinera elle-même
à mesure que les événements, ou ce qui en tient lieu dans ma
chétive existence, l'éclaireront d'un jour plus vif. Car je veux
le noter tout de suite, les encouragements et les personnelles
directions du vénéré prélat ne m'ont jamais manqué, depuis
le jour où, pour m'arracher au désastre, la Vierge me préci-
pita sous son manteau. Ses bénédictions sont encore, à
l'heure où j'écris ces lignes, mon honneur et ma joie, ma
consolation, l'un des principaux secrets de ma force.

Mais, suivant la loi de ma destinée qui est, je l'ai dit, de
ne plus jamais revoir les lieux qui me sont les plus chers,
après que je les ai brusquement quittés, je ne retrouverai plus
sur mon chemin, le monastère qu'il sut me rendre si secourable et si doux, en des jours d'indicible douleur. Un mot
du cœur à ce cloître bien-aimé.

Notre-Dame de Chambarand, cher et béni monastère, je
te revois dans ta paisible et simple ordonnance.

Un quadrilatère de cinquante mètres de côté, rigoureusement enclos, fermé à tous les vains bruits du dehors. A
l'entrée, la grande porte monastique, avec porche et étage.
Au fond, dans l'axe même de la porte d'entrée, l'église abbatiale, avec sa flèche aigüe, — son doigt toujours levé vers

le ciel, — ses trois saints de fronton, et à leurs pieds, le cadran de l'horloge, le grand cadran, dont l'aiguille marque pour ceux de la maison, — car c'est ainsi qu'ils le lisent, — les avances que l'éternité, heure par heure, prend sur eux et sur nous. Pour couvrir la nudité de ces grandes murailles, encore toutes blanches, point d'ornements d'architecture, si ce n'est peut-être, et avec une réserve voulue, à la façade de l'église et à la grande porte abbatiale. Partout ailleurs, la sévère application du mot de l'Apôtre : *Habentes quibus tegamur, his contenti simus.* Dans la vaste cour que forment les bâtiments claustraux, quelques arbres alignés, des pelouses. Puis, sur la droite du grand quadilatère et y attenant, les bâtiments de l'exploitation agricole, la fromagerie, la brasserie. Au chevet de l'église, le cimetière, le champ du repos et de l'espérance. A ses abords, sur un petit tertre, la belle statue de Notre-Dame de Chambarand, l'image de Celle qu'on a si justement appelée la Porte du ciel, et qui semble placée là pour en revendiquer le titre et en exercer la sublime fonction.

Ce n'est plus, il s'en faut, la grâce aimable du Rondeau, mais quelque chose de plus simple et de plus grand, que j'eus quelque peine, tout d'abord, à bien comprendre, et que peut-être je n'aurais pas goûté de si tôt, si le malheur ne m'avait, en quelques jours, vieilli de quinze ans. Une âme d'enfant, surtout une âme comme la mienne, attardée, en dépit de mon âge réel, dans les régions où la vie s'ignore elle-même, était incapable de lire, sans épeler, ce livre géant de l'austérité monastique.

Lorsque j'y arrivai, la Trappe de Chambarand venait d'être pourvue de tous ses êtres conventuels, de ses lieux réguliers, de tout ce qui était nécessaire à son parfait fonctionnement. Tout était prêt, achevé, n'attendant plus, je l'ai dit, que la suprême bénédiction des pontifes. A l'hôtellerie,

on ne parlait que des grandes fêtes qui se préparaient pour
le mois de septembre, et ce qu'on en disait, malgré que mon
pauvre cœur ne fût point aux fêtes, était encore ce qui me
frappait le plus. Cependant, un observateur plus expérimenté aurait pu jouir du bonheur de tous ces vrais religieux,
de ces humbles et de ces sincères, qui, après tant de vicissitudes, de travaux, d'embarras, tressaillaient visiblement à la
pensée que, désormais, il leur serait donné de vivre, sans
encombre ni exceptions, leur règle sainte et leur éternel
silence...

Notre-Dame de Chambarand!... C'est donc là, ô mon
Dieu, que vous m'aviez conduit, pour me rapprocher de
vous, tandis qu'ailleurs la tempête faisait rage et plus que
rage, broyant tout, dispersant tout, n'épargnant personne
de l'infortunée maison, si ce n'est celui, ô Maître, que vous
teniez caché dans l'ombre de vos tabernacles !

Mais comment M. Ginon avait-il songé pour moi à ce
refuge, qu'il ne m'avait point nommé ?

Les âmes d'élite se reconnaissent et s'appellent. Quelques
années, — car Dom Antoine n'était pas depuis longtemps au
pays, — avaient suffi pour que des relations de franche sympathie, voire même de sainte amitié, s'établissent entre le
Supérieur du Rondeau et le Prieur du naissant monastère.
Lui écrire au plus vite, lui exposer la situation, et en recevoir immédiatement l'assurance que la maison des pauvres
Trappistes et plus encore le cœur de celui qui la gouvernait,
étaient au service de ma jeune infortune : se mettre de compte
à demi pour la secourir et essayer de la sauver, fut, pour
ces deux grands cœurs, l'affaire d'un moment. Quoi de plus
simple que les négociations où la pure charité remplace l'intérêt, le vulgaire et encombrant intérêt ?

Dom Antoine avait ajouté, dans sa réponse empressée, que, par un heureux concours de circonstances, il avait, résidant à la Trappe, un excellent prêtre, ancien professeur, qui, volontiers, pourvoirait par ses leçons à ce que le temps qu'il me faudrait passer à Chambarand ne fût pas complètement perdu pour mes études. Et c'est ainsi que, pour m'effrayer moins au premier abord, le bon Supérieur du Rondeau m'avait parlé de l'abbé Nortet, auquel il me confiait, disait-il, pour la durée des vacances, sans même prononcer le nom de la Trappe, dont M. Nortet était l'hôte, au même titre, à peu près, que j'allais le devenir moi-même. C'est ainsi que, par une douce condescendance et une paternelle tendresse, dont je sens aujourd'hui toute la délicatesse et le prix, M. Ginon avait su taire une partie de sa pensée, et n'en découvrir que ce qu'en pouvait supporter le pauvre écolier qui était devant lui.

Ancien directeur de séminaire, homme instruit et des plus recommandables, M. Nortet était un de ces prêtres affamés de solitude et de prière, qui, ne pouvant embrasser la vie religieuse, s'en rapprochent le plus possible, en se fixant aux abords du cloître, pour en goûter la paix et en pratiquer les vertus. C'est tout ce que je sais de lui, hormis pourtant que j'ai appris, il y a peu de temps, qu'il avait lui-même pris l'habit et fait profession sous la sainte Règle de ses hôtes et amis. Présenté à ce digne prêtre par le R^{me} Père Abbé, je fis sous sa direction, durant deux ou trois mois, mes dernières études classiques, car ni au Rondeau, ni dans un aucun autre établissement similaire, il ne devait y avoir de rentrée pour moi. Comment ai-je, par la suite, comblé tant bien que mal cette énorme lacune, précédée de tant d'autres, c'est ce que je n'entreprendrai pas d'expliquer, à moins que, dans l'ordre de l'intelligence comme dans l'ordre de la grâce, il ne faille dire que la bonne Providence supplée à beaucoup de choses, lorsque notre volonté n'est pour rien dans notre indigence.

Quoi qu'il en soit, et je tiens à le constater, ces deux ou trois mois d'études supplémentaires furent assez pauvres en résultats. Au reste, mes rapports avec le bon M. Nortet m'ont laissé peu de souvenirs. Pouvait-il en être autrement? — Certes, ni mon esprit, ni mon cœur n'étaient alors aux thèmes ou aux versions...

Ah! quelle angoisse, — je ne puis me le rappeler sans frémir, — et quel combat, quel choc de pensées, d'images, d'espoirs, de désespérances, sous mon pauvre front de dix-sept ans! Est-il possible d'imaginer, au moral, une situation plus atroce que la mienne? On l'a dit avec raison, la pleine connaissance d'un désastre, d'une perte irrémédiable, fût-ce même du plus grand des malheurs, est moins pénible, cent fois, que l'incertitude qui vous tire l'âme en tous sens, et la tient comme suspendue dans un vide effroyable, livrée à toutes les étreintes de l'anxiété, à tous les cauchemars de l'imagination, à toutes les appréhensions, à toutes les transes de l'attente de quelque nouvelle catastrophe.

Or, durant deux mois et plus, telle a été ma vie dans ce désert où, par pitié pour moi, l'on m'avait poussé tout à coup, sans un mot d'explication.

Telle a été, durant deux mois et plus, ma vie dans ce silencieux monastère où, chaque matin en m'éveillant, je pouvais me demander ce que je faisais là, qui m'y avait amené, et si je n'étais point le jouet de quelque horrible rêve.

Mes parents, ma mère tant aimée, ma sœur, mais qu'étaient-ils donc devenus? Où étaient-ils? Et la maison paternelle, notre maison, notre « chez nous », qu'y était-il arrivé? Lui aussi, qu'était-il devenu?

On me disait bien, car il n'était plus question de la maladie de mes parents, on me disait bien, pour me consoler, m'encourager, m'aider à vivre, que je les reverrais, que « tout s'arrangerait », que bientôt je reprendrais le chemin du Rondeau. Et par moments, je me laissais presque convaincre : on croit si volontiers ce qu'on désire !

Pourtant, pourtant, j'écrivais à ma mère lettres sur lettres, et elle ne me répondait pas, ni ne me faisait répondre. J'écrivais aux anciens amis de la maison, à ceux qui, d'après de vagues renseignements, nous étaient restés fidèles dans le malheur. Ils me répondaient de temps en temps, mais en termes si embarrassés, si imprécis, que je ne comprenais rien à leur langage, sinon que mes questions pressantes les gênaient.

Enfin, après plusieurs semaines d'inutiles instances, deux ou trois peut-être, je reçus quelques mots de ma mère. Elle était loin de la maison. Elle l'avait quittée huit jours avant qu'on ne m'eût dirigé moi-même sur Chambarand. Elle aussi me disait d'espérer, mais ne me renseignait sur rien. De mon côté, j'épuisais toutes les ressources de mon cœur et de ma piété, pour la soutenir, la réconforter, la consoler, sans connaître la cause véritable de sa douleur. — Deux infortunes qui, par compassion mutuelle, essaient de se dissimuler, l'une à l'autre, et refoulent leurs propres larmes pour sécher, s'il se peut, celles qu'il leur est si poignant de voir couler. Mais au fond, nous ne nous abusions, ni l'un ni l'autre.

Par surcroît d'affliction, comme si mon tourment n'était pas assez cruel, après avoir ainsi reçu de ma mère quelques lettres, que j'avais, d'émotion et de convulsive tendresse, couvertes de mes baisers, trempées de mes larmes, serrées à vingt reprises contre mon cœur, et dont je n'aurais pas, au prix de tous les trésors du monde, consenti à me séparer, un doute affreux me vint, qui n'était point sans quelque apparence de fondement. Je me demandai si ces lettres étaient bien de ma mère. Une autre personne, que je ne nommerai pas, avait une écriture très semblable à la sienne. Eh! quoi? N'aurait-on pas fabriqué ces lettres pour obscurcir encore plus le mystère horrible qui pesait sur moi? — Ah! le doute, ajouté à l'affreuse incertitude, et pas un seul rayon, du côté des miens, dans cette nuit glacée!....

Le doute ne persista pas. Je parvins à la certitude que c'était bien ma bonne mère qui, elle-même accablée sous le poids d'une épouvantable croix, s'efforçait, pour réconforter de loin son enfant, de me paraître confiante, presque rassurée. Ses lettres devinrent même assez fréquentes. Il m'en reste une dizaine, de cette époque fatale. Mais sur le fond des choses, elle était toujours aussi muette que les amis de la maison.

Ce n'est ni par elle, ni par eux, que je connus toute la série des désastres, du moins, tout ce que j'en sus alors, et au demeurant, à peu près tout ce que j'en sais même aujourd'hui. Mais ce n'est que peu à peu que j'appris cela. Chaque jour, surtout en septembre et en octobre, m'apportait une parcelle de la triste réalité. La maison paternelle n'existait plus; nous n'avions plus de foyer, je ne reverrais jamais notre « chez nous. » Il était probable, presque certain, que je ne reverrais jamais mon père, ni ma mère chérie, ni ma sœur, ni aucun de ceux qui constituaient pour moi, au pays natal, le groupe du passé, et par suite de ma vocation, le groupe de l'avenir. Par ménagement pour ma faiblesse, on ne me le disait pas en termes aussi clairs, mais on me l'insinuait, et je finissais par le comprendre.

O ciel, qu'il y a de cruelles séparations en ce monde, et pires que la mort, assurément! — Adieu! adieu! ô vous tous que j'ai aimés et qui m'avez aimé. — Est-ce donc ainsi que doivent être séparés de tout et de tous, ici-bas, ceux que la Madone a choisis pour en faire, dans quelque œuvre marquée, ses instruments de grâce et de salut ?

Cependant, ô mon Dieu, vous ne m'avez point abandonné dans ce terrible passage. Je dois plutôt le dire, à la gloire de votre Providence ineffable, que d'attentions, que de tendres soins vous m'y avez prodigués ! Que de Cyrénéens vous m'avez envoyés sur cette montée du Calvaire, ô vous qui, pour vous-même, n'en avez appelé qu'un seul !

Voici d'abord mes bons camarades du Rondeau, mes amis d'école, qui m'arrivent avec leurs lettres, pleines de foi, de cœur, d'effusion touchante, et si sincère !

Mon cher Fayollat, tout le premier. — Je feuillette la liasse de ses lettres. Oh ! elles furent empressées, elles furent nombreuses, et comme déjà il possédait le sens des choses de Dieu ! C'est le 13 juillet que le malheur m'avait frappé, ou plutôt qu'il m'avait été signifié. Dès le 16, Fayollat m'envoyait l'expression attendrie de sa douleur fraternelle. Et je le vois ensuite, au 15 et au 24 août, au 11 octobre, au 12 novembre, au 1er décembre, qui me revient avec sa piété profonde, son cœur aimant, ses consolations éclairées et qui portent juste. En communauté de sentiments avec son ami dont il partage la souffrance, il a lu les plaintes du saint patriarche Job, et il en détache, pour que sa lumière me guide, cette admirable sentence : *Verbosi amici mei : ad Deum stillat oculus meus.* Mes amis sont pleins de paroles : c'est vers Dieu que jaillit la dernière étincelle de mon regard, voilé de larmes. »

Après Fayollat, le cher et très pieux Bernaix. — Chacun de ces correspondants a son genre, sa manière : sa manière d'aimer et sa manière de le dire. Bernaix est affectueux et tout surnaturel dans ses affections. Doux et fort, d'un zèle d'autant plus communicatif que, par une dévotion qui lui est personnelle, il puise plus abondamment au Cœur sacré de Jésus, source inépuisable de toutes les grâces et de toutes les tendresses.

A la suite de Fayollat, de Bernaix, mon très cher André Hardelais. — Celui-ci ne se contente pas de m'écrire. A tout prix, il veut me voir, m'embrasser, et il obtient de sa mère, — une sainte femme, veuve depuis peu, — la permission de monter jusqu'à mon désert. Son expansion si franche, la limpidité de son regard, ses manières gracieuses, surtout la transparence de son âme, lui ont vite conquis les sympathies des Pères et de tous ceux qui l'ont entretenu, dans les deux jours qu'il passa auprès de moi. — De lui, quatre lettres charmantes : 29 septembre; 15 octobre, après sa visite à Chambarand; 22 octobre; 2 décembre. Dans cette dernière, il se reporte à ce qu'il a vu, entendu, compris du saint monastère, et sa conscience en ressent un trouble touchant. A coup sûr, il s'exagère son mal; mais la Trappe produit de ces effets sur les natures délicates, aux jours effervescents de la jeunesse en sa première fleur : « Ah! que ne suis-je près de toi!... Car ici, c'est un gouffre, on ne peut respirer qu'un air empoisonné. Partout où l'on porte ses oreilles, on est obligé de les boucher pour ne pas entendre. Oh! pourquoi ne m'est-il pas donné de reprendre mon âme d'enfant? Heureux âge, où l'on ignore tout! Oh! bien cher ami, prie, prie pour moi, Dieu te le rendra. Moi, je ne sais plus prier. Et pourtant, il fut un temps où... » — Ah! la belle candeur, et la naïve confession d'une âme qui ne veut pas déchoir !

Mais avais-je tort de ranger parmi les consolations que la divine Bonté me ménagea au plus amer de mes douleurs, ces cordiales démarches des amis qu'elle m'avait donnés au Rondeau, dans les jours trop rapides que j'y vécus ?

Plus réconfortantes encore, parce que revêtues d'une autorité plus haute, furent les lettres que mes anciens maîtres m'adressèrent dans le même temps : lettres du digne M. Bondat, qui m'avait conduit à l'autel du sacrifice, et s'en souvenait avec émotion ; lettres de M. Valentin, mon excellent et dévoué professeur ; lettres de mon bien aimé père et supérieur, M. Ginon. — Encore de chères feuilles, jaunies, vénérées, bien souvent relues, et qui ne me quitteront jamais.

Du 5 août, lettre de M. Valentin, charmante, pleine d'affection et d'estime pour son pauvre élève de la veille. — Du 8 novembre, autre lettre du même, encore plus expansive et touchante. Il me parle comme à un ami de trente ans.

Dès le 27 juillet, moins de deux semaines après le jour plein de larmes où il m'embrassa pour la dernière fois sur le seuil du monastère, M. Bondat m'envoie une lettre d'encouragements, que je puis aujourd'hui, par la grâce de Dieu, saluer comme une prophétie : « Vous éprouvez bien jeune les misères de la vie, ô mon enfant. Mais vous serez plus fort que les misères, j'en suis convaincu. Votre vocation, combattue par les circonstances, ne fera que se fortifier. Vous ferez, un jour, un bon prêtre. Vous êtes digne de beaucoup d'affection et d'intérêt. Soutenu par les uns, aidé par les autres, aimé par tous, vous traverserez avec un grand courage les difficultés qui ont surgi. — *Soutenu par les uns, aidé par les autres, aimé par tous* » : ces trois mots résument bien plusieurs pages et non les moins aimées, de mon humble histoire. C'est de la prophétie vérifiée par l'événement, la suite le montrera. Le pronostic sur l'issue des difficultés dans lesquelles je me débattais alors, s'est vérifié de même. Puis-je compter, ô mon Dieu, qu'il s'appliquera également aux grandes luttes sacerdotales de mon âge mûr? Qu'il me soit permis, Seigneur, de l'espérer de votre toute puissance et de la protection de la Vierge encore voilée, qu'il me sera si doux de faire honorer et bénir au pied d'autels « qu'elle n'a pas encore » !

J'ai de M. Ginon, durant cette période sombre, cinq lettres successives : 23 juillet, 9 août, 12 octobre, 15 novembre, 11 décembre. — A celle qu'il m'écrivait le 12 octobre, le cher Père avait joint une image, — inutile de dire que je l'ai toujours. Or, cette image, choisie à dessein, représente le Sacré-Cœur. Et Jésus m'ouvrait ses bras, me découvrait son cœur, et me disait : « Oh! venez à moi, vous tous qui êtes dans la peine, et je vous soulagerai. » — L'allusion était transparente, l'à-propos lumineux. Je compris et je me souvins. Je me souvins de ce qui m'avait été dit, sans paroles, un an auparavant, dans un langage intérieur, aussi clair qu'indéfinissable, et qui retentissait toujours à l'oreille de mon âme : « Vous êtes pauvre, et vous ne demandez pas à ceux qui sont riches. » Pour la seconde fois, — bien que ce ne fut pas, comme l'année précédente, au sortir de l'Heure sainte, — Celui qui seul est riche se présentait à moi, choisissant le moment où je ne pouvais plus garder la moindre illusion sur ma misère.

Dans une autre de ses lettres, avec l'autorité qu'il tenait de sa situation, de son caractère et des droits particuliers qu'il avait acquis sur mon âme, M. Ginon me montrait, pour la rasséréner, les attentions paternelles de la Providence à mon égard : « Bénissez Dieu, mon enfant, de ce qu'il vous a, dans sa miséricorde, arraché aux flammes d'un incendie qui semblait devoir tout dévorer. » — Ah! qu'il avait raison, le cher Supérieur! Quoi de plus vrai, et quoi de plus encourageant, pour l'avenir, que ce mot qui définit si bien l'action providentielle à mon endroit, dans ces épouvantables conjonctures! De fait, ô mon Dieu, je le confesse à genoux, que serait-il advenu de moi, et que serais-je aujourd'hui, si votre main ne m'avait éloigné de la maison, avant que l'orage s'y abattît, foudroyant, inexorable, brisant ou balayant tout sur son passage?

O mon Rondeau, tu me semblais bien délicieux, bien charmant, durant les mois bénis que je passai dans ta pieuse enceinte. Combien plus touchant et plus beau tu m'apparus, lorsque toutes ces lettres de ceux que j'avais particulièrement aimés sous ton toit, à des titres divers, vinrent raviver en moi, sur les hauteurs de Chambarand, dans son austère solitude, ta riante image et ton cher souvenir!

Ce n'est pas que le désert lui-même ne m'ait, dans le même temps, apporté consolations et réconforts. Je serais ingrat, si jamais je l'oubliais. D'ailleurs, il n'en pouvait aller autrement. Où est Dieu, fleurit la charité. Où règne l'abnégation parfaite, l'héroïsme dans l'oubli et le mépris de soi-même, il y a place pour toutes les générosités, toutes les tendresses, toutes les ingéniosités de la compassion aux douleurs d'autrui.

J'étais hébergé à l'hôtellerie du monastère. J'eus bientôt, dans l'un des frères hôteliers, un protecteur et un ami. Or, ce frère servant des voyageurs et des pèlerins ne ressemblait point à un religieux quelconque. Le frère Gabriel, ainsi se nommait-il sous le froc, était le « saint du monastère »; il l'a été jusqu'à son dernier jour. La mort, qui avait retardé pour lui jusqu'à ces dernières années l'heure de la délivrance, lui a laissé, dans la mémoire de ses frères, cette douce auréole, que nul désormais ne saurait lui ravir.

Jadis brillant officier, bondissant sous la mitraille, épargné par elle aux champs ensanglantés de Gravelotte, décoré de la croix des braves en cette tragique journée, appelé à fournir, dans la profession des armes, une carrière glorieuse, il avait brusquement interrompu ce jeu de la Fortune souriante, repoussé tous ces vains hochets, pour s'ensevelir vivant à la Trappe, et ne plus connaître d'autre milice que celle de l'immolation silencieuse, de la pénitence et de la prière.

Il avait pour emploi de servir les passants, sous la conduite et direction du Père Hôtelier. Son humilité lui faisait priser hautement cette infime besogne. Son urbanité native, la distinction parfaite de ses manières, l'aménité de son langage, contrastant avec la bassesse de ses fonctions, étaient pour les étrangers l'objet d'un perpétuel étonnement ; et son abnégation généreuse lui inspirait un véritable amour pour son emploi, le plus pénible du monastère, en ce que le Trappiste, sur cette frontière où le monde, avec qui il a brisé, rôde sans cesse, doit sans cesse sacrifier le silence extérieur et sans cesse défendre contre toutes les alertes ce bienheureux silence intérieur qui est devenu sa vie et l'âme de son âme.

Le Frère Gabriel remarqua bien vite ce petit hospitalisé permanent, qui n'avait rien du visiteur ordinaire. L'avait-on mis au courant de ma situation ? — Il se peut, mais cela n'était pas nécessaire pour qu'il comprît que le malheur, sous une forme ou sous une autre, m'avait atteint ; et il n'en fallait pas davantage pour que, sans franchir les bornes d'une prudente réserve et d'une délicatesse qu'il avait apportée du monde et affinée au monastère, son intérêt s'éveillât, sa compassion s'émût, sa charité s'exerçât avec un redoublement de sollicitude au profit du petit exilé auquel il rompait le pain de chaque jour.

Lui aussi, le cher frère Gabriel, voulut, au moment où je quittais l'hôtellerie, me donner une image, qui me rappellerait ses bons conseils, ses encouragements, son amitié sainte. Je ne m'étonne pas qu'il l'ait choisie avec soin, parmi toutes celles qui se trouvaient dans la petite vitrine traditionnelle, bien connue des visiteurs de la Trappe. Mais je m'étonne et j'admire qu'il ait pu la rencontrer si appropriée à ma situation.

Sur un champ de roseaux, courbés par le vent comme je l'étais par la tempête, une lourde couronne d'épines. En regard, cette maxime : « Souffrir, se taire et prier, c'est beaucoup offrir à Dieu. » Puis, au verso, tracées d'une main ferme, d'une main qui, en maniant l'épée, aurait pu conquérir la renommée, ces lignes graves et douces : « A genoux, devant Marie au pied de la Croix, refuge dans le cœur de Jésus ; là, mais là seulement, jamais de déceptions. — A mon ami, son frère. » Puis, de la même main, cette devise d'un amant de l'humilité parfaite : « N'être saint que devant Dieu. »

J'en ai dit assez. Le Frère Gabriel vient de se raconter lui-même. « N'être saint que devant Dieu ! » Sans doute, mais n'est-ce pas le moyen le plus sûr de l'être aussi devant les hommes ! Ce que je sais, c'est qu'il l'a été devant moi, pour moi, à mon profit, soulagement et instruction. Que maintenant, « devant Dieu » qu'il a uniquement cherché sur cette terre, il prie encore pour « son ami, son frère »! Attardé dans la vallée des douleurs, « son ami, son frère » d'autrefois, doit encore, « à genoux devant Marie au pied de la Croix » chercher « dans le Cœur de Jésus » « un refuge » contre « les déceptions » que ne lui épargne pas la malignité de ceux dont il veut oublier les criantes injustices, en union, sous les auspices de la Vierge de l'universel Pardon.

Mais, parmi tous ces moines de Chambarand, si bons, indistinctement, pour le pauvre abandonné que j'étais, le Révérendissime Père abbé, Dom Marie-Antoine Gaillard, fut, je l'ai dit, celui qui exerça le plus assidûment, avec une sollicitude attentive, inquiète même, le ministère de tendre compassion et de quotidienne assistance dont j'avais tant besoin en ces jours malheureux.

De même que, l'année précédente, au Rondeau, j'avais confié mon âme au sage, prudent et bon supérieur de la maison, de même, aux Chambarands, c'est au Père abbé lui-même que je m'étais adressé pour la direction et la consolation de ma conscience. Le choix m'en était tout indiqué. N'est-ce point entre ses bras que M. Ginon m'avait jeté, lorsqu'il avait reconnu que me garder plus longtemps auprès de lui devenait chose impossible ?

De là, entre le Révérendissime Père et le plus jeune hôte de sa maison, des relations plus fréquentes, plus étroites, et des liens plus forts, devenus infrangibles, à peine contractés. Ah ! qui dira avec quelle tendresse et quelle contention de paternel amour, ce vénéré religieux et ce grand cœur s'inclinait vers ma pauvre âme, pour la réchauffer, la réconforter, jeter un rayon d'espérance avec un sourire dans sa nuit ? Qui dira avec quelle condescendance longanime, mettant ses enseignements, son langage, à la portée de mon inexpérience des choses de l'ascèse, ce vétéran des combats de l'esprit s'appliquait à me faciliter le travail de la sanctification, pour m'apprendre à retrouver auprès de Dieu un bonheur, une joie, que la terre semblait devoir me refuser, et de fait, me refusait à jamais?

Il me souvient, en particulier, d'un jour où, après la confession, me prenant entre ses bras et me serrant sur son cœur, il me fit comprendre par ses discours, mais bien plus par son étreinte chaleureuse et si douce, que j'avais retrouvé un vrai père, au lieu et place de celui que je ne reverrais pas, un père qui serait, pour moi, la vivante image et le fidèle représentant de Celui qui est aux cieux.

Je compris aussi, ce jour-là, que les épreuves voulues de Dieu ne vont jamais sans secours opportun ni surabondantes compensations. Au-dessus de moi, le ciel était d'airain, mais que Celui qui y règne, et dont la main se dissimule derrière le nuage qui nous accable, se montrait attentif à mes besoins, prodigue de consolations envers moi !

Cependant, les événements se déroulaient avec leur inexorable logique, et peu à peu les nouvelles en arrivaient jusqu'au plateau de Chambarand. Déjà, l'époque fixée par les réglements pour la rentrée du Rondeau était dépassée ; mes camarades avaient retrouvé leurs maîtres aimés, le Rondeau avait repris sa vie studieuse et mouvante. Il n'avait pu être question, pour moi, de reprendre ma place au milieu de mes condisciples...

On laissa les jours, en se succédant dans leur sombre et fatigante monotonie, me découvrir la fatale réalité. Un mois entier s'écoula dans ce silence des choses, plus lourd, mille fois, que celui du monastère. La Toussaint passa avec sa mélancolie sainte, ses feuilles qui tombent, et ses souffles qui gémissent à travers les branches des arbres dépouillés...

Le bon Père abbé, et tous ceux qui s'intéressaient à

moi, se posèrent alors, assez haut pour que l'écho m'en arrivât, l'anxieuse question :

« Que faire, maintenant ? »

— Que faire ? ô mon pauvre enfant ! Vous le voyez, le monde ne peut rien pour vous, et vous ne le regrettez pas, sans doute. Mais ce qui est plus inquiétant, l'avenir lui-même se montre ténébreux et plein de menaces à votre endroit. Votre vocation sacerdotale paraît irréalisable, condamnée d'avance à un échec certain, dans les conditions ordinairement requises. De tous côtés, les issues vous sont fermées...

Pourtant, il faut prendre un parti.

« Que faire ? »

VI

Le petit novice de chœur

Les étrangers qui, il y a vingt ou vingt-deux ans, montaient à la Trappe Dauphinoise, ne pouvaient se défendre d'un étonnement mêlé d'intérêt, à la vue d'un petit novice, fort jeune, qui le paraissait encore plus, et qu'on eût pris pour un enfant. — Pieux visiteurs ou simples touristes, ils éprouvaient tous un sentiment analogue.

Le Père abbé lui-même, lorsqu'il accompagnait certains hôtes dans leur visite du monastère, ne manquait pas de leur faire remarquer cet ouvrier de la première heure, comme pour leur insinuer qu'on peut être Trappiste à tout âge, malgré l'austérité d'une règle dont le monde se fait à tort un épouvantail; et qu'il n'est pas nécessaire, — tant s'en faut! — d'avoir commis tous les crimes, ou descendu toute la gamme des déboires imaginés par les romanciers à la mode, pour chercher le bonheur où il est sûrement, dans le silence et la prière; qu'il n'est jamais heure trop matinale pour mettre sa vertu sous la sauvegarde de la pénitence, et pour aller à Dieu par l'austère labeur.

Généralement, on aime les contrastes. Ces oppositions de tons, de couleurs, plaisent à l'œil, charment l'esprit. Le nouveau, ce qui sort du déjà vu, pique la curiosité. Par ailleurs, de la première jeunesse, comme de l'enfance, se dégage je ne sais quel vague attrait, auquel bien peu de personnes restent insensibles. Bref, le petit novice avait, sans le savoir, un vrai succès auprès des passants.

Il faut dire aussi que, soit qu'il creusât, silencieux et les yeux baissés, tout de blanc vêtu, son dur sillon, soit qu'il glissât, perdu dans les vastes plis de son manteau, le long de ce cloître qui lui renvoyait, en lettres noires, les grandes vérités de la mort et du salut, la scène ne manquait pas de genre. Et puis, ses traits légèrement émaciés par la fatigue, estompés d'une teinte de tristesse qu'on pouvait prendre, bien à faux, sans doute, — car la chose est inconnue au cloître, — pour une mélancolie rêveuse, ne laissaient pas que d'impressionner. L'imagination aidant, tout cela faisait tableau.

La bure du Trappiste! — Telle avait été, effectivement, la solution donnée au « Que faire? » dont me poursuivaient et l'amitié de ceux qui me voulaient du bien, dans l'impasse étroite où je me trouvais, et mon anxiété personnelle, à la constatation des impossibilités auxquelles je me heurtais, de quel côté que se tournât ma pensée.

Dom Marie-Antoine, que sollicitaient également deux intérêts, deux amours, l'affection tendre et profonde qu'il me portait, l'ardent désir, qui le consumait, de procurer à sa chère abbaye des recrues utiles et d'avenir, crut pouvoir tout concilier en me montrant dans la vie religieuse, sous la règle cistercienne, l'unique parti possible, la solution nécessaire dans les circonstances, la conclusion pratique, qu'il n'était, en définitive, au gré de personne d'éviter.

Tous ceux qui m'aimaient, tous sans exception, se rallièrent à cette idée, soit que, prenant les avances, ils me la suggérassent eux-mêmes avec motifs à l'appui, soit qu'ils y donnassent leur pleine et prompte adhésion, lorsque je m'en ouvrais à eux.

Quant à moi, je ne sentais pas au fond de mon être le

germe mystérieux d'où naît, au souffle de la grâce et moyennant la haute culture spirituelle, cette tige rugueuse et forte sur laquelle s'épanouissent, en leur saison, les fleurs au merveilleux coloris, si délicates et si parfumées, de la perfection monastique ; — telles, dans la flore des tropiques, ces étoles diaprées, jaillies comme par enchantement, d'un bois mort en apparence, entamé par le fer et détaché du tronc qui le pousse. — Je ne sentais pas en moi ces inspirations, qui ne sont pas la vocation sacerdotale, mais qui s'en accommodent à merveille, en lui prêtant, avec un nouveau lustre, un accroissement de zèle et des moyens plus puissants. Par suite, je demeurais sans enthousiasme devant la perspective qui se déroulait à mes yeux. Néanmoins, je n'éprouvais aucune répugnance à prendre sur mes jeunes épaules le joug qu'on me présentait : j'en avais déjà porté tant d'autres!

D'ailleurs, à tout prix, je voulais être prêtre, et le voulais d'une volonté irréductible, eussé-je dû en mourir à la fleur de mes ans : la jeunesse, c'est son honneur et son charme, n'entre pas dans ces calculs. Je voulais être prêtre, et ne pouvais me concevoir autrement dans la vie. M'arracher cette volonté eût été m'arracher l'âme. Moi-même, je le sentais, je n'aurais pas pu, quelque effort que j'eusse fait contre moi, m'affranchir de cet inébranlable propos.

Or, il m'apparaissait, avec une triste mais surabondante évidence, que la vie monastique qui m'était proposée et qui venait d'elle-même à moi, tandis que beaucoup d'autres la recherchent et poursuivent à travers tant d'obstacles, était l'unique moyen que le malheur m'eût laissé, de répondre désormais à ma très chère et très impérieuse vocation : autrement dit, l'unique moyen qui ne me fût pas enlevé de rester moi-même ce que Dieu m'avait fait, en m'appelant à l'existence.

J'entrai donc dans la voie unique, ouverte sous mes pas,

et je sollicitai mon admission au noviciat, ou plus exactement, je me laissai porter par le flot qui m'y poussait.

Dans les premiers jours de novembre, un peu plus de trois mois après que, petit élève de quatrième, j'eusse quitté le Rondeau, et lorsque mes camarades de classe commençaient à peine à faire connaissance avec leurs auteurs de troisième, je passai de l'hôtellerie de Notre-Dame de Chambarand au cloître proprement dit, pour y suivre, en uniforme de collégien et en qualité de postulant, les exercices réguliers de la communauté.

Puis, un mois plus tard, conformément aux prescriptions de la Règle, ayant traversé sans difficultés notables cette épreuve préliminaire, je fus admis à revêtir le saint habit religieux, pour commencer mon noviciat.

On a coutume, à la Trappe, d'entourer d'une certaine solennité cette cérémonie de la première vêture qui, en d'autres grands Ordres, s'accomplit beaucoup plus simplement. La mienne, je me le rappelle, fut particulièrement brillante, si l'on peut parler de brillant chez des moines qui parent d'austérité l'autel lui-même et jusqu'aux dehors du saint Tabernacle. La journée, d'ailleurs, prêtait à l'éclat de la fonction. C'était le 8 décembre, en la fête auguste et mille fois bénie de l'Immaculée Conception.

Ah! de ce 8 décembre 1878 à celui de l'année précédente, quel chemin parcouru, et quels incidents de route! S'il n'y avait, de ma part, une prétention ridicule à tenter de pareils rapprochements, ne serait-ce point le cas de redire, après l'orateur sublime : « Qu'avons-nous vu, et que voyons-nous ? Quel état, et quel état ! »

Il y a un an, à pareil jour, c'était le petit séminariste en pleine possession du rêve pieux de son enfance, nageant, pour ainsi dire, dans son doux élément, tout entier à la glorification de Marie par les manifestations extérieures de la joie filiale et de la piété exubérante. C'était, à profusion, la verdure, les fleurs, les chants, les symphonies, les accords, les fanfares éclatantes, et les oriflammes déployées, battant au vent de toutes parts, et les illuminations féeriques, et les processions aux flambeaux, non compris tous les agréments, les extra, la série obligée des honnêtes réjouissances, sans lesquelles il n'est point de fête au collège.

Aujourd'hui, pour célébrer le même mystère de pureté et d'amour, c'est, dans le calme d'un monastère perdu lui-même au fond d'une âpre solitude et déjà enveloppé de frimas, un pauvre écolier du Rondeau revêtant l'habit de la pénitence, la bure des longs jeûnes, de la prière et du perpétuel silence. C'est, en présence des vieilles recrues de la sainte milice, un enfant agenouillé aux pieds d'un prélat dont les mains soulèvent la lourde bêche plus souvent qu'elles ne portent la crosse; qui mange avec ses frères à l'écuelle de bois, et partage leur étroite et dure couche ; qui se hâte de déposer la mitre pour l'humble capuce, et le premier entre tous, se fait avec délices le serviteur de tous au monastère. C'est un orphelin par anticipation, se présentant sans parents ni répondants, car il est seul au monde, devant un autel qui tire de la parcimonie de ses ornements, de sa nudité relative, sa grandeur singulière et son extraordinaire majesté.

Aujourd'hui, c'est encore la splendeur et les éblouissements de la Conception Immaculée, mais entrevus dans le fauve rayonnement des affres maternelles sur la voie douloureuse, et dans le rappel des immolations suprêmes et concordantes, qui furent exigées de la Mère aussi bien que du Fils, sur les hauteurs enténébrées du Golgotha.

Qu'on excuse, de ma part, ces retours complaisants sur

une des plus touchantes matinées de mon existence. Le cœur
y a plus de place que l'imagination, et mon jugement lui-
même, lorsque je réfléchis aux conséquences qui découlèrent
de cette démarche sainte, de ce solennel moment, ne saurait
les désavouer.

Quoiqu'il n'y ait rien eu là de décisif pour le but rai-
sonnable que les hommes se proposaient en ma faveur, et
que, de mon côté, je me promettais alors en toute sincérité
de poursuivre avec vaillance, cette solennité marqua, aux
yeux de Dieu, bien au dessus de la raison des hommes et par
delà leurs généreuses affections, une étape principale du
chemin qu'il entrait dans ses impénétrables desseins de me
faire parcourir, pour me mener au but encore caché de mon
existence : à ce que, — puissé-je ne pas me tromper ! —
j'appellerai ma vocation dans ma vocation elle-même.

Je suivis tout d'abord la règle du noviciat, sans adoucis-
sements ni exceptions, et tant bien que mal j'en supportai
l'abstinence perpétuelle, les jeunes rigoureux, les veilles, la
longue psalmodie. Dieu me faisait, en ces commencements,
la grâce d'une remarquable ferveur, qu'aucune peine spirituelle, — ainsi en avait disposé le suprême arbitre des
âmes, — ne contrariait ni ne troublait. A chacun son fardeau : le mien, on le sait, était fait d'autres douleurs.

Je me mis au travail de la terre. — Il n'y avait guère
plus de huit ans que nos Pères avaient commencé ce que,
dans le pays, on appelait leur folle entreprise, je veux dire,
la culture des Chambarands ! — Y avaient-ils songé ? Ce sol,
à base de mollasse, à surface d'argile, compact, humide et
froid, pourrait-il jamais produire autre chose que du blé
noir et un maigre méteil ? Que faire de ce terrain pierreux,

plein de cailloux, gros et petits ? Autant jeter tout de suite dans la Galaure l'argent qu'ils prenaient beaucoup de peine à dépenser en pure perte sur ces rochers ingrats et rebelles. — Nos Pères, selon leur habitude, avaient laissé dire, et déjà ils poussaient loin leurs conquêtes sur la friche séculaire. Fougères, genêts, bruyères, broussailles de toute venue, avaient reculé devant leur travail intelligent, opiniâtre, béni de Dieu. Cette terre si calomniée produisait du froment superbe, des légumes dignes de disputer le prix dans tous les concours. Les arbres fruitiers s'y acclimataient fort bien, commençaient même à donner, et depuis trois ans on y récoltait du vin. Du vin de Chambarand ! — Ah ! certes, ma part de coopération dans ce beau travail fut bien insignifiante, bien éphémère, bien inhabile surtout. Pourtant, à la pensée que dans la vie religieuse rien ne se perd, et que tout, même le plus mince ou le plus maladroit effort, accroît à la communauté, je ne puis m'empêcher de me réjouir d'avoir au moins donné quelques sueurs à cette terre monastique, et je rends grâces à Dieu de ce qu'il a permis que j'accomplisse, en passant, sur ces hauteurs fertilisées parce que sanctifiées, son grand précepte des premiers jours : *In sudore vultus tui vesceris pane.*

Après quatre mois de noviciat, on me confia avec le soin de la sacristie la charge d'excitateur et de sonneur. — Depuis quelques semaines, les rigueurs de la règle éprouvaient mon tempérament mal formé. En m'assignant ces emplois, mes supérieurs songeaient surtout à ménager mes forces, en réduisant notablement mes heures de présence au travail des champs : par le fait, ils me plaçaient dans les conditions les plus favorables à la satisfaction de mes goûts et surtout de mes plus intimes sentiments de piété.

Excitateur de la communauté, je devais la tirer de son court sommeil, et l'appeler au chœur. Je mettais en branle, au milieu de la nuit, dans ce grand silence des choses, la cloche du monastère, ému moi-même des humbles et clairs accents de cette voix mystérieuse qui a le don de toucher les plus indifférents parmi les mondains.

Je devais aussi préparer, au chœur, la lumière strictement nécessaire pour la psalmodie nocturne.

On a décrit avec une magie de style dont je ne possède pas le secret, cette lumière tremblotante et discrète, qui, laissant dans l'obscurité les voûtes profondes, les nefs fuyantes, et dans le vague imprécis les stalles du chœur, avec ceux qui y sont rangés, éclaire uniquement la page du saint livre, et se reflète uniquement sur les traits du religieux qui chante ou récite les divines paroles. Tout a été dit sur cette lueur recueillante et parlante, dont les peintres, je l'ai vu depuis, ont tiré de si saisissants effets. Pour moi, je n'étais pas en âge, ni d'ailleurs dans les conditions voulues, au point de vue de la culture intellectuelle, pour m'égarer dans ce domaine de l'imagination, si charmant qu'il soit. D'ailleurs, nous étions, nous, dans la réalité, supérieure à toute poésie, plus divine, mille fois, que l'art le plus sublime ; et l'on est toujours en âge, pour entendre, à travers le « treillis de la création », la voix de Dieu qui parle à tout homme de cœur pur et de bonne volonté. Je ne crois pas m'illusionner en écrivant ici que, effectivement, je l'entendais

Deux versets du texte sacré retentissaient avec plus de charme et presque sans relâche à l'oreille de mon cœur. Je les note en passant : *Pater meus et mater mea dereliquerunt me, Deus autem assumpsit me :* Mon père et ma mère m'ont abandonné, le Seigneur m'a recueilli. — *In hoc cognovi quoniam voluisti me, quoniam non gaudebit inimicus meus super me :* J'ai reconnu que vous m'avez appelé, à ce signe

que l'ennemi du salut n'aura point à se réjouir de ma défaite.
— Inutile, sans doute, d'expliquer pourquoi ces divins
oracles m'allaient à l'âme : mon humble existence, dans
sa sphère infiniment petite, n'en était-elle pas déjà le com-
mentaire ?

J'appréciais vivement aussi, je me le rappelle, le bonheur que mes fonctions me procuraient, d'être, le soir, le
dernier de la communauté à adorer et entretenir Notre-Seigneur dans son ineffable Sacrement ; et le matin ou plutôt la
nuit, le premier à le saluer selon le mot du Psalmiste, en
« préoccupant sa face divine dans la confession » de ma foi
et de mon amour, quelques minutes avant que mes Pères et
mes frères eussent entonné à sa gloire l'hymne de la jubila-
tion psalmodique.

Une remarque en passant : Dans toutes les situations où
la Providence m'a placé, j'ai été chargé, à un titre ou à un
autre, de l'entretien et de l'ornementation du saint lieu,
tantôt exécutant moi-même le travail ou y coopérant, et
tantôt le surveillant et dirigeant. Je pourrais en conclure,
sans exagération de vanité, qu'on m'a communément reconnu
quelque aptitude spéciale pour ces modestes mais pieuses
fonctions. Ce que je sais et ce que je dirai seulement, c'est
que j'y avais, tout jeune, un goût prononcé, lequel ne s'est
point émoussé avec l'âge et se réveillerait encore volontiers,
si l'occasion m'en était fournie.

Mais nulle part, je n'étais mieux placé qu'à la Trappe
pour le satisfaire. A la Trappe, le temps ne manque jamais,
parce qu'il est sévèrement réglé, d'une part, et que, de
l'autre, les heures utiles y commencent alors que les gens du
monde, je parle des plus rangés, ne sont pas encore au tiers
de leur sommeil.

Aussi, m'appliquai-je à faire de ma sacristie un modèle de
l'ordre méticuleux, et à y introduire le seul luxe qui y soit

autorisé, — le plus séduisant de tous les luxes, à la vérité,
— celui de l'arrangement et de la propreté. J'étais seul à la
besogne, mais quelle ardeur et quelle persévérance j'y mettais,
donnant à toutes choses, aux parquets comme aux stalles
du chœur, aux plus humbles ustensiles, rangés, étiquetés
avec méthode, ainsi qu'aux vases et flambeaux de l'autel, ce
poli, ce brillant, ce reposant, cet achevé que ni l'or ni les
pierreries ne remplacent, et qu'on admire jusque sur les pauvres hardes du miséreux, lorsque d'aventure on l'y rencontre !
Maintenant, à la réflexion, je ne m'étonne plus que saint
Jérôme n'ait point cru indigne de son fier génie de descendre
à tous ces détails de chapelle, pour louer comme elle le
méritait la vertu trop tôt couronnée de son bien-aimé
Népotien.

A la Trappe, on a pour habitude de se suffire à soi-
même. On ne demande à l'industrie, au commerce, que ce
qu'il est absolument impossible de se procurer ou de fabri-
quer sur place. Nous avions des abeilles : je devins cirier,
blanchissant et coulant les cierges pour l'autel, préparant le
pain de cire brute destiné à l'entretien du mobilier du saint
lieu.

Au reste, que n'aurais-je pas entrepris, tenté, pour
ajouter quelque lustre à ces divins parvis du Seigneur ?

Lorsque revenaient les grandes fêtes de l'Eglise, comme
je m'ingéniais pour parer l'autel, sans excéder la note monastique, ni recourir à ces brillantes superfétations qui, aussi
bien, n'étaient pas à ma disposition ! Les fleurs sont rares à
Chambarand, l'altitude du plateau ne leur est pas favorable,
et le Trappiste a autre chose à faire que de s'attarder aux
délicatesses de l'horticulture. Mais la végétation alpestre me

fournissait d'inépuisables ressources. Quelques jours avant l'Assomption, sitôt suivie de la Saint-Bernard, — la grande fête Cistercienne, — et de même aux approches de l'Immaculée Conception, avec la permission du révérendissime Père abbé, je partais, accompagné d'un ou deux frères convers, et de l'âne du couvent. Nous allions, gardant le silence, dans les taillis voisins, pour y couper des sapins, des branchages. Nous en rapportions notre charge et celle du pauvre animal. Et l'autel abbatial s'accommodait à merveille de cette ornementation sévère, un peu sombre, en harmonie avec la gravité de l'édifice et l'austère majesté de l'office pontifical célébré par des moines de Citeaux.

C'était moins riant, moins gracieux qu'au Rondeau : c'était plus grandiose et plus saisissant. — Qu'on me pardonne, une fois de plus, de revenir sans cesse à ce rapprochement naïf. Il se faisait de lui-même dans mon esprit, dans mon cœur, et mon admiration encore enfantine, ma piété neuve, mes élans de jeunesse composaient de ces deux chants, si divers, comme un poëme mystique, où l'amour de Dieu et le culte de Marie mettaient l'unité.

Le croirait-on ? — Après tant de larmes à peine essuyées, et dont la source, au surplus, n'était pas près de tarir, tout chantait en moi, dans ces chères années de noviciat. Je ne puis me les représenter à l'esprit, sans constater que, par un effet bien marqué des divines miséricordes, ces deux années m'ont donné tout le bonheur compatible avec le sentiment des calamités qui venaient de frapper les miens, et de me briser par contre-coup. L'activité qu'il me fallait déployer, était un dérivatif salutaire à des tristesses qui ne pouvaient rien sauver. La prière prolongée et mieux comprise m'était

une source de consolations ; je puisais dans une grande ferveur
habituelle des grâces abondantes de joie intérieure et d'in
time félicité. Encore que j'eusse accepté plutôt que choisi
mon nouvel état de vie, je m'y étais assujetti de tout cœur,
sans l'ombre d'une arrière-pensée. J'en avais conscience, et
il me semble que Dieu m'en tenait compte. J'étais heureux...

J'étais heureux d'un bonheur étrange, — je dirai
bientôt pourquoi j'emploie ce mot. Mais enfin, j'étais heureux,
et je le sentais particulièrement aux heures, courtes et rares,
du repos, durant ces intervalles que la Règle désignait par
euphémisme, sans doute, sous le nom de « récréation. »

Les récréations du Trappiste ! — Se les représente-t-on
bien, dans cet universel et perpétuel silence et dans cette perpétuelle clôture dont le travail seul abaisse les barrières ;
dans cette incessante communauté de vie, poussée jusqu'à la
privation de cellule et de tout retrait où le religieux pourrait,
par moments, se retrouver, s'appartenir à lui-même ? — Cependant, si différente qu'elle soit de ce que le commun des
mortels appelle de ce nom, la chose n'en existe pas moins
pour les fils de Rancé. Pour eux, comme pour tous les
ascètes, cénobites ou solitaires, la Règle a prévu des moments
où l'arc se détend pour reprendre de nouvelles forces et se
préparer à de nouveaux combats.

On les voit alors se promener silencieux sous le cloître
ou dans les cours intérieures, permettre à leurs regards d'in-
terroger les choses, vaquer à quelque occupation qu'ils se sont
librement donnée, se reposer parfois dans la prière, en satis-
faisant telle ou telle dévotion qui leur est personnelle. La
récréation du soir, celle qui précède le chant célèbre et si
imposant du *Salve*, est particulièrement suggestive. Ce jour
qui tombe, cet apaisement de la nature, qui ajoute un recueillement de plus au silence des anachorètes, cette chute d'une
portion de la durée dans l'abîme béant de l'éternité, tout se

réunit pour accroître le calme et raviver l'espoir au cœur de ceux qui, pour Dieu et pour le ciel, ont renoncé à toutes les joies de la terre. Comme ils marchent légers, dans leur grande coule blanche, ces sages qui ont « appréhendé la vie éternelle » ! C'est à peine si l'on entend leurs pas. On dirait des bienheureux à la porte du Paradis, tels que les représenta l'*Angelico* de Fiesole.

Lorsque, le dimanche ou les jours de fête, le temps du repos se prolonge un peu plus, c'est vers le cimetière de l'abbaye, qu'on les voit diriger de préférence leur promenade solitaire. Le cimetière ! c'est, pour le Trappiste, le champ de l'espérance et de l'éternelle consolation. Là dorment en paix, à l'ombre de la croix, ceux qui l'ont précédé dans la lutte, et qui d'en haut lui tendent les bras. Là, plus qu'ailleurs, toutes choses lui crient qu'il ne s'est pas trompé, et qu'en rejetant ce qui passe si vite et finit si misérablement, il a « choisi la meilleure part », celle que nul hasard, nulle puissance, s'il est fidèle, ne saurait lui ravir. Oh ! je ne m'étonne pas si je voyais si souvent mes chers Pères, mes bons frères, pour employer le mot de Saint-François de Sales, « aller et tirer pays de ce côté. »

A Chambarand, comme dans la plupart des autres monastères, le cimetière s'étend au chevet de l'église. Non loin de là, je l'ai dit, sur le chemin qui y conduit on a érigé une belle statue de Notre-Dame. Du tertre boisé et fleuri qui lui a été aménagé, la Madone s'élance, tenant entre ses bras et présentant à tous ceux qui viennent en ce lieu saint se préparer à mourir Celui qui est « la résurrection et la vie. » — Que de pélerinages j'ai faits à cette chère Madone, et comme il m'était doux d'errer dans les lacets de son tertre béni ! La mélancolie des lieux plaisait à mon cœur, enseveli vivant dans cette solitude, avant même que d'avoir vécu ; et l'adversité ne m'avait que trop tôt appris qu'il fait bon dormir son dernier sommeil sous ces gazons que le monde, le monde implacable, ne foulera jamais de son pied maudit.

Mais par dessus tout, c'était la Vierge qui m'attirait ; non plus la Vierge radieuse et souriante du Rondeau, celle qui nous recommandait d'être sages et purs ; mais la Vierge grave, recueillie, et si tendre en même temps ! de la grande solitude : celle qui me disait de prendre courage, de combattre sans peur ni regrets le rude combat, et de compter sur elle à l'heure qui déciderait de la victoire.

Par une grâce dont je sens aujourd'hui tout le prix, déjà, à dix huit ans, et, sous un vêtement qui ne m'était que prêté, je comprenais cet austère langage, et j'y trouvais de profondes jouissances, de même que je goûtais l'intime douceur des silencieuses récréations du monastère. Encore une fois, j'étais heureux d'un bonheur étrange.

Par ailleurs, je me sentais aimé de tous. Nul ne me le disait, sans doute, et nul, après tout, ne pouvait me le dire. Mais les âmes ont tant d'autres moyens de communiquer et de se comprendre !

J'avais, en particulier, toute l'affection de mon Père Maître de noviciat, un fervent religieux, qui, bien longtemps après que j'aurai quitté la Trappe, me conservera son amitié, son estime, et me le témoignera de toutes manières, surtout lorsque, dans les années troublées qui suivront l'exécution des Décrets, l'occasion nous sera donnée de correspondre longuement, et même d'échanger, à certains jours, les fraternelles douceurs de l'hospitalité.

Le bien cher Père Émile, si généreux à mon endroit, lorsque j'en étais réduit à ne rien attendre que des aumônes de la charité, songe-t-il encore, dans la lointaine Trappe ou

Thébaïde d'Orient, qui est son œuvre, à ce petit frère Alphonse, — c'était mon nom de religion —, qu'il entourait, il y a vingt ans, de tant d'intérêt et de si tendres soins ? — Je n'en puis douter, et je l'en remercie. Mais ce dont je suis certain, c'est que, de ma part et dans mon cœur que les angoisses ont envahi de nouveau, son souvenir m'est toujours présent, toujours cher, et que je goûte autant de repos intérieur en le ramenant à ma pensée, pour la distraire des ennuis de l'heure présente, que je ressentais de calme, lorsque sa douce et vigilante direction s'appliquait à cicatriser dans mon cœur des plaies profondes et dont le temps, après tant d'années, n'a pas complètement triomphé.

Cependant, mon noviciat tirait à sa fin.

Mais ma santé n'avait pu tenir jusqu'au bout contre les rigueurs de la sainte Règle. L'hiver de 1879, cet hiver qui est resté célèbre dans les annales du siècle, et qu'on passa sans feu, comme tous les autres hivers, sur ce plateau glacé de Chambarand, m'avait fortement ébranlé. Durant la seconde moitié de ma deuxième année de probation, je dus passer quatre mois entiers à l'infirmerie. Aussi, lorsque le moment arriva de soumettre au Chapitre de la communauté la question de ma profession prochaine, le Chapitre, par prudence, hésita et crut qu'il y avait lieu de surseoir.

Moi-même, de mon côté, je ne me sentais pas dans ces dispositions d'esprit qui sont indispensables pour qu'on s'offre généreusement et d'un cœur joyeux aux liens indissolubles des vœux monastiques. Je ne voyais point briller en moi cette lumière intérieure qui rassure l'âme, et lui montre clairement que la voie où elle va s'engager sans retour, est la voie que Dieu lui a marquée. Je voyais plutôt, et je sentais impérieusement le contraire. Il me devenait plus évident, chaque jour, que Dieu m'avait voulu novice de la Trappe, parce qu'il entrait dans ses desseins miséricordieux, à jamais bénis, de me former d'avance à cette vie de règle inflexible, de renoncement, de mortification, d'abnégation et de prière, qui me serait indispensable ailleurs, dans les vicissitudes et les tempêtes d'un avenir que je ne connaissais pas, que nul n'aurait pu prévoir, et qui me serait dévoilé en temps opportun.

Et de là vint que mon noviciat, subi plutôt qu'accepté d'enthousiasme, avait été néanmoins si fervent, si fertile en grâces de choix, si heureux, en un mot. J'étais dans ma vocation, encore que cette vocation sortît de la ligne commune.

Qu'un jeune homme entre comme moi, — sans vocation définitive pour la vie de la Trappe, — dans un noviciat de Trappistes, et qu'il dise, après deux ou trois mois d'essai seulement, s'il est capable de supporter davantage une règle aussi crucifiante et sous laquelle, n'étant point appelé de Dieu, il ne reçoit point de Dieu les grâces nécessaires pour soulever joyeusement un pareil fardeau. Quant à moi, et voilà pourquoi j'ai appelé mon bonheur « étrange », si je fus heureux sous ce fardeau, c'est que Dieu lui-même, j'en ai la conviction, l'avait imposé pour un temps à ma faiblesse.

Mais ce temps écoulé, je ne vis pas moins clairement que mon passage à la Trappe n'avait été pour moi, dans les desseins de la Providence, qu'un moyen miséricordieux, choisi entre mille, non un but définitif et sans arrière-plan. Aussi trouvai-je autant de bonheur à demander qu'il fût mis un terme à mon épreuve ascétique, que j'en avais goûté à la poursuivre. Bonheur « étrange » encore une fois, et qui ne sera jamais le partage du novice infidèle à la grâce, le salaire de celui qui a laissé s'éteindre en lui la flamme des divins renoncements, et qui se sent déchoir, en sollicitant la triste liberté de rentrer dans le monde. Moi, j'eus le sentiment intime, en accomplissant cette démarche, de rester aussi fidèle à ma vocation personnelle, que je l'avais été en revêtant, vingt-deux mois bientôt passés, le saint habit de la religion.

Dès le mois de septembre 1880, je m'étais ouvert au Révérendissime Père abbé des dispositions de mon âme, et de la résolution que je croyais devoir prendre devant Dieu. Certes, en écrivant ce « compte de conscience », je ne remplissais pas le moins pénible de mes devoirs. Je savais quelle affection profonde le bien-aimé Père me portait, je ne pouvais oublier tous les bienfaits dont il ne cessait de me combler, et je n'ignorais pas quelles espérances il fondait sur ma persévérance dans la voie qu'il m'avait ouverte.

Je viens de relire ces longues pages où, avec une grande inexpérience d'analyse, j'essayais de définir à Dom Marie-Antoine mon état d'âme, avec les apparentes contradictions que m'imposait ma situation exceptionnelle et, pour dire encore une fois le vrai mot, « étrange ». A travers les défaillances d'une langue qui n'est pas encore formée, défaillances qu'aggrave encore la délicatesse du sujet, j'y relève pourtant tous les éléments d'un exposé véridique et loyal, autant qu'ému :

« Bien-aimé Père, — Je viens décharger dans votre âme un fardeau qui, depuis longtemps, m'accable de tout son poids.

« J'ai toujours éprouvé de la répugnance à vous communiquer le fond de ma pensée, parce que j'ai toujours pressenti la blessure que je ferais à votre cœur de père. Et puis, d'un autre côté, craignant d'être dans les ténèbres de l'illusion ou du découragement, j'ai voulu attendre, et pousser jusqu'au bout,..

« Et je me félicite, mon très bon Révérend Père, d'en avoir agi ainsi, à l'égard de ma vocation. Aujourd'hui, je ne me trouve pas dans l'état déplorable où sont certains novices qui se disent dans le fond de leur conscience : « J'ai perdu ma vocation ! Je me suis laissé vaincre par la crainte ou le découragement. » Je crois que je ne dirai pas plus tard : « J'étais dans l'illusion, quand j'ai quitté la Trappe. Je n'ai pas assez réfléchi, j'aurais dû attendre plus longtemps, avant de me prononcer. J'ai manqué ma vocation ! »...

« J'aime à me persuader, mon très bon Père, que vous ne doutez pas de mes sentiments à votre égard... Oh ! oui, je vous aime ! Tout mon cœur vous appartient, et en ce moment où je sens le besoin que vous me compreniez bien, je répands des larmes que je ne puis retenir. C'est vous, mon très bon Révérend Père, qui êtes la cause de mon chagrin et de mes regrets, en quittant le monastère...

« Oh ! oui, vous m'avez bien fortement aimé, et vous m'aimez encore, malgré les peines et les soucis que je vous ai donnés...

« Mais puisqu'il y a entre nous les mêmes sentiments qu'entre un père et son fils, je ne dois pas craindre de vous confier mes plus intimes pensées. Je ne dois pas craindre, non plus, de n'être pas écouté avec bienveillance et affection.

« Ce que dira le monde, ce que penseront mes amis ou mes ennemis, peu m'importe... Abstraction faite de tout ce qui sent l'humain, je n'ai plus devant les yeux que Dieu et sa volonté, et j'agis en conséquence...

« J'étais heureux de vous appartenir, et je ne m'en suis

jamais repenti... Vous m'avez relevé, encouragé et consolé. Oh ! non, je ne regrette pas les deux années que j'ai passées à la Trappe. Le Ciel connait mes plus intimes secrets : je le prends à témoin que j'avais besoin de venir me former à la vie, dans une maison religieuse. J'avais besoin d'apprendre à être indulgent pour les pécheurs, et moins orgueilleux des présomptions de ma vertu...

« Afin que vous soyez bien persuadé, mon Révérend Père, que je vous parle sincérement et sérieusement, je le proclame à haute voix, en présence de Dieu et la main sur la conscience : « *Je ne crois pas être appelé à la vie de la* « *Trappe. Je crois, non moins certainement, que je ne man-* « *que pas à ma vocation, en m'éloignant de la solitude de* « *Chambarand.* »

« Je vous assure, mon très Révérend Père, que cette déclaration n'est pas le fruit de l'irréflexion, mais celui de la méditation et de la prière. J'ai lutté longtemps pour me former la conscience à ce sujet, et parvenir à la conviction dans la vérité. Je crois pouvoir affirmer que je ne me trompe pas en vous découvrant simplement la pensée qui, en définitive, est toujours restée dans mon esprit, avec une constante évidence.

« Mais je vous en conjure, mon très bon Révérend Père, ne me faites pas voir le chagrin de votre cœur, au souvenir de votre affection et de vos espérances sur moi. Soyez bien persuadé que ce n'est point par ingratitude que je vous quitte. J'aimerais mieux expirer sur-le-champ, que de passer jamais pour un ingrat...

« Il me semble que tout va me manquer, quand je ne serai plus auprès de vous... J'ignore où la Providence va me conduire, mais quoi qu'il m'arrive, mon Révérend Père, permettez-moi, en recevant votre dernière bénédiction, de vous

demander de correspondre quelquefois par lettre avec
vous...

La suite de mes *Souvenirs* dira si mon départ de la Trappe
a rompu, pour moi, avec Chambarand, ses religieux et surtout son saint abbé, d'autres liens que ceux de la vie commune. Non seulement par lettres, mais de vive voix, *os ad os*
et *cor ad cor,* je suis toujours resté l'enfant du vénéré prélat,
il est toujours resté mon père, et tous les jours, je l'ai dit, il
m'en donne encore des preuves admirables. De quoi Dieu
soit béni à jamais !

Toutefois, comme il fallait bien s'y attendre, le Révérendissime Père ne se rendit pas du premier, ni même du
second ou troisième coup à mes raisons. N'y voyant tout
d'abord que des craintes mal fondées, et une illusion de l'esprit de mensonge, il les combattit vigoureusement. Puis,
constatant avec inquiétude que le doute ne se dissipait pas,
ou plutôt qu'il n'y avait, décidément, aucun doute pour moi
sur le parti que je devais prendre, il me proposa d'attendre
la visite assez prochaine du Révérendissime Père abbé de
Sept-Fons, afin de recourir aux lumières de ce grand religieux.

Dom Jean-Marie de Duras, l'un des plus illustres disciples
de Rancé en ce XIX⁰ siècle, était, en effet, l'homme le plus
capable de porter la lumière dans les obscurités de mon âme,
— à supposer qu'il y en eût, — et de triompher de mes hésitations, en les fixant pour jamais. D'un autre côté, Chambarand était fille de Sept-Fons, et Dom Jean-Marie avait eu,
dans l'établissement de la Trappe dauphinoise, sa large part
de sollicitudes, d'angoisses et de douleurs. A ce titre, il avait
grâce d'état spéciale pour élucider une question dont la solu-

tion importait, si petitement que ce fût, à l'avenir et prospérité de Chambarand.

Dom Jean-Marie passa, pria, nous bénit tous, et ne chan-
gea rien à mes résolutions.

Cependant, cinq longs mois s'étaient écoulés depuis que,
faisant violence à mon cœur, je m'étais ouvert à Dom Marie-
Antoine de mon « étrange » projet. Ni observations, ni
prières, ni tendresses, ni perspectives encourageantes ou
pleines d'inquiétude, rien n'avait été capable de m'ébranler.

A la fin, tout en le regrettant profondément, — à l'heure
actuelle, selon qu'il ne perd aucune occasion de me le répéter, et tout en reconnaissant que telle était la volonté de
Dieu, il le regrette encore, — à la fin, dis-je, le bien-aimé
Père céda à mes sollicitations persistantes.

Et le 18 Février 1881, après trente-deux mois de séjour
à Chambarand, dont vingt-huit sous la Règle et dans la vie du
cloître, je repris avec mes pauvres habits séculiers du Rondeau ma petite malle de collégien, grossie uniquement de
deux ou trois objets bénits, à mon usage personnel en communauté : tout mon bien dans ce monde maudit qui, de nouveau, béait sous mes pas !

Lorsque la porte de l'abbaye s'ouvrit toute grande devant
moi, Dom Marie-Antoine, le bien-aimé Père ! était là, sur le
seuil, ému et souriant, mais tout près de fondre en larmes :

« Et maintenant, mon pauvre enfant, me dit-il en m'embrassant et me bénissant une dernière fois, maintenant où
allez-vous ? »

« — Oh ! je ne sais, Père. A la grâce de Dieu ! »

VII

A la grâce de Dieu !

Pour la première fois depuis que j'avais conscience de moi-même, j'éprouvai la sensation du complet isolement dans la vie.

C'est dur, croyez-moi !

Pourtant, je n'en fus point troublé : telle était ma con-fiance en Dieu, appuyée sur la conviction que j'accomplissais sa volonté sainte, en m'expatriant du bien-aimé monastère où, depuis trente-deux mois, il m'avait gardé avec de si visibles attentions !

Où allais-je ? — Je n'en savais trop rien, ne voyant devant moi que des gîtes de passage. Mais une voix inté-rieure me disait qu'au terme de la route, quelque longue et embarrassée qu'elle dût être, je toucherais le but immédiat, en trouvant le moyen pratique, efficace et sûr, de parvenir aux saints Ordres.

Oh ! ce n'est pas que les gros obstacles dont mes bons protecteurs s'étaient tant effrayés jadis, se fussent aplanis. Tout au contraire, le mal était devenu sans remède.

D'un autre côté, les trois années que je venais de perdre pour les études classiques, paraissaient devoir reculer à perte de vue le jour où il me serait possible de suivre les cours indispensables de philosophie et de théologie.

Enfin, seul au monde et n'y possédant, à la lettre, que les pauvres habits qui me couvraient ; n'ayant personne que je pusse, avec un droit quelconque, prier de suppléer à mon complet dénuement, il m'était interdit de prévoir, même vaguement, de quel côté me viendrait le secours.

Et toutes ces considérations, qui auraient dû m'accabler, ne me faisaient pas perdre un point de ma paisible assurance ! — La jeunesse est téméraire, je le sais ; rien ne lui semble impossible. Cependant, il y avait chez moi, à cette heure, autre chose que ce défaut d'expérience, dont les années nous guérissent à grands coups de marteau.

Un hymne chantait en moi, et je me laissais bercer à sa douce mélodie. Le rythme en était entraînant. Ce n'était pas le cantique de la délivrance, car je n'avais point eu à me plaindre du saint asile que je quittais. C'était plutôt le cantique de l'adorable et tout aimable volonté de Dieu.

Cheminant devant moi, presque au hasard, sinon pour le moment, du moins pour un très proche lendemain, je me sentais heureux ; je me sentais où Dieu me voulait, dans ma vocation. — Pour le reste, à la grâce de Dieu !

Je mis le cap, en premier lieu, sur un bourg situé à quelque trente ou quarante lieues de Chambarand. J'avais là une vieille tante maternelle, pieuse fille qui vivait d'un petit négoce, assez florissant. Elle avait souffert de nos chagrins, son accueil fut plein de bonté. — Je passai chez elle, à Morestel, les mois de mars et d'avril.

En sa qualité de fervente chrétienne, ma tante se trouvait dans les meilleurs termes avec le clergé de l'endroit. A sa considération, les portes du presbytère me furent ouvertes sans peine, et je fis ma compagnie des prêtres de la paroisse.

Quelques jeunes gens de passage, bien élevés et animés de bons sentiments, que je rencontrai, soit chez les connaissances de ma tante, soit au presbytère, m'aidèrent aussi, pour leur part, à rompre honnêtement, pieusement même, la monotonie de mon inaction forcée, et à ne pas trop ressentir les inconvénients d'un repos qui, malheureusement, n'était pas une solution.

Après deux mois, c'est-à-dire, vers la fin d'avril, je partis pour Lyon. Là encore, je l'ai dit autrefois, j'avais de la famille, un oncle, une tante, également dans les affaires, et leur fils, mon cousin. Quoique, par suite de leur profession, la maison de mes parents lyonnais ne fut pas aussi recueillante que celle de ma vieille tante maternelle, je pus néanmoins me tenir dans la note pieuse et réservée qui était mon devoir autant que mon besoin. D'une part, ils étaient chrétiens comme tout le monde l'était, d'ailleurs, dans cette branche de ma famille. D'autre part, mon jeune cousin, leur fils, était organiste de la paroisse, ce qui me permit d'entrer aussitôt, par son entremise, en relations avec le clergé de cette église des faubourgs. La musique, à laquelle je n'étais pas indifférent quoique peu expérimenté dans cet art, m'aida ainsi à ne point sortir de l'unique milieu dans lequel, en ces jours de transition, mon âme pouvait trouver son atmosphère et son aliment. — Là encore, le presbytère fut mon séjour habituel.

Il me souvient, entre autres, d'un vicaire, habile musicien, que ses goûts et ses fonctions mettaient en rapports plus suivis avec mon cousin. Je bénéficiai de la situation. Les relations du jeune ecclésiastique s'étendirent tout naturellement jusqu'à moi, et j'y trouvai, avec un agréable passe-temps, d'autres avantages infiniment plus précieux. J'esquivai ainsi les fatales occasions que pouvait rencontrer, à chaque coin de rue dans la grande ville, un jeune homme de vingt ans, soudain démantelé de toutes les saintes barrières, de tous les salutaires ouvrages de défense qui jusque-là, au Rondeau et mieux encore à Chambarand, l'avaient si efficacement protégé contre les dangers du dehors, et contre lui-même, au besoin.

Je ne connus pas même, je ne soupçonnai pas, un seul instant, le péril de cette réaction qui se produit d'ordinaire chez les pauvres enfants qui ont à traverser le chemin par lequel je passais alors. Transportés tout à coup des jardins fermés où l'esprit du mal s'agite presque en pure perte, dans la terre libre, spacieuse et perfide, on les voit presque toujours mésuser de cette liberté qu'ils n'ont point connue jusque-là, se jeter avec une avidité fièvreuse sur tous les plaisirs, boire à toutes les coupes, et bien souvent, après avoir vécu là-bas de la vie des anges. descendre notablement au dessous de ceux qui, moins bien gardés dans leur jeune âge, sont restés assez indifférents aux délicatesses de la vertu.

Quelles actions de grâces ne vous dois-je pas, ô mon Dieu, et comment vous remercierais-je dignement de m'avoir préservé d'un danger si redoutable, si commun, qui fait tant de victimes, dans les conditions de vie où je me trouvais, d'un danger que, je le confesse de nouveau, je ne soupçonnais pas !

J'employais aussi de mon mieux les loisirs qui m'étaient faits. N'était-ce point une autre grâce ? — Je ne m'endormais pas dans la torpeur ; je ne subissais pas cette timidité craintive qui eût été si naturelle après tant de malheurs et de bouleversements dans mon existence. Mon inexpérience totale eut, du moins, l'avantage de me préserver de toute fausse honte, la pire des conseillères. Je me rapprochai, par correspondance, ne le pouvant faire autrement, de mes supérieurs, protecteurs et amis des anciens jours. Et les réponses qu'ils me firent, me prouvèrent que j'avais été bien inspiré. Les lettres que je reçus, en ce temps, du vénéré Supérieur du Rondeau, de mes chers professeurs d'autrefois, de mes anciens amis de collège, et surtout du Révérendissime Père abbé de Chambarand, me furent une consolation singulière, un puissant réconfort et surtout une précieuse lumière sur la voie bordée de précipices que je parcourais pour le moment.

Tout cela, sans doute, était bien insuffisant, bien précaire, et je ne voyais pas où aboutirait cette marche incertaine dans l'inconnu. Mon dernier mot sur le seuil de la Trappe était toujours le mot de la situation : « A la grâce de Dieu ! » — Que sortirait-il, à la fin, de cette situation, de cette vie au jour le jour, et qui ne pouvait guère, selon toute apparence, me rapprocher du but ? — Je ne savais.

Néanmoins, j'espérais toujours. Je dirai plus : je faisais fond complètement sur cette intervention providentielle, qu'on n'escompte jamais avec plus de foi, que lorsqu'on a perdu tout espoir.

A la grâce de Dieu et de sa très sainte Mère ! — Car, j'étais à Lyon, la ville privilégiée de Marie, et la ville où mes souvenirs personnels d'un passé qui n'était pas encore fort loin, suffisaient à me rappeler la puissance d'intercession de la Vierge tutélaire.

Je demeurais à peu de distance de cette bonne Institution Franklin, où, tout enfant, j'avais connu des jours si heureux. J'y retrouvais quelques-uns de mes anciens maîtres, entre autres l'excellent et si distingué M. Vautrin, mon professeur d'antan. M. Vautrin voulait bien se souvenir encore du petit élève qui, jadis, suivant la gracieuse expression d'une de ses lettres, « avait semé de roses si charmantes son aride carrière de l'enseignement. » Je revivais avec lui des heures charmantes, dont la gaieté, l'entrain, réveillés pour un moment, me faisaient oublier l'angoisse dont je ne pouvais, malgré tout, me distraire absolument.

Je retrouvais aussi, à quelques pas de mon logis d'emprunt, Notre-Dame de la Guillotière, l'église de ma première communion !

L'aspect des lieux a le privilège de ressusciter en nous le passé. Mais quand il s'agit du plus divin souvenir qui se puisse imprimer dans l'âme, de ce moment unique dans la vie de chaque homme, où le Ciel et la terre se sont unis en son cœur d'enfant, quelle impression n'éprouve-t-on pas lorsqu'on revient, après bien des années, au lieu même où de tels mystères se sont accomplis pour nous-même, en notre faveur, et pour notre amour ? Quel homme de cœur, même alors que son christianisme est resté à l'état embryonnaire et somnolent, si quelque circonstance le ramène dans l'église de sa première communion, n'a pas un regard spécial et attendri pour la place qu'il occupait, en ce jour le plus beau de ses jours, dans la nef profonde, à la table sainte, sur les marches du sanctuaire, aux abords des Fonts sacrés, au pied de l'autel de Marie ? Et qui ne retrouve pas, au moins une minute, le secret de cette prière qui monte jusqu'à Dieu, parce qu'elle jaillit spontanée, sincère et toute brûlante, des dernières profondeurs de l'âme ramenée à son meilleur moment ?

Mes visites à cette chère église de Notre-Dame de la Guillotière étaient fréquentes, et je m'y sentais animé d'une extraordinaire ferveur. A chaque fois, sous une forme ou sous une autre, j'y renouvelais le pacte que j'avais conclu avec le Dieu de mon enfance, lorsque, en ces mêmes lieux, dans l'indicible douceur de la première rencontre, il m'avait dit : « Tu seras mien, et je serai tien. » — Ah ! oui, quoi qu'il arrivât, ce serment, je le tiendrais. Oui, je voulais être « sien », et de nouveau je le jurais, et je me relevais plus fort, plus confiant, plus assuré que, quoi qu'il pût m'arriver, il en serait ainsi, et non autrement.

Mais par dessus tous les sanctuaires de la belle et pieuse cité lyonnaise, c'est Fourvière qui m'attirait ; Fourvière, la colline de grâce, le foyer miraculeux où se rallume tout espoir, le sommet où s'est posé le pied virginal de Celle qui est, pour tous les malheureux, la Toute-Puissance suppliante ; Fourvière, qui m'avait été si secourable aux jours de ma petite enfance, lorsque, à ma place et pour moi, ma pauvre mère me vouait à son antique Madone.

Pourrais-je compter tous les pélerinages que je fis au glorieux sanctuaire, durant ces trois mois que je passai, — « à la grâce de Dieu ! » — dans la zone privilégiée de son influence ? — N'était-ce point de là que devait me venir le secours ? — Et lorsqu'on est aussi incertain que je l'étais sur la voie à prendre pour atteindre son but, n'est-on pas sûr, à tout le moins, de ne pas s'en éloigner, en pérégrinant vers les autels de Marie ?

J'allais donc ainsi, dans la pénombre qui m'enveloppait, et je ne redescendais pas de la sainte colline, sans y avoir trouvé un regain de confiance, entrevu un rayon qui rasserénait mon âme et décuplait mes forces pour la lutte que j'avais à soutenir en bas, dans la plaine.

Car j'avais à combattre, en ces temps, pour ma chère et sainte vocation. Mus par un sentiment que je ne saurais leur reprocher, mon oncle et ma tante se préoccupaient de mon avenir. Un jeune homme de vingt ans ne peut rester oisif, et d'ailleurs, lorsque les moyens d'existence ne lui ont point été assurés par d'autres, il faut de toute nécessité, qu'il parvienne à se suffire à lui-même. On ne peut pas, on ne doit pas manger toujours le pain de la charité. Ils entreprirent donc de combattre les idées de vocation ecclésiastique que je leur avais manifestées jusque-là, essayant de me persuader, — ce qui était leur conviction sincère, — que, par suite de tout ce qui s'était passé autour de moi, la réalisation de ce rêve pieux était devenu chose impossible, et que la conscience non moins que la saine raison me faisait un devoir de songer à me créer une situation dans le monde.

Je leur résistai, mais j'eus besoin d'y mettre une certaine énergie, car la lutte était vive et, à la fin, opiniâtre, de tous les jours, de tous les instants : d'autant plus pénible que ma délicatesse, puisque, enfin, j'étais à leur charge, se coalisait contre moi avec la reconnaissance que je leur devais ; d'autant plus désavantageuse, que la sincère affection dont j'étais animé à leur égard, ne me laissait pas le libre emploi de tous mes moyens de défense.

Je tins bon, néanmoins, non sans maudire cette divergence d'idées, la seule au monde qui pût s'élever entre nous.

Ils firent plus que de me presser par toutes sortes de bonnes raisons de sortir de l'état indécis et faux, à leur point de vue, dans lequel je me trouvais. Pour couper court à toutes mes résistances, ils me procurèrent une place avantageuse. Un emploi de bureau à la Banque de France, avec deux mille francs d'appointements pour le début, voilà, certes, qui devait être tentant pour un pauvre garçon n'ayant ni sou, ni maille, et qui, du premier jour, pourrait subvenir à tous ses besoins, dans une situation honorable où il lui serait facile, avec le temps et un peu de bonne volonté, de s'ouvrir une excellente carrière.

L'offre ne me séduisit point ; je ne me laissai pas tenter, et par le fait, je me prouvai à moi-même que mes sentiments étaient sincères, qu'ils partaient du cœur, non de l'imagination ou de je ne sais pas quel entêtement puéril. Ah ! si la volonté de Dieu n'avait pas été que je quittasse la Trappe, comme cette même volonté adorable avait été d'abord que je vécusse, deux ou trois années durant, à cette rude et sainte école, j'aurais inévitablement succombé devant l'honorable et d'autant plus dangereuse tentation dont je subissais l'assaut. Grâce à vous, mon Dieu, il n'en fut point ainsi ; et je vous en bénis, plus que de toutes les faveurs que vous m'aviez accordées jusque là.

Mais je compris que je ne devais pas profiter plus longtemps de la bonne hospitalité que m'offraient mes excellents parents. Alors même que le séjour à leur foyer m'eût été tolérable, après le refus que je venais de leur opposer, le sentiment que j'avais des convenances, ne me permettait pas de le prolonger. Et puis, je devais me montrer conséquent avec moi-même : du moment que je repoussais la proposition qui m'était faite du côté du monde, j'avais le devoir de rechercher au plus vite le moyen de réaliser mes projets du côté du sanctuaire.

Soir et matin, et vingt fois le jour, je me le disais : C'était l'évidence même. Mais en attendant, que devenir ? Où aller ?

J'interrogeai l'horizon, je consultai, je priai, surtout je redoublai d'instances, car le besoin était pressant, l'heure décisive, auprès de ma douce Reine et protectrice de Four-vière. Bref, il fut résolu que je partirais pour la Grande Chartreuse, afin de m'y recueillir d'abord, dans une bonne retraite, et de m'y conformer ensuite à la ligne de conduite qui me serait marquée.

Et rebouclant ma petite malle de collégien, garnie des quelques vêtements que je devais à la générosité de mes parents de Lyon, je pris congé d'eux. — A la grâce de Dieu ! encore une fois.

Pour me rendre de Lyon à la Grande-Chartreuse, je dus parcourir ou tout au moins toucher des contrées qui me rappelaient de bien doux et de bien navrants souvenirs. Je passai tout près du Rondeau ; j'effleurai ma ville natale et mis un pied sur le coin de terre où s'était posé mon berceau. Je ne m'arrêtai nulle part : trop de larmes montaient à mes yeux, trop de pensers amers me serraient le cœur ! Je tra-versai en étranger, en inconnu, ce cher et cruel passé de cendres accumulées et d'espoirs vaincus.

J'allais, cependant, vers la Chartreuse avec une con-fiance instinctive, comme on va vers la maison de Dieu. J'y arrivai à la mi-juillet. Trois ans auparavant, dans les mêmes jours, on me conduisait presque en fugitif à la Trappe de

Chambarand. Maintenant, du moins, je savais à quelle porte je venais frapper, si j'ignorais vers quels rivages, au sortir de ce refuge, je dirigerais mes pas. D'ailleurs, cette ignorance n'était pas pour me troubler. — A la grâce de Dieu !

Les abords de la Grande Chartreuse ont été cent et cent fois décrits : inutile que je répète à cette place ce qu'on peut lire partout. J'ai mieux à faire, en ce moment où la plus élémentaire reconnaissance m'impose le devoir de noter les sollicitudes dont je devais être l'objet dans ce cloître illustre, et qui ne sont pas, indifféremment, le partage de tous ceux qui le visitent.

Il est de règle, à la Grande Chartreuse, que l'hospitalité offerte aux simples visiteurs se limite à deux journées. L'affluence des hôtes est telle, à certains moments, qu'il serait impossible de leur permettre un plus long séjour, sans contrarier l'exercice de la charité qui, par sa nature même, se doit également à tous. Quant à ceux qui montent au désert des fils de saint Bruno, pour s'y livrer aux exercices spirituels de la retraite, le temps nécessaire aux dits exercices leur est accordé, mais la concession ne va pas au delà.

Et moi, — je relève premièrement cette grâce fondamentale qui servit de base à toutes les autres, — moi, je pus prolonger durant trois mois mon séjour en ce saint lieu de paix et de bénédiction ! Arrivé à la mi-juillet, je n'en repartis qu'à la mi-octobre, après toutes questions concernant mon avenir heureusement résolues, toutes décisions prises et déjà en voie d'exécution.

J'avais eu le bonheur de rencontrer un religieux assez perspicace pour, du premier coup, comprendre ma situation. La Providence m'avait remis entre les mains de l'homme qui, parmi tous les moines de la Chartreuse, était peut-être le plus capable d'épouser mes intérèts, de prendre à cœur ma cause désespérée, et de triompher à mon profit de tous les obstacles qui me barraient le chemin.

Dom Marie Cyprien Boutrais était Coadjuteur du Révérendissime Prieur général de l'Ordre, et à ce titre, associé à son gouvernement. Il avait le pouvoir en mains; son expérience des affaires y ajoutait une grande autorité morale. Par ailleurs, ses hautes vertus, sa perspicacité, sa fermeté, sa prudence et surtout sa grande charité, en faisaient pour moi le conseiller le plus sûr, l'auxiliaire le plus puissant, le protecteur le plus dévoué.

A peine lui eus-je ouvert mon cœur, et, — avec la franchise que je mis toujours dans mes rapports avec ceux de qui j'attendais le secours, — exposé la situation dans laquelle je me trouvais, qu'il ne fut plus question, en ce qui me concernait, des règles établies pour la durée de séjour des étrangers. J'étais devenu l'enfant de la maison, et je compris que j'y demeurerais jusqu'à ce que la volonté de Dieu sur moi se fut nettement déclarée.

Je fis d'abord une longue retraite, une retraite de trente jours. J'en possède encore le cahier, — le premier, dans mes humbles archives, d'une longue série, qui s'enrichit chaque année, et qui m'est plus précieuse que toutes les richesses du monde.

Puis, pour occuper mes loisirs, beaucoup plus que pour tirer de mon travail un parti quelconque, le cher Père me fit transcrire le manuscrit d'un petit ouvrage sur le Sacré-Cœur, composé presque exclusivement de passages empruntés aux grands ascétiques de la famille Carthusienne. Cet ouvrage a été imprimé depuis, et j'en possède un exemplaire avec dédicace de Dom Marie-Cyprien.

Entre temps, je passais des heures délicieuses, de jour

ou de nuit, à ces merveilleux Offices du chœur, si justement célébrés dans toutes les littératures du monde. Je goûtais aussi, dans de charmantes excursions à travers les gorges sauvages et les pittoresques escarpements qui défendent la Chartreuse, le plaisir exquis, tout religieux, dont l'âme se sent pénétrée, envahie, au spectacle de cette forte et austère nature, restée vierge sous la main des habitants du cloître.

Tout ce que je voyais, tout ce que j'entendais, me ramenait par la pensée à ma chère solitude de Chambarand, sœur puînée de celle-ci, plus modeste, plus pauvre, non moins aimée, et que j'aurais regrettée vivement, si d'avoir accompli la sainte volonté de Dieu pouvait laisser place au moindre regret.

En homme pratique et surnaturel qu'il était, Dom Marie-Cyprien, — après qu'il se fût bien assuré de mes dispositions, de mes sentiments, après qu'il eût, tout à loisir, lu dans le livre de ma vie, — estima qu'il y avait lieu de poursuivre dans la voie que j'avais choisie, et qu'il fallait, en dépit des événements, tenter de parvenir à la réception des saints Ordres, soit dans les rangs du clergé séculier, soit, à la rigueur, sous la Règle et l'autorité de quelque Congrégation à vœux simples. La chose, assurément, ne serait pas facile. Non, elle n'irait pas toute seule. Mais puisque Dieu la voulait, il n'était pas permis de la rejeter comme irréalisable.

« Nous ne tenterons point Dieu, me dit-il, mais nous l'interrogerons dans la prière, et nous lui demanderons de nous montrer lui-même la part qu'il aura choisie pour vous. Nous frapperons, en même temps, à quatre ou cinq portes :

celle qui, la première, s'ouvrira à notre appel, nous fera comprendre ce que nous avons à faire. »

— Donc, encore une fois et toujours : *A la grâce de Dieu* !

Et nous frappâmes à quatre ou cinq portes, en même temps :

En Suisse, à je ne sais plus quel établissement ecclésiastique ;

Au Séminaire des Missions Étrangères, à Paris ;

A Rome, chez les Salésiens de Dom Bosco, si je ne me trompe ;

Aux Missions Africaines de Lyon ;

Au Séminaire colonial du Saint-Esprit, à Paris.

C'est le Séminaire du Saint-Esprit, à Paris, qui répondit le premier. Sa réponse fut favorable, j'étais agréé. — La question était tranchée.

Il ne me restait plus qu'à faire mes préparatifs de départ.

A la vérité, ce soin n'était pas, pour moi, de simple formalité. Je n'avais rien, l'ai-je assez dit ? — pas de trousseau, pas de livres, pas un sou vaillant pour courir les frais du long voyage, aucun moyen de me procurer soutanes et autres parties ou accessoires du costume ecclésiastique, que je devais endosser dès mon entrée au séminaire. Trop grande maintenant, ma petite malle de collégien, qui m'avait suivi jusqu'à la Chartreuse !

Je n'en partis pas moins au jour fixé, le 12 octobre, abondamment pourvu de tout ce qui m'était nécessaire ou utile, en linge, livres, vêtements, menus objets, et même, — ô délicatesse de la charité, — le gousset garni d'une bonne petite somme d'argent, destinée à compléter mon équipement, mon installation, et à me défrayer au cours de l'année.

Il est vrai que je partais de la Grande Chartreuse, ce qui explique tout.

Il est vrai aussi que la Providence m'avait fait trouver, en Dom Marie-Cyprien, un de ces cœurs généreux par réflexion, tendres par piété, pratiques par situation, et dont le dévouement ne court pas le risque, parce qu'il ne leur doit rien, de s'émousser avec la sensibilité ou de s'envoler avec le caprice.

Lorsque j'aurai ajouté que j'emportais, en quittant la Chartreuse, un trésor incomparablement plus précieux que tous les dons qui m'avaient été faits, celui d'un nouveau protecteur, d'un guide ferme et d'un tendre père, qui me suivrait de loin comme il m'avait soutenu et secouru de près ; lorsque j'aurai dit que, depuis lors et jusqu'à son pieux décès, survenu l'année dernière, dans une Chartreuse d'Italie dont il était Prieur, Dom Marie-Cyprien Boutrais forma, avec le vénéré M. Ginon et Dom Marie-Antoine de Chambarand, cette admirable trilogie que le Ciel m'avait prêtée, pour combler avec avantage toutes les lacunes de ma formation première, j'aurai assez bien montré, ce me semble, que, sur le seuil de la Trappe d'où je m'exilais pour obéir à Dieu, mon invincible confiance me faisait prophétiser sans le savoir, puisque la Providence n'avait pas dédaigné de remplir aussi largement mon naïf programme :

« A la grâce de Dieu ! »

VIII

Une dernière étape aux chemins de traverse

J'arrivai à Paris le 13 octobre 1881. Le lendemain, 14, j'entrai au Séminaire colonial, dit du Saint-Esprit, 30, rue Lhomond, et le 15, au matin, en la fête de sainte Thérèse, je revêtis l'habit ecclésiastique. Sur ma demande, le R. P. Léon Levavasseur, Supérieur du séminaire, avait bénit cette chère soutane qui, je l'espère de la grâce de Dieu, descendra avec moi dans la tombe. Elle aura été l'honneur de ma vie, ma protectrice, et m'aura rappelé, chaque jour, que « le Seigneur lui-même s'est constitué mon héritage, » me rendant avec usure tous les biens que j'avais perdus par le fait d'autrui, bien avant d'avoir pu les sacrifier à Celui de qui je les tenais.

Puis, conduit, piloté par deux séminaristes, deux anciens de la maison, j'accomplis à travers la grande ville, dont les horizons si nouveaux pour moi devaient par la suite me devenir si familiers et, pourquoi ne pas le dire ? si chers, un premier et bien touchant pélerinage.

Tout d'abord, nous montâmes à Montmartre, pour y entendre la Messe et y recevoir la sainte communion. J'avais hâte de puiser à la source profonde, à la source débordante du Cœur adorable, trois fois saint, les grâces de lumière et de force dont je sentais un si vif besoin, en ce moment où ma vie prenait une direction nouvelle et qui, cette fois, me paraissait définitive.

Montmartre est, pour Paris, la colline sainte, la colline prédestinée, la colline des mystérieux commencements. C'est là que les apôtres de la chétive Lutèce, en qui germait l'immense capitale aux longs siècles de gloire et de malheurs, jetèrent les vrais fondements de leur chère Eglise, — de l'Eglise qui bientôt, sans que je le susse pour le moment, serait la mienne. C'est à Montmartre que naquit de leur sang, sous le glaive du bourreau, cette grande cité du bien qui se mêle, dans Paris, à la cité du mal, et la coudoie partout, du boulevard à la ruelle obscure, du palais à la mansarde, du salon à l'atelier : non moins illustre et plus divine par ses œuvres de salut, que l'autre n'est fameuse et satanique par ses débordements, ses souillures, son impiété. Le peuple chrétien célébrait alors, avec la piété qui lui est habituelle, la neuvaine de ses martyrs : on était dans l'octave de leur fête. Mêlés à la foule pélerine, nous allâmes nous agenouiller sur la terre qui but leur sang. — En ces mêmes lieux, d'autres saints, Ignace de Loyola et ses compagnons, il y a quatre siècles, avaient pris avec le Ciel leurs premiers engagements, et jeté les bases de leur œuvre si célèbre dans l'histoire des grands athlètes de la foi.

De Montmartre nous descendîmes à Notre-Dame des Victoires, le sanctuaire aimé de Marie, et la gloire nouvelle de ce Paris étonnant, où le fleuve de la grâce coule aussi pur, aussi calme et bienfaisant, qu'y roule turbulent et fangeux le torrent du vice et du crime cosmopolite. — A midi, nous étions de retour au Séminaire.

Telles furent mes pieuses *Encénies*. — Le Cœur adorable, la Madone sainte et chérie, qui toujours avait tenu la première place dans ma vie aux horizons changeants, troublés, plus chargés de brume et de larmes qu'éclairés de sourires, puis les grands Patrons de l'Eglise qui aurait désormais, par suite de circonstances que je ne pouvais prévoir, tous mes travaux avec toutes mes amours, reçurent ainsi, dans sa première matinée cléricale, les hommages, les vœux, les prières du pauvre enfant de l'Isère.

Et si je considère que le Séminaire colonial, établi sur la montagne Sainte-Geneviève, à deux pas du tombeau de la glorieuse bergère, me plaçait par le fait sous la tutelle immédiate de l'illustre protectrice de la cité, je dois reconnaître que, du moment même où je foulai ce sol battu par tant de générations, tous ses plus religieux et plus sacrés souvenirs s'imposèrent à mon âme, prirent possession de mon cœur. Je bus ainsi, dès la première heure, à ces sources bienfaisantes, intarissables, de consolation, de lumière et de force, qui plus tard, lorsque j'aurai acquis droit de cité dans la ville, et droit d'adoption canonique dans son Eglise, me seront si salutaires, sous le poids de la chaleur et du jour.

Je me plais à tous ces petits détails, qu'on me le pardonne ! Peut-on dire, d'ailleurs, que le détail oiseux se rencontre, ainsi qu'en un jeu du hasard, dans les attentions de la Providence à l'égard d'une âme ; et qu'un seul mouvement du Ciel en faveur de cette âme soit à négliger dans le livre où celle-ci se raconte avec la plus confiante ingénuité ?

Quoi qu'il en soit, pour la troisième ou quatrième fois dans mes vingt ans, je commençais une nouvelle vie, la vie du grand Séminaire et de la formation cléricale immédiate, proprement dite. — Avec une nuance, toutefois :

Je me représente aujourd'hui les deux années que je passai au Séminaire colonial comme deux années de travail préliminaire ou d'introduction au véritable noviciat ecclésiastique que la Providence me ménageait ailleurs. De telle sorte que, me croyant tout d'abord engagé dans ma voie définitive, je n'étais effectivement qu'à la dernière étape du chemin qui devait m'y conduire. Mais je ne fus pas longtemps dans l'illusion.

Avant tout autre soin, nous vaquâmes aux exercices de la Retraite qui précède, dans tous les Séminaires, l'ouverture des cours annuels. Je choisis pour mon directeur spirituel le R. P. Léon Levavasseur, supérieur du Séminaire. Ainsi qu'à Notre-Dame de Chambarand et au Rondeau, je me trouvai à merveille d'avoir osé porter jusqu'au chef de la maison mes petites ambitions de conscience. Parmi tous les directeurs du Séminaire colonial, je ne pouvais m'adresser à un guide plus autorisé, plus compétent, plus dévoué. Comme le vénéré M. Ginon, comme Dom Marie-Antoine, le Père Levavasseur voulut bien prendre un soin tout particulier de mon âme, et même lui vouer un attachement qu'il me témoigna de plusieurs manières, aussi concluantes en elles-mêmes que diverses dans le mode de leur manifestation.

En dehors des effets salutaires, d'ordre général, qu'une retraite suivie avec bonne volonté, recueillement et prière, produit toujours, l'une des principales lumières que je recueillis de ces saints Exercices, fut, à mon grand étonnement, que je ne marchais pas encore dans ma voie véritable et définitive, mais seulement dans le chemin qui, sans doute, m'y conduirait prochainement.

Cette conviction, en deux points, me dicta la conduite que j'avais à tenir : cheminer sans préoccupation sur la route que la Providence m'avait ouverte ; ne m'y attarder qu'autant que la Providence elle-même ne m'aurait point encore aiguillé sur l'autre voie.

Pratiquement, je conclus que mon unique devoir, pour le moment, était d'observer avec autant de piété, de docilité et de courage qu'il me serait possible, les salutaires réglements de la maison ; de profiter des bons exemples que j'y pourrais rencontrer, de la sage direction qui m'y serait donnée ; de travailler avec ardeur ; de mettre en œuvre tous les secours qui allaient se trouver à ma disposition, tant pour ma formation ecclésiastique que pour la culture de mon esprit ; et enfin, d'attendre avec confiance et tranquillité d'âme, que Dieu, à l'heure qu'il choisirait, me fournît les moyens d'atteindre le but que lui-même daignerait me désigner.

Telle fut ma conclusion de Retraite. Je ne crois pas l'avoir perdue de vue, par la suite.

Je fis preuve de régularité, d'amour de l'étude. En toute simplicité et sans m'en attribuer le moindre mérite, je crois pouvoir écrire ici que je fus un bon élève. Je crois même que je tranchai quelque peu sur plusieurs de mes condisciples, lesquels, accueillis de tous les points de l'horizon, ainsi qu'on le sait et que je le savais par moi-même, se montrent aussi divers de tempérament, d'allures et de dispositions, que le sont les milieux dans lesquels peut s'opérer leur recrutement.

C'est par là, du moins, que je m'explique la sympathie bien marquée que ne cessèrent de me témoigner, aussi longtemps que je demeurai sous leur conduite, les pieux directeurs de la maison. J'exerçais moins, sans doute, leur patience ; je ne motivais point les sollicitudes inquiètes que pouvaient leur causer tels et tels de mes chers condisciples, qui, au fond et devant Dieu, valaient peut-être mieux que moi. Delà, je pense, les témoignages de bienveillance qui me furent accordés par mes excellents maîtres.

Durant la première année de mon séjour au séminaire du Saint-Esprit, je suivis les cours de philosophie. — L'eussé-je pu espérer ? Malgré les interruptions démesurées et les effrayantes lacunes d'un passé scolaire brusquement arrêté au dernier mois de ma classe de quatrième, je ne me trouvai pas sensiblement au dessous de la moyenne des élèves inscrits à ce cours, justement réputé difficile et aride. Je n'étais ni plus ni moins habile qu'eux à me mouvoir au milieu des rudiments de la scolastique. Les pages compactes et parfois broussailleuses du bon San-Severino n'avaient guère plus de mystères pour moi que pour mes condisciples.

La chaire de philosophie était occupée par le R. P. de Courmont, que son mérite appelait de lui-même à l'épiscopat, et qui, en effet, fut promu bientôt après à la charge de vicaire apostolique du Zanguebar méridional, avec le titre de Bodena, *in partibus Infidelium*. Aujourd'hui, que les vicissitudes de la vie de missionnaire l'ont ramené à Paris, l'éminent prélat veut bien se souvenir de son ancien élève, et l'honorer de toute sa bienveillance, je n'ose dire, de son amitié. Qu'il daigne agréer ici l'hommage de ma profonde reconnaissance, que je saisis l'occasion de lui offrir, au souvenir de ses doctes leçons d'autrefois, à la pensée de sa précieuse sympathie pour l'heure présente !

Les examens semestriels, institués dans tous les séminaires, sont la sanction naturelle, ou pour mieux dire, l'unique sanction des études, et donnent la cote à peu près exacte des résultats individuellement obtenus. Mes notes d'examen, au Séminaire colonial, furent toujours satisfaisantes et supérieures à la moyenne, qu'il s'agisse de mon année de philosophie ou de ma première année de théologie, qui suivit celle-ci. Je le puis affirmer avec d'autant plus de sécurité, que, mis plus tard dans la nécessité de faire relever ces notes, il me fut répondu qu'elles atteignaient le chiffre **huit**, le chiffre **dix** étant pris pour *maximum*. Qu'on me passe cette constatation ; je la fais uniquement à la gloire de la bonne Providence, qui permit, on le voit, que le temps perdu, inutilisé pour des raisons indépendantes de mon libre arbitre, se trouvât sinon réparé entièrement, ce qui ne se pouvait sans un miracle, du moins, couvert et suppléé dans des proportions suffisantes ; de manière, enfin, que je pusse profiter de l'enseignement régulier, méthodique, qui, désormais, ne serait dispensé conformément aux usages établis par l'Église, pour la préparation doctrinale de ceux qui se destinent aux saints Ordres.

Dans ces conditions, à l'époque fixée par les réglements du Séminaire colonial, c'est-à-dire, vers la fin de ma seconde année de présence au séminaire, je fus appelé à la tonsure cléricale. Je la reçus, avec quel bonheur ! le 19 mai 1883, des mains de Monseigneur Duboin, de la Congrégation du Saint-Esprit, évêque de Raphanée, *in partibus Infidelium*.

Avec quelle sincérité de bouche et de cœur, je pus épeler, à la suite de l'évêque qui m'initiait, le *Dominus pars hæreditatis meæ et calicis mei !* Ah ! le Seigneur était bien mon unique héritage : parmi ceux qui, prosternés à mes côtés, allaient redire la même parole, en était-il un seul, qui en eût appris, vécu comme moi la plénitude de sens ? Toutes les superfluités du siècle, Dieu me les avait lui-même retranchées, bien avant que ma chevelure ne tombât sous les ciseaux d'or du Pontife. Il m'avait même arraché ma famille, ce cher et dernier lien qu'il laisse communément aux jeunes recrues de son sanctuaire.

Bien plus, ainsi que je le dirai bientôt, accomplissant à l'avance et dans ses deux dispositions l'oracle de son prophète, il m'avait déjà rendu sur terre une autre famille, et pour le temps où il me serait nécessaire, un autre héritage, en échange et compensation de tout ce que sa main adorée m'avait ravi : *Tu es qui restitues hæreditatem meam mihi.* Je puis, sans blasphème, interpréter ainsi la parole sacrée, chez laquelle le sens immédiat et divin n'exclut pas les sens inférieurs et divers, que des circonstances personnelles peuvent suggérer, pourvu que ceux-ci ne contredisent point le sens principal et lui soient subordonnés. De fait, ma pauvre famille, dispersée, abolie, n'était point là pour me présenter au Seigneur. Mais une autre famille qui en avait la foi et les tendresses, avait pris sa place. — Je m'expliquerai plus loin.

Et maintenant, contre toute espérance, j'étais du for de l'Eglise, protégé par ses saints canons. Cette chère soutane, ma sauvegarde et mon orgueil, j'avais le droit de m'en revêtir, autrement que par tolérance et emprunt. Cette couronne cléricale, j'avais le droit de la porter et même de m'en faire une parure spirituelle, supérieure, aux yeux de la foi, à tous les diadèmes de la terre. J'avais ma place marquée dans la maison de Dieu, mon rang, si modeste qu'il fût, dans le sanctuaire. Malgré eux, sans doute, mais à jamais, à jamais, mon père et ma mère m'avaient abandonné, Dieu m'avait recueilli : *Pater meus et mater mea dereliquerunt me, Deus autem assumpsit me.* Le verset qui sans cesse, on se le rappelle, chantait en moi sous les cloîtres de Chambarand, avait enfin dans ma propre vie, sa parfaite et combien suave réalisation !

La douce Vierge Marie a toujours été de toutes mes joies, de toutes mes douleurs, consolant, adoucissant celles-ci, souriant à celles-là : elle ne pouvait manquer de s'associer aux allégresses de ma première tonsure. Le surlendemain de ce beau jour, 21 mai 1883, elle daigna permettre que je fusse inscrit parmi les associés de son illustre archiconfrérie de Notre-Dame des Victoires, me témoignant de la sorte, qu'elle garderait, elle aussi, mon entrée dans le sanctuaire, et que si je n'y mettais pas d'obstacles, — Dieu me préserve de ce suprême malheur ! — elle y guiderait tous mes pas, jusqu'au dernier : *Custodiat introitum et exitum tuum... usque in sæculum !*

Cependant, bien loin de se démentir, la sympathie que mes bons maîtres m'avaient montrée dès le commencement, ne faisait que croître et s'affirmer avec plus d'évidence. A chaque instant, ils m'en donnaient de nouvelles preuves.

Dans la seconde année de mon séjour au Séminaire colonial, nous reçûmes la visite de Mgr Laurencin, administrateur apostolique de la Guadeloupe. La Guadeloupe était précisément la colonie à laquelle mes supérieurs m'avaient destiné ; canoniquement et pour l'Église, j'étais clerc du diocèse de Basse-Terre. Sur les indications et aussi, j'en ai eu plus d'un indice, sur la recommandation spéciale des directeurs du séminaire, le bon Mgr Laurencin, durant tout son séjour parmi nous, me combla de ses attentions, de ses encouragements, de ses prévenances. Il semblait vouloir me faire deviner, avec la réserve qui était de rigueur en pareil cas, les espérances qu'il fondait, pour l'avenir, sur mon humble personne. Il alla même jusqu'à se charger, pour l'année suivante, des frais d'acquisition de mon bréviaire de sous-diaconat ; et après que, au moment de son départ, j'eus été désigné pour l'accompagner dans une course à travers Paris, il saisit l'occasion de me faire une aumône discrète, en me forçant à accepter une pièce de vingt francs, la forte somme pour la bourse d'un séminariste aussi dépourvu que je l'étais.

Mais toutes ces attentions, qui me touchaient profondément, m'attristaient encore davantage, car de plus en plus je me sentais dans l'impossibilité d'y répondre toujours. De plus en plus, je me voyais acculé à la douloureuse nécessité, non de devenir ingrat, mais de le paraître, sans avoir jamais rien haï autant que l'ingratitude.

De plus en plus, ma conviction intime de la première heure, la conclusion de ma première Retraite, s'éclairait, s'accentuait, devenait impérieuse, irrésistible. Je n'étais pas fait pour le ministère des colonies. Je le sentais, je le voyais, je le touchais du doigt, Dieu ne m'y voulait pas. Et je sentais que je ne pourrais ni sauver les âmes, ni me préserver moi-même et me sauver, dans une situation contre les périls et les délicatesses de laquelle je n'aurais point le droit de compter sur les secours que Dieu réserve à ceux que sa volonté sainte y convie.

Je le sentais, et j'aurais dû en être non seulement attristé, mais encore effrayé outre mesure.

Car enfin, avec ma vocation sacerdotale, si certaine, si évidente, si étroitement, si indissolublement liée à mon existence ici-bas qu'elle m'a toujours paru la vie de ma vie et l'âme de mon âme, j'aurais dû me demander comment, dans la condition que le malheur m'avait faite, je pourrais parvenir au terme de cette vocation. Si je me séparais du Séminaire colonial, où mon avenir était sûr et déjà tout aplani, si je lâchais cette unique planche de salut qui m'avait été jetée dans la tempête, comment pourrais-je, sans ressources d'une part, de l'autre, sans garanties ordinairement exigées et d'aileurs strictement exigibles, me faire accepter par un évêque, obtenir mon agrégation à un diocèse quelconque? Qui me sauverait, après cette nouvelle chute dans l'ombre ?— C'est, du reste, ce que se demandaient pour moi, avec inquiétude, effroi, et non sans quelque humeur, plusieurs des protecteurs providentiels que j'avais rencontrés naguère sur ma route désolée, et à qui je faisais part de mes projets, — non, je n'en pouvais avoir, — mais de mes convictions. On me gourmandait paternellement, dans la mesure même de l'affection que l'on me portait. Ainsi, entre autres, Dom Cyprien-Marie, mon bien-aimé père de la Grande-Chartreuse.

J'aurais dû, à tout le moins, éprouver quelque appréhension, ressentir de pénibles perplexités. — Mais voilà. J'arrivais à la fin de ma *dernière étape aux chemins de traverse*. Je touchais à l'embranchement, et déjà, sans la voir dans son ampleur, je sentais le voisinage de la grande route. Je l'apercevais même, de temps à autre, à travers les halliers ensoleillés. De là, vraisemblablement, mon imperturbable assurance, et l'ardeur avec laquelle, sans rien écouter, je hâtais le pas, au lieu de m'attarder et de piétiner sur place, en pesant les *pour* et les *contre*, en interrogeant d'un œil inquiet l'interminable série des *pourquoi* et des *comment*. Lorsque Dieu met dans l'âme une certitude intime, les raisonnements des plus sages et les supplications des êtres qui nous sont le plus chers, ne pèsent pas plus que fétu de paille, au jugement de celui qui a reçu cette certitude.

A la fin de l'année scolaire 1882-1883, le 16 juillet, en la fête de Notre-Dame du Mont-Carmel, je quittai, ainsi que mes condisciples, mais avec l'espoir aussi ferme que peu motivé, humainement parlant, de n'y plus revenir, le séminaire du Saint-Esprit. J'avais, depuis un mois environ, vingt-deux ans accomplis. — Mon dernier mot, sur cette religieuse et hospitalière maison, sera celui de la reconnaissance respectueuse et profonde.

Dire, maintenant, comment l'adorable Providence, après avoir mis en mon cœur cette impression d'abord vague et flottante, puis, après ma Retraite de première année, cette résolution chaque jour plus consistante et finalement d'une fermeté absolue, de quitter l'unique asile que j'eusse alors sur la terre, se chargea d'en procurer l'exécution par des moyens qu'on rencontre rarement réunis en un même temps, un même lieu, au profit d'une même cause et d'une cause aussi dépourvue d'intérêt général, sera, je le crois, proclamer ce qu'elle fit de plus merveilleux et de plus irréalisable dans les conditions ordinaires, en faveur de son indigne serviteur.

Qu'il est vrai de dire que « Dieu veut ce qu'il veut », et que « ce que Dieu garde est bien gardé ! » — J'en suis la preuve vivante : à Lui seul, toute gloire et tout honneur aux siècles sans fin !

IX

L'embranchement. — Dieu me rend une famille.

Mais pour expliquer ce qui va suivre, je dois revenir un peu sur mes pas.

Je suis à la fin de ma première année scolaire, au séminaire de la rue Lhomond et je me préoccupe de la manière dont je pourrai passer mes trois longs mois de vacances, car je suis seul au monde, et la date fatidique, qui, pour une partie de mes condisciples, apparaît à l'horizon dans une perspective plutôt gaie, ne laisse pas que de se montrer à moi sous un aspect assez inquiétant.

Les élèves du Séminaire colonial ne se trouvent pas tous dans les conditions communes aux élèves des autres séminaires. Ceux-là, le moment venu, bouclent joyeusement leurs malles, et leur hâte de revoir au plus vite le village natal, leur vieux curé, leurs bons parents, laisse absolument désert, deux heures après l'ouverture des vacances, le pieux cénacle, auquel ils rendaient en vie et en mouvement, ce qu'il leur donnait en protection, en recueillement, et en grâces de toutes sortes. Parmi les élèves de la rue Lhomond, il en est un cer-tain nombre qui n'ont plus de parents, ou que leur famille, soit à cause de l'éloignement, soit pour tout autre motif, ne peut recevoir durant les vacances. Force leur est bien, pour la plupart, de rester au séminaire.

Mais on se tromperait, si l'on pensait que cette nécessité leur pèse à tous également. J'en ai connu plusieurs qui étaient enchantés de la liberté et de la facilité qu'ils auraient de courir chaque jour dans Paris, d'y tout voir et visiter, de ce qui peut être visité par un ecclésiastique, et de ne rien ignorer des jolis sites ou des splendides habitations qui entourent la capitale, à dix lieues à la ronde. Il faut leur pardonner : jeunesse passera et les rudes chevauchées dans les brousses de la colonie, au versant des mornes grillés par un implacable soleil, auront tôt fait d'expier ces petits excès de nature.

Quant à moi, je ne me sentais aucun attrait pour la vie d'excursionniste. D'ailleurs, si modestes que fussent les dépenses qu'elle exigeait, je ne pouvais me les permettre. Par affection pour moi, et dans un sentiment d'exquise délicatesse, le R. P. Levavasseur m'avait offert l'hospitalité à la Lande de Longé, en Normandie, dans son château de famille. Je ne pouvais l'accepter. Cette hospitalité charmante ne m'aurait pas procuré les ressources qui m'étaient nécessaires pour subvenir aux frais accessoires que m'imposerait la prochaine année. La monnaie dont les bons Pères Chartreux avaient garni ma bourse au mois d'octobre précédent, s'était épuisée, et il me répugnait de faire de nouveaux appels à la charité pour couvrir mes dépenses strictement nécessaires. Je résolus de recourir au moyen que plusieurs de mes condisciples employaient avec l'autorisation, quelquefois par l'entremise des supérieurs, et de me procurer un préceptorat pour les vacances.

Si j'avais connu, à cette époque, un des fidèles amis que la Providence, positivement, a mis sur mon chemin, dans ces dernières années, il est probable que je n'aurais pas osé donner suite à un pareil projet : peut-être même ne l'eussé-je jamais conçu. Car ce prêtre, homme de doctrine et qui a beaucoup vu, est intraitable, — lui, si pondéré d'habitude, — sur la question des préceptorats, et surtout des préceptorats de vacances pour les jeunes abbés.

« Je sais bien, répète-t-il souvent avec humeur, je sais bien que les élèves de nos séminaires se recrutent surtout parmi les humbles, les pauvres, et je ne m'en plains pas, puisque c'est le vœu de l'Eglise, formulé expressément au saint Concile de Trente. Mais je sais aussi que ce même Concile, si accueillant pour les fils du pauvre, exclut d'une façon presque absolue les misérables, parce que, si pauvreté n'est pas vice et si l'on peut la porter avec honneur, la misère est, par contre, assez proche parente du vice, pour que l'abjection qu'elle entraîne habituellement, se concilie mal avec la dignité de vie requise des futurs ministres de Jésus-Christ. Or, en permettant que vos jeunes séminaristes acceptent, pour quelques pièces de monnaie, ces préceptorats de vacances, et surtout en les leur procurant, que faites-vous, sinon d'abaisser fort au-dessous d'eux-mêmes des enfants qui n'avaient d'autre tort que d'être pauvres ?

« Pourquoi leur infliger ou les laisser s'infliger à eux-mêmes une humiliation aussi dangereuse pour leur vertu de néophytes ?

« Ne pensez-vous pas qu'en leur permettant ainsi d'égarer leur soutane encore mal assujettie dans un monde pour lequel ils ne sont point faits, au milieu d'une société contre les séductions de laquelle ils ne sont point munis suffisamment, vous les exposez au pire des naufrages ?

« Ne voyez-vous pas, d'autre part, que cette société

bien souvent n'a que du dédain pour eux, qu'elle fait de leur soutane une livrée de luxe, dont elle flatte à bon compte sa sotte vanité ? En échange de quelques pièces d'or qu'on leur servira d'une main dédaigneuse à la fin des vacances, ne voyez-vous pas que vous faites parfois de ces clercs, de ces clercs qui portent la couronne, les premiers domestiques de vulgaires parvenus ? Est-ce donc ainsi qu'on rabaisse les recrues du sanctuaire, et convient-il de faire évoluer de la sorte, par les escaliers de service ceux qui, dans un avenir prochain, graviront les degrés de l'autel ?

« Encore, s'il y avait quelque bien à faire, quelques services à rendre aux âmes, dans ces conditions ! Mais qui ne sait que le précepteur de vacances n'a, généralement, d'autres fonctions que de garder les enfants, de les promener, d'essayer de leur faire accomplir leur tâche des vacances ou plutôt de la faire pour eux, et quelquefois d'être par surcroît leur souffre-douleurs, car ils savent bien, les impertinents ! que c'est papa qui paie, et ils veulent en avoir pour leur argent ? — Faire du bien, dans ce milieu, allons donc !

« Après cela, ajoute-t-il, je sais bien qu'on ne doit rien exagérer, et que toute règle à ses exceptions. N'aurions-nous, pour nous préserver de la souveraine injustice qu'entraîne parfois l'application absolue du principe le plus juste en soi, que l'exemple illustre d'un saint Vincent de Paul, nous devrions, à sa considération, faire quelques réserves. S'il est vrai qu'il ne s'agissait, pour ce grand saint qui fut aussi un grand homme, ni d'un préceptorat de vacances, ni d'un préceptorat de mode et depure vanité, il n'est pas moins vrai que ce prêtre incomparable a trouvé dans le préceptorat non seulement le moyen de se sanctifier, mais encore des ressources immenses pour son avenir, et comme la pierre d'attente providentielle qui, plus tard, le mettrait à même d'accomplir son admirable mission. N'aurions-nous, dis-je, ·

que cet exemple, il suffirait pour nous interdire toute exagération sur le sujet. Ce n'est, toutefois, et ce ne peut être jamais qu'une exception. Or l'exception confirme la règle, et par conséquent, on ne me fera jamais admettre, en thèse générale, qu'il ne serait pas à désirer que la charité qui s'impose de si grands sacrifices pour l'éducation des clercs, poussât un peu plus loin son effort, et ne laissât point les jeunes élèves de nos séminaires dans la nécessité de s'égarer ainsi à travers le monde, au risque de se perdre, et de rendre inutiles en quelques mois tous les sacrifices qu'on a déjà faits et qu'on fera encore pour la culture de leur sainte vocation. »

Ainsi parle mon vieil ami. — Je le répète, si je l'avais connu en 1882, et s'il avait eu, dès ce temps, l'influence qu'il exerce sur moi depuis quelques années, il est bien à présumer que ses réflexions tant soit peu poussées au noir, sur la question, m'auraient arrêté net, et que je n'aurais point cherché à me caser, comme on dit, pour mes premières vacances de séminaire. Mais j'étais sans expérience, ignorant le péril, et le besoin me pressait. D'un autre côté, on va le voir, c'est précisément dans cette impasse que la Providence m'attendait. La Providence est aussi admirable dans les moindres choses que dans les plus grandes, aussi digne de louange et d'amour lorsqu'elle s'incline vers un pauvre petit inconnu, destiné à le rester toujours, que lorsqu'elle prépare et façonne pour l'Église et pour le monde un Vincent de Paul. Or, c'est là, je l'affirme, que la Providence m'attendait, pour changer en moyen de salut ce qui est, en thèse générale, au jugement de mon vieil ami, la plus triste comme la plus dangereuse des nécessités. Je me mis en quête...

Que dis-je ? La Providence m'attendait là ! — Mais elle avait pris les devants, l'ineffable mère ! et alors que j'y songeais le moins, préparé les voies et moyens, rapproché de moi les personnes qui m'aideraient à me pourvoir convenablement pour ces mois hasardeux « de domesticité à la table du maître », ainsi que les définit encore, dans ses moments d'humeur, mon vieil ami, — l'intransigeance même en tout ce qui touche l'honneur de l'Église et de ses ministres à tous les degrès.

Tandis que j'errais, « à la grâce de Dieu » ! de Roybon à Morestel, de la Trappe à la Chartreuse, la Providence m'avait fait rencontrer, non loin du village habité par ma tante, un vénérable curé de Paris, qui venait passer chez des parents, au milieu de ses amis d'enfance, les quelques semaines de repos qu'il s'accordait chaque année. Il était mon compatriote. Dans son grand cœur, si généreux, si délicat, si intelligent de la misère du pauvre, et avec cela si chaudement dévoué à tous les enfants du pays natal, il m'avait pris aussitôt en singulière affection. Pour le dire tout de suite, ce sentiment à mon égard ne se démentit jamais, ou plutôt il s'affirma de mille manières, en actes autant et plus qu'en paroles, ainsi que je le constaterais par des faits sans réplique, s'il m'était permis de donner ici à mes *Souvenirs* toute l'étendue qu'ils pourraient comporter.

Que le nom et la mémoire de M. Gallin, curé de Saint-Mandé, décédé — trop tôt pour moi, — le 13 avril 1892, soient du moins bénis dans ces courtes lignes où j'ai, pour la première fois, l'occasion et le devoir de les saluer !

Dans cette même année 1881, où je me considérais, pour ainsi dire, sous sa tutelle immédiate et exclusive, — « à la grâce de Dieu ! » — la Providence m'avait fait faire, peu après la rencontre de M. Gallin, une autre connaissance, qui ne devait pas, à la vérité, me procurer pour l'ensemble de ma vie de jeune clerc les mêmes avantages que celle du vénérable curé de Saint-Mandé, mais qui, pour le cas spécial dans lequel je me trouvais aux vacances de 1882, me serait aussi utile et d'une efficacité plus prochaine.

M. l'abbé Bellemin, — une autre exception, sans doute, à la thèse de mon vieil ami, — était précepteur chez les de Lassus, boulevard Malesherbes. Ses élèves suivaient les cours du collège des Pères Jésuites, rue de Madrid. Il avait profité de ses vacances pour aller en Chartreuse respirer l'air vivifiant des montagnes, et aussi le parfum de la prière en pleine et sainte solitude. Il était là, lorque je vins, pauvre passant mal nanti, frapper à la porte du monastère; ou bien, car mes souvenirs sur ce point ne sont pas très précis, j'étais déjà depuis quelques jours à la Chartreuse, lorsqu'il arriva lui-même à l'hôtellerie des bons Pères. Mais ce détail n'importe pas ; l'essentiel et le certain, c'est que j'eus l'occasion de le voir, de l'entretenir et de nouer avec lui ces liens si fragiles d'une connaissance de voyage, lesquels cependant, lorsque nous nous quittâmes, étaient suffisants pour que je pusse, à quelques mois de là, lorsque les circonstances m'eurent amené à Paris, me présenter chez lui, me recommander à sa bienveillance, et le prier de s'entremettre en ma faveur auprès des Révérends Pères du collège de la rue de Madrid, distributeurs des places ou emplois du genre de celui que j'avais résolu de solliciter.

L'abbé Bellemin se mit entièrement à ma disposition. Les R. R. Pères Berthiaud et de Favelly, qu'il sut intéresser à ma cause, se montrèrent, de leur côté, aussi empressés que possible. — Pour le remarquer, en passant, j'eus beaucoup à me louer de la charité des Pères Jésuites, en ces années de détresse. Je ne saurais oublier, en particulier, l'intervention, si heureuse pour moi, du R. P. de Damas, auprès des juges du conseil de révision, lorsqu'il me fallut, pour obéir à la loi, revenir au pays natal. Grâce à la recommandation du célèbre Père, je ne rencontrai que bienveillance et sympathies là où je pouvais redouter l'accueil le plus fâcheux, en raison même des infortunes qui m'avaient frappé. Eux aussi, les juges du conseil, qu'ils soient remerciés dans ces pages où il m'est si doux de me souvenir de tous ceux qui m'ont fait du bien, si pénible de ne pouvoir taire entièrement les actes de ceux qui, le voulant ou non, m'ont été injustes et cruels.

Quant aux R. R. Pères Berthiaud et de Favelly, non seulement ils accueillirent la demande que l'abbé Bellemin leur faisait en mon nom, mais ils firent choix, pour moi, d'une famille que j'oserai dire exceptionnelle et même unique, puisque, — je vais le prouver, — ce que j'ai trouvé là, en vérité, on ne le trouve nulle part, dans aucun préceptorat de vacances.

Ah ! qu'il est bien vrai, encore une fois, que « Dieu veut ce qu'il veut ! » Et comme toutes les difficultés s'aplanissent, comme tout et tous, hommes et choses, accourent à à sa voix, se rangent au premier signe de sa volonté, et sans le savoir mais ainsi que par enchantement, exécutent ce qu'il a une fois résolu, lui, le Maître suprême et toujours obéi !

Qu'on se rappelle mes pérégrinations dans l'inconnu, « à la grâce de Dieu ! » au sortir de Chambarand, à peine dévêtu de cette chère et sainte robe Cistercienne qui m'avait si miséricordieusement abrité durant plusieurs années. Qu'on me suive sur la route incertaine, à laquelle je ne demandais pas de me conduire à tel point plutôt qu'à tel autre, sur laquelle je marchais uniquement parce qu'il fallait marcher, allant devant moi, dans mes pauvres habits d'autrefois, usés, trop étroits, avec ma petite malle de collégien, où ballotait à l'aise tout ce que je possédais au monde. Qu'on remarque ensuite les jalons que la bonne Providence posa pour moi sur cette route où, décidément, je ne marchais pas seul, puisqu'elle daignait cheminer avec moi ; qu'on se rappelle bien les Samaritains qu'elle me fit rencontrer lorsque j'y songeais le moins ; dans les environs de Lyon, le très bon et très généreux curé de Saint-Mandé ; à la Chartreuse, l'excellent et très serviable abbé Bellemin ; et un an plus tard, grâce à eux, par eux, les Révérends Pères de la rue de Madrid ; et par ceux-ci, les de Romandière, c'est-à-dire, non seulement une maison chrétienne, profondément chrétienne, dans laquelle, à la place des inconvénients et des déboires qui sont trop souvent le lot des pauvres précepteurs de vacances, je devais rencontrer non seulement respect, sympathies, hautes convenances et agréments pour l'esprit et pour le cœur, mais de plus et bien au-dessus de tous ces avantages, si rarement qu'ils soient ainsi réunis, une famille qui, tout entière deviendrait pour moi, une autre famille, — une famille que Dieu me rendrait à la place de celle que j'avais perdue, — une famille dont je serais en fait et même nominalement, car la condescendance ira jusque-là, l'enfant bien-aimé, chéri, choyé, le « fils aîné », ainsi qu'ils me l'ont dit, répété, écrit tant de fois !

Si le doigt de Dieu n'est pas là, où sera-t-il ? je me le demande, et d'autres se le demanderont, sans doute, après moi.

Pour descendre de ces hauteurs, et envisager les choses par leur aspect commun, par le côté humain, dans cette loterie, — le mot plairait à mon vieil ami qui pourtant veut bien admettre dans mon cas une troisième exception à sa thèse, — dans cette loterie où, chaque année, vers les mois de mai et de juin, sont adjugés à telle ou telle famille tel et tel abbé, avec charge de surveiller et diriger les enfants durant la vacance, j'échus à la famille de Romandière, famille poitevine et tourangelle, de vieille noblesse, encore qu'elle n'en revendique pas volontiers les titres, et préfère ceux que donne le travail personnel ; famille d'ingénieurs éminents et de hauts magistrats ; famille d'intégrité, d'honneur et de travail, qui pouvait m'apprendre, en ce qui concerne la culture de l'intelligence, le développement des aptitudes, l'organisation pratique de la vie, beaucoup de choses qu'on n'apprend point dans les séminaires, et que j'ignorais, je l'avoue ; famille dans laquelle, sans qu'il y parût, tant on y mettait de délicatesse et de tact, je fus enseigné beaucoup plus qu'enseignant, et de la part de tous, père, mère, aïeux, enfants, aimé autant qu'aimant, entouré d'autant et de plus de prévenances que je n'en pouvais montrer moi-même.

C'est à leur résidence de Paris que j'eus ma première entrevue avec les Romandière ou plutôt avec le père de mes futurs élèves. Ils habitaient alors au numéro 78 de la rue de Passy : un quartier paisible et charmant, que j'eus l'occasion de fréquenter beaucoup, surtout à deux époques de ma vie : au début de ma carrière ecclésiastique, c'est-à-dire, à l'heure où me reporte ce chapitre de mes *Souvenirs*, et plus tard, à une époque fort rapprochée de celle où je les écris.

Cette première entrevue fut pour moi des plus agréables,

encourageante au possible. De quelle urbanité, de quelle
amabilité, de quelle simplicité confiante l'excellent M. de
Romandière usa vis-à-vis du jeune séminariste !... Les
enfants suivaient les cours des Pères, et par conséquent
n'étaient point encore en vacances, car ceci se passait dans
les premiers jours du mois de juillet. Il fut convenu que
je m'occuperais d'eux à Paris, dans l'intervalle des cours, et
qu'aussitôt après la distribution des prix du Collège, je les
accompagnerais au château de Saint-Clair, en Poitou, sur
les confins de la Touraine. La famille, chaque année, se
réunissait là tout entière, pour passer auprès de Madame
Romain de Romandière, la vénérable aïeule, une grande
partie de la belle saison.

C'est donc au château de Saint-Clair que j'ai hâte d'arriver, pour revivre un peu par la pensée cette vie heureuse
que je retrouvai alors pour la première fois depuis nos
désastres. C'est là que je veux recomposer le groupe délicieux, vraiment unique, de ces êtres chéris et si bons, hier
inconnus de moi et qui, aujourd'hui, depuis le vieillard à
cheveux blancs jusqu'à la plus jeune tête blonde, font fête à
mon humble personne, et se sont donné la tâche, on le dirait,
d'effacer de mes pensées un long passé douloureux, qu'ils
ne soupçonnent pas encore.

A tout seigneur, tout honneur. Voici d'abord Madame
Romain de Romandière, la grand'mère paternelle de mes
petits élèves. C'est chez elle que nous sommes ; elle est la
dame et châtelaine de ces lieux.

Veuve, depuis peu d'années, de M. Romain Bricheteau
de Romandière, le grand ingénieur auquel nos voies ferrées
du centre de la France doivent leurs plus remarquables et

plus hardis ouvrages, elle reporte toutes ses affections sur
ses enfants et petits-enfants. Son deuil, chrétiennement
accepté, l'embellit de je ne sais quel rayonnement de tendresse ; une mélancolie pieuse, mais qui n'a rien de maussade, semble ajouter à sa dignité naturelle ; la fermeté de
son caractère lui permet de commander à ses regrets pour
rester toujours égale et gaie au milieu des siens.

Avec quelle bonté et quelle grâce elle m'accueillit, la
noble dame, et quelles relations suivies elle voulut bien
entretenir avec moi pendant douze ans, jusqu'à son dernier
jour ! Que de lettres j'ai conservées, écrites de sa plume
alerte, délicate, et qui, après vingt ans, ont gardé pour moi
toute leur suavité, leur fraîcheur, leur parfum !

Voici, auprès d'elle, en sa qualité récente de chef de la
famille, son fils aîné, M. l'ingénieur Jules de Romandière, le
père de mes petits élèves. Je n'ai plus besoin de relever ses
traits, ils se sont à jamais fixés dans mon cœur, dès la première entrevue que j'eus avec lui, à la rue de Passy. Toujours le même avec moi comme avec tous, cet homme doux
et bon, intelligent, délicat, respectueux, amène, et d'une
égalité d'humeur qui rend heureux tous ceux qui l'entourent.

Voici, aux côtés de M. Jules, Mme Jules de Romandière, née de Locarno, la mère de mes élèves, celle
qui longtemps voulut m'appeler son fils, et qui, je le reconnais, en avait le droit, tant elle me fut mère par l'affection,
la tendresse, la sollicitude jalouse, le dévouement sans
bornes, enfin, — le mot que je vais écrire n'a rien d'exagéré,

— par le rôle d'éducatrice qu'elle remplit auprès de moi. Ah! ce rôle qu'elle s'était attribué vis à vis de moi, de sa propre initiative, et que son irrésistible ascendant sut me faire accepter, comme elle le légitima pleinement, avec surabondance, par les incessants, généreux et, à certains jours, inappréciables services qu'elle me rendit, non sans me sermonner souvent, et de vive voix et par écrit, — elle excellait dans le genre, — non sans me gronder quelquefois, mais en ne reculant devant aucune besogne, aucune corvée pour m'être utile, et me prouver son affection profonde! Mère, oui, elle le fut pour moi longtemps, bien longtemps, aussi longtemps que se prolongea la mission dont la Providence l'avait investie à mon égard. Mon cœur ne l'oubliera jamais, et Dieu le lui rendra.

Voici encore, quoiqu'elle n'habite pas ordinairement Saint-Clair, Madame Anne Marie de Locarno, tante de Madame de Romandière, une chrétienne des temps antiques, chanoinesse, dame de l'Ordre de Thérèse de Bavière, qui ne vit, dans son château du Loiret, que pour Dieu et ses œuvres, et qui, elle aussi, daigne me combler de prévenances. — Du premier moment, elle commença avec le pauvre séminariste, en qui sa foi, sans doute, découvrait et déjà saluait le prêtre, ces relations si délicates et si charmantes, cette correspondance pieuse que la mort seule, pour elle aussi, interrompit plus tôt que mon cœur ne l'eût souhaité.

Voici, enfin, mes petits élèves, mes chers petits élèves, dont je suis devenu aux yeux de tous, dans la maison, le grand frère, le frère aîné, celui en qui les plus jeunes respectent quelque parcelle de l'autorité déléguée de leurs parents, mais avec lequel ils se montrent plus familiers, et qu'ils aiment de tout leur cœur, sans gène comme sans façon, parcequ'ils ont, tout en restant convenables et dociles, moins de distance à observer vis à vis de lui.

Voici Lucien, l'aîné, un enfant de quatorze ans, nature aimante et délicate mais maladive, déjà marquée par la mort. Dans un an, il ira grossir le nombre de ces pieux adolescents à qui le Ciel a fait grâce de toutes les misères d'une longue vie. Promptement, il rejoindra dans un monde meilleur sa mère chérie, car Mme Jules, — on n'aurait pu le soupçonner, à voir de quels soins elle entourait ce cher enfant, — ne faisait pourtant que remplacer auprès de lui les sollicitudes et les tendresses de celle qui l'avait précédée au foyer de M. de Romandière.

Voici, enfin, le cher petit Henry, celui que j'aurai longtemps pour élève, et qui ne cessera de l'être que pour devenir mon très cher et très fidèle ami. C'est un enfant de neuf ans, remuant et ami du jeu, comme on l'est à cet âge, mais d'un cœur si bon, d'une nature si droite, d'un si heureux caractère et surtout d'une si précoce intelligence ! Il l'exerce sur quantité de questions qui, d'ordinaire, n'ont pas le don de captiver l'attention des enfants, ni de provoquer de leur part des réflexions comme les siennes, pleines de logique, étonnantes de bon sens. Les sages propos, les judicieuses considérations de son grand'père de Locarno le trouvent toujours attentif ; il les retient et parfois les ramène dans la conversation avec un à-propos qui renverse les auditeurs. De plus, fils et petit-fils d'ingénieurs remarquables, il prête une attention des plus soutenues aux conversations techniques qui se tiennent devant lui ; les questions de chemins de fer le passionnent déjà ; visiblement, il est né ingénieur et le montre sans tarder. Décidément, je n'aurai pas grand peine à lui faire enlever, au collège, un beau **dix** de devoirs de vacances, tant il me rend la tâche facile !... Ou plutôt, il était écrit que, de la part de tous et sous tous les rapports, je ne rencontrerais que joies, avantages et bonheur sous ce toit béni vers lequel la miséricordieuse Providence m'avait conduit comme par la main.

Car je viens de parcourir le cercle des habitants de Saint-Clair, et déjà je pourrais dire, en guise de conclusion : « Voyez, vous qui parcourez ces lignes, voyez quelle famille Dieu me donna, en échange de celle qui, pour moi, n'existait plus, » si je n'avais à dessein, pour lui rendre un plus complet hommage, omis de présenter à mes lecteurs éventuels la figure principale de ce groupe superbe, M. le Vicomte de Locarno, grand'père maternel de mes chers enfants, je me trompe, de mon petit Henry.

M. Louis de Locarno, conseiller à la cour d'appel de Paris, était un de ces grands magistrats qu'on ne rencontre plus aujourd'hui, si ce n'est dans les livres, ou en peinture, dans les galeries historiques et les couloirs de ces Palais sur les murailles desquels on croit voir leurs nobles et austères visages sourire de pitié, quand ils ne rougissent pas d'indignation, au passage de leurs tristes successeurs.

Chrétien pratiquant, profondément convaincu, aussi pénétré du sentiment de ses devoirs personnels envers Dieu et la sainte Église, qu'il était soucieux de remplir ses obligations envers les hommes, ses justiciables, et la société dont il tenait son mandat : caractère droit et loyal, toujours à la recherche du vrai et du juste, à la poursuite du bien : esprit ouvert et d'une rare sagacité, conséquemment, d'une rare modestie. — M. de Locarno daigna m'accueillir avec autant de bonté et de distinction, que ses enfants y mettaient de grâce et de bienveillance, ses petits enfants, d'empressement, de déférence et d'affectueuse gentillesse. Très vite il reconnut qu'il pouvait m'être utile en beaucoup de choses, et sans se départir de la réserve respectueuse qu'il professait pour l'habit que je portais, — ce magistrat inspirait et commandait le respect en le pratiquant lui-même avec un soin scrupuleux, — il me traita, lui aussi, comme son enfant. Pourtant, il y mit une nuance, tout à l'honneur de sa religion, car enfin mon privilège clérical était bien mince à l'époque, borné qu'il se trouvait à l'usage, par concession provisoire, de l'habit ecclésiastique : je n'avais pas encore reçu même la première tonsure !

M. de Locarno aura désormais une influence décisive et des plus salutaires sur la direction de ma vie. Il complète pour moi la série des merveilleux éducateurs que Dieu me donna, de distance en distance, pour combler mes lacunes, et sans négliger mes besoins matériels, subvenir à mes indigences intellectuelles et morales. J'ai toutes les raisons de le mettre, dans mes souvenirs reconnaissants, à côté des Ginon, des Marie-Antoine de Chambarand, des Cyprien-Marie de la Chartreuse. Il est de ceux qui façonnèrent mon âme, trempèrent mon caractère, et m'armèrent de toutes pièces, — puissé-je en bien user toujours ! — pour les rudes combats de l'avenir.

Lorsque je rencontrai M. de Locarno sur ma route, celle-ci était ensoleillée et facile, trop facile peut-être. J'aurai à dire, un peu plus loin, en quoi il me fut utile et précieux, non seulement pour me mettre dans ma voie définitive, mais

encore et surtout pour me munir par avance de toutes les
ressources morales qui me seraient nécessaires lorsqu'elle
redeviendrait mauvaise, ténébreuse, et que le temps de jouir
en tout bien, tout honneur, du répit qui m'était accordé,
aurait fait place au temps de lutter, de réagir et de me sacrifier moi-même pour le triomphe de la justice et de la
vérité !

Qu'il me suffise, pour le moment, d'avoir esquissé les
traits de celui qui voulut ne tenir aucun compte des distances
sociales et de position pour se faire mon ami, mon guide,
mon répondant, et s'il faut tout dire en un mot, mon vénérable et bien-aimé père adoptif, au lieu et place de celui que
j'avais perdu et que je pleurais, mais sans avoir jamais pu
l'aimer d'un bond spontané du cœur.

Tel était donc mon entourage à Saint-Clair, dans cet
antique et beau manoir féodal où je rencontrais soudain, —
ainsi que cela se voit dans les contes de Perrault, mais rarement ailleurs, — tous les agréments de l'existence, l'abondance des biens de ce monde, ce que l'Écriture appelle « la
graisse de la terre » : ces aises dont je n'avais à peu près
jamais joui jusque là ; cette société aimable, charmante, ces
jeux, ces promenades, ces joyeuses et intéressantes parties,
ces visites et ces amusements organisés dans les châteaux
voisins ; cette compagnie des excellents et très sympathiques
curés du Poitou et de la Touraine, pleins de condescendance
pour le petit abbé du château...

Ah ! comme, enfin, je respirais la vie, la vie à pleins
poumons, dans cette atmosphère douce et fortifiante, dans
cette brillante demeure où je voyais tous mes désirs accomplis avant même qu'exprimés, où je me sentais si sincère-

ment aimé de tous ! Quel renouveau délicieux ! Quelle éclair-
cie, quel bleu dans mon ciel ! Quel rêve, que je n'aurais
jamais pu faire, et dont je jouissais tout éveillé ! Quelle
féerie pour mon imagination et pour mes yeux, quelle féerie
arrivée, vécue !

Je l'avouerai ici, car mes *Souvenirs* sont sincères, et je
ne dois ni ne veux, — Dieu m'en préserve ! — y supprimer la
page des défauts, je fus, pour ainsi dire, grisé par tout ce
bonheur auquel je n'étais point préparé. C'était, à certains
moments, de l'ivresse, un demi délire. Oui, mon Dieu, je fus
heureux, trop heureux tout à coup, et je me complus outre
mesure, sans doute, dans ce bonheur que vous m'aviez
ménagé pour une autre fin plus digne de vous. J'aimai le
beau, le brillant, je souris trop volontiers au bien-être, et
sans en abuser jamais, grâce à vous, ô mon Dieu, — j'en usai
avec toute mon inexpérience de jeunesse et avec toute la
surprise de l'imprévu : un enfant affamé à une table chargée
de toutes les friandises, et libre d'y prendre à pleines mains !...

Vous ne m'en tintes pas rigueur, ô mon Dieu, et vous
fûtes indulgent à ce pauvre habitué de la misère, qui, pour
un temps, cessait de souffrir, et dans sa naïveté satisfaite,
s'en ébaudissait largement. Vous considérâtes, Seigneur, que
le bien-être si vivement et si volontiers goûté ne m'induisait
pas, pourtant, à négliger mes devoirs envers vous, et que cette
griserie passagère ne me faisait point oublier ceux dont le
malheur m'avait séparé, et que je ne cessais d'aimer, en partageant de cœur leurs tristesses et leurs larmes.

Oh ! non, je ne les oubliais pas dans toute cette félicité.
Que de fois leur souvenir, coupe d'amertume, me revint, au
milieu de mes joies improvisées ! Que de fois, leur nom, men-

talement prononcé dans l'entraînement des jeux, au plein des
fêtes, mouilla mes yeux furtivement, sans déranger le sourire
de mes lèvres ! Et combien j'aurais voulu l'irréalisable, l'impossible, et le non désirable, après tout, vous le savez,
ô mon Dieu : je veux dire, leur faire une part dans ce bien-
être inespéré qui était venu fondre sur moi, comme autrefois
sur eux et sur moi s'était abattu l'orage de malheur !

Ainsi s'écoulèrent dans un enchantement, mais
dans un enchantement qui, au rebours de tant d'autres,
me devait être profitable et singulièrement fécond, les
vacances de 1882. Lorsqu'elles s'achevèrent, je n'étais plus
le précepteur qui s'éloigne, plus ou moins gracieusement
salué et remercié, avec rétribution honnête : j'étais l'enfant
de la maison qui retourne à ses études pour quelques mois,
et qui, ceux-ci écoulés, retrouvera sa place et ses joies au
foyer de famille. J'étais l'enfant de la maison, avec lequel il
ne saurait être question d'honoraires, puisque aussi bien on
lui donne sans compter ; l'enfant dont on prévoit tous les
besoins, dont on prévient tous les désirs ; l'enfant qu'on ira
visiter souvent dans sa studieuse retraite, qu'on suivra mois
par mois, semaine par semaine ; à qui l'on écrira souvent, et
dont l'on attendra les lettres avec impatience ; auquel on ne
laissera rien ignorer des moindres événements de la famille,
et qui la trouvera derrière lui, au grand complet, lorsqu'il
aura lui même quelque acte tant soit peu solennel à accomplir, — telle, par exemple, ainsi que je l'ai déjà noté, la cérémonie de ma première tonsure, au séminaire de la rue Lhomond.

Oh ! oui, mon Dieu, il est bien vrai, vous m'aviez rendu une famille, et dans votre munificence adorable, vous me l'aviez choisie entre mille et dix-mille ! O notre Père qui êtes aux cieux, comme il vous a plu de manifester avec éclat en ma faveur, dans cette circonstance, à ce carrefour de ma vie, l'éternelle et insondable vérité de ce titre de Père, dont vous vous glorifiez avec tant d'amour pour nous !

Et c'est cette famille qui, l'embranchement dépassé, me fera entrer dans ma voie définitive, non pas dès cette première année, — à tous les points de vue, la démarche eût été prématurée, — mais aux prochaines vacances de 1883.

Et c'est le vénéré M. de Locarno qui prendra ma cause en main, ainsi que je vais le raconter. C'est lui qui, avec un zèle, une intelligence et une autorité qui n'étaient point de trop dans une entreprise aussi ardue, groupera toutes les bonnes volontés, utilisera tous les dévouements, et finalement réalisera ce que toutes les personnes au courant de ces sortes de questions proclamaient impossible. C'est lui qui obtiendra que le pauvre enfant sans ressources, sans famille, et jusqu'ici sans domicile comme sans garant, celui que, hier encore, on déclarait normalement inadmissible dans n'importe quel diocèse de France, soit admis dans le premier séminaire de France, à Saint-Sulpice, en qualité d'élève-boursier du diocèse, avec le titre et la condition de clerc de l'Église de Paris.

« O Dieu, ce sont là de vos coups ! » dirait le grand orateur du grand siècle.

X

Dans ma voie. — Le Séminaire de Saint-Sulpice.

Lorsque les vacances de l'année de 1883 m'eurent rendu la liberté de mes mouvements, je revins en toute hâte à mon bien-aimé Saint-Clair.

Je revins à la famille que le bon Dieu m'avait donnée en compensation de tout ce qui n'existait plus pour moi. Je puis le dire, car de mille manières elle m'en fournit les preuves les plus touchantes, cette famille, la mienne désormais, m'attendait avec une impatience égale au bonheur que j'éprouvais moi-même en reprenant ma place à son foyer devenu le mien.

Et toutes les joies de l'année précédente se renouvelèrent, s'accrurent, débordèrent, dans cette vie large et fortunée où, à eux seuls, l'agrément des relations et le charme des affections réciproques eussent permis de se passer de toutes les aises, tant le cœur est habile à faire accepter les privations les plus pénibles. — Mais ce n'était pas le cas.

Tout ce qu'un jeune ecclésiastique peut souhaiter de délassements honnêtes, entremêlés de quelque travail facile, agréable, aimé ; tous les plaisirs qu'il peut se procurer sans manquer à ses devoirs, ni compromettre la dignité de sa condition ; toutes les distractions auxquelles il peut se livrer sans danger pour cette joie intime de l'âme, cette paix de la conscience en dehors de laquelle il n'est point de bonheur vrai et profond, tout ce qu'on appelle bonheur, en un mot, je le retrouvais au joli manoir, au foyer de la bonne douairière, et avec une intensité, une plénitude, s'il est permis d'appliquer ce mot aux joies de cette vie, qui ne laissait, pour ainsi parler, aucune place au désir.

Quant aux avantages de l'ordre intellectuel et moral, que j'avais déjà recueillis auprès des membres principaux de la famille, durant les vacances précédentes, et même au cours de l'année scolaire, puisque nos chères relations ne s'étaient pas interrompues, j'en jouissais de rechef avec un plus grand profit, et j'en tirais mille fruits précieux. Instruction, éducation, habitude du monde, développement des idées, formation du caractère, redressement des petits travers naturels, tout en moi se débrouillait, s'éclairait, se complétait, s'achevait. Mille fois plus enseigné qu'enseignant, et recevant mille fois plus que je ne donnais, je le répète avec un redoublement de conviction et de gratitude.

Ah! mon Dieu, l'heureux temps! Que ne pouvait-il donc, que ne devait-il durer toujours! Et quel contraste avec ce qui avait précédé, avec ce qui devait suivre plus tard, ainsi que je le dirai, — non je ne le dirai pas, je l'insinuerai seulement, — lorsque le moment sera venu!

Admis dans l'intime familiarité de la maison, je n'avais point de secrets pour ses chefs vénérés. Madame Jules de Romandière, en particulier, et M. de Locarno, son père, connaissaient vraiment le fond de mon âme. Avec eux, je pensais tout haut, je ne leur célais aucun de mes sentiments; et ce qui est plus significatif, après tous les malheurs que j'avais eus, et dans la situation qui en était résultée pour moi, devant eux, je me souvenais tout haut.

Bientôt, aucune des tristesses de mon passé ne leur fut inconnue, aucune de mes douleurs ne leur fut étrangère ; je ne leur dissimulais aucune des difficultés que des événements dont je subissais le contre-coup, sans jamais y avoir été pour rien, mettaient au travers de ma route.

Et telle était la hauteur de leurs vues, la droiture de leur jugement, la pureté de leurs intentions, la solidité de l'affection qu'ils m'avaient vouée, que ces douloureuses confidences me les attachèrent plus fortement, et qu'en eux germa la noble ambition de réparer l'irréparable ; bien plus, de faire surabonder le bien où avait abondé la misère, et de m'assurer dans le monde ecclésiastique une place qui n'eût jamais été la mienne, si le malheur n'avait interrompu pour moi le cours naturel des choses : de même qu'ils m'avaient fait retrouver à leur foyer une famille bien supérieure à celle que j'avais perdue sous les coups de l'adversité.

Plus ils m'étudiaient, d'ailleurs, plus ils interrogaient mes goûts, mes aptitudes, et plus ils se persuadaient eux-mêmes que le ministère des colonies n'était ni ce qui me convenait, ni au surplus ce à quoi je pouvais convenir. Aussi, lorsque, durant ces vacances de 1883, je me décidai à rompre les liens qui m'attachaient à ces lointains rivages, trouvai-je en eux, dans Mme Jules de Romandière, notamment, et par dessus tous les autres dans M. de Locarno, un concours sans lequel, assurément, je n'aurais jamais pu résoudre avantageusement une question très ardue et fort épineuse dans la généralité des cas, insoluble au premier coup d'œil et de l'avis de tous, dans le mien.

Sans doute, j'avais bien, en dehors de la famille, quelques amis qui faisaient des vœux ardents pour le succès de mon projet, et qui, au besoin, ne me marchanderaient pas les démarches, en tant qu'elles fussent compatibles avec leur situation et circonscrites dans la sphère de leur influence. Tel, par exemple, M. Gallin, le vénérable curé de Saint-Mandé. Je le nomme de préférence, parce qu'il tient à mes yeux le premier rang dans cette catégorie de protecteurs et d'auxiliaires que je dirais accessoires, si je ne craignais de leur manquer de respect et de gratitude. Ah! certes, il ne se démentit pas, dans la circonstance, le cher et bien-aimé père, et je le retrouvai là tel que je l'avais rencontré jadis, au village de ma vieille tante, tel qu'il s'était révélé à moi, tout cœur, tout dévouement, tout charité.

Mais je comptais aussi parmi mes protecteurs d'antan, si bons, si généreux, si dévoués à ma cause, des adversaires déclarés du plan que j'avais cru devoir leur soumettre. Entre autres, je nommerai le vénéré coadjuteur de la Grande Chartreuse, Dom Cyprien Marie Boutrais. Il m'avait ouvert les portes du Séminaire colonial, non sans avoir redouté jusqu'au dernier moment que les démarches qu'il tentait simultanément auprès de plusieurs établissements similaires ne fussent condamnés à un échec simultané, tant il jugeait défavorable la situation que les événements m'avaient faite. D'un autre côté, solidement fondé dans cet esprit de suite et de stabilité qui est la base de la vie du cloître, et ne voyant plus qu'à distance les choses qui me concernaient, il ne pouvait que traiter de rêveries de jeune homme les idées dont je m'ouvrais par lettres avec lui. Il ne comprenait pas que, après avoir été arraché avec tant de peine aux obstacles presque insurmontables qui menaçaient d'entraver à jamais ma vocation sacerdotale, je songeasse de gaieté de cœur à

quitter le port de refuge que l'on m'avait si laborieusement
ouvert, pour courir de rechef, et cette fois, sans espoir, les
hasards d'une course folle en haute mer. — Je ne pus le convaincre, pour le moment. Par bonheur, il n'avait pas à inter-
venir.

Ce n'est pas tout. J'avais un autre adversaire, également résolu, et plus redoutable, parce qu'il devait prendre
part aux négociations de l'affaire. C'était le R. P. Léon
Levavasseur, supérieur du Séminaire colonial et mon directeur de conscience : adversaire d'autant plus à craindre
qu'une affection personnelle, sincère et profonde, doublait
ses forces et, par ailleurs, ne lui permettait guère de rester
impartial dans la question. J'ai dit déjà toutes les marques
de sympathie, d'intérêt et même de prédilection manifeste
que ce bon Père m'avait prodiguées et fait prodiguer par
ceux auxquels il communiquait ses sentiments. Je ne crois
pas me bercer d'illusions en supposant que cette sympathie, cet intérêt, cette prédilection avaient pour motif principal le bien même de l'œuvre que les Pères du Saint-Esprit
dirigent à Paris, c'est-à-dire, la prospérité du Séminaire
colonial, dont le R. P. Levavasseur était précisément le
supérieur. Je l'ai déjà noté, et ce n'est point une critique sous
ma plume, puisque cette situation résulte de la nature même
des choses, le recrutement des élèves de ce séminaire est
assez pénible et, par suite, de valeur fort inégale. Les sujets
qui présentent pour l'avenir toutes les garanties désirables,
n'y sont pas toujours très nombreux. On pouvait, semble-
t-il, fonder quelque espoir sur ma chétive personne, et,
conséquemment, il était assez explicable qu'on fît tout le
possible pour me maintenir dans les cadres de ce clergé, si
disproportionné, numériquement parlant, avec l'immensité
du champ qui lui est assigné dans l'Église.

J'eus, en effet, à soutenir les plus rudes assauts de ce

côté. Toutes mes vacances de 1883 se passèrent en échange de lettres avec le cher Père Levavasseur, qui, tout en multipliant encore envers moi les marques de sa sympathie, de son attachement, de son dévouement complet à mes intérêts spirituels et même temporels, essayait de me démontrer par les arguments les plus forts comme les plus touchants que mon projet n'était que pure illusion, une chimère, une tentation véritable à laquelle, en conscience, je devais résister. J'ai conservé toute cette correspondance, qui m'est précieuse à plusieurs titres.

Il fait toujours bon, à l'heure des âpres luttes, de relire les pages dans lesquelles, autrefois, des âmes d'élite se sont épanchées sur notre âme, lui versant ce qu'elles avaient de meilleur et de plus délicat. Outre qu'elle me rappelle que j'ai rencontré, moi aussi, sur mon chemin, de ces âmes de choix qui ont bien voulu s'incliner sur mon âme, la réconforter et la réjouir en Dieu, ma correspondance avec le Père Levavasseur établit que ma situation au Séminaire colonial était celle d'un bon élève, en qui il était permis d'espérer un bon prêtre, pour l'avenir ; que, bien loin de consentir volontiers au dessein que je manifestais de quitter le séminaire, comme on consent à l'éloignement spontané d'un sujet douteux, lequel épargne ainsi à ses supérieurs l'ennui de l'éconduire, on mit en œuvre tous les moyens capables de me garder ; et qu'enfin, si l'idée dont je poursuivais l'exécution n'avait pas été selon Dieu, il m'eût été totalement impossible de la mener à bonne fin, tant par l'opposition énergique qu'y fit l'administration du Séminaire colonial, que par l'*inaccessibilité*, pour ainsi dire, absolue du but ultérieur vers lequel je me dirigeais, ou pour être plus exact en ce qui touche ce dernier point, vers lequel je me laissais diriger par les mandataires de la bonne Providence auprès de son humble et très inconnu serviteur.

Ces mandataires de la Providence, je les ai nommés et j'ai même distingué entre l'importance relative, nécessairement bornée, du concours de celui-là, le bon curé de Saint-Mandé, et l'énergique, décisive, inappréciable initiative de celui-ci, M. de Locarno, secrètement sollicité, encouragé et soutenu par ma généreuse mère adoptive, Mme Jules de Romandière.

M. de Locarno fut, effectivement, la cheville ouvrière d'une entreprise pour la réussite de laquelle il ne fallait rien moins que tout son prestige et la grande autorité que lui assuraient, à Paris, son rang dans la société, sa haute situation dans la magistrature, son caractère personnel et ses vertus chrétiennes. J'aurais pu, sans lui, briser les liens qui me retenaient au Séminaire colonial, mais aussi, en même temps et du même coup, m'exposer à tous les risques, et me jeter, tête baissée, dans la plus pitoyable des aventures. Mon pouvoir allait jusque-là : je n'aurais pu, sans mon admirable guide et protecteur, esquiver tous les risques en brisant tous les liens.

Je n'aurais pu, sans M. de Locarno, même avec le concours de tous mes autres protecteurs, si recommandables pourtant et si dévoués, atteindre ce *summum* d'ambition, qui consistait à me faire admettre dans le diocèse de Paris, malgré que je ne pusse fournir aucune des garanties canoniques et sociales qu'on exige de tous les jeunes gens qui sollicitent leur incorporation à un diocèse étranger, pour y prendre les Saints Ordres. — Sans M. de Locarno, je n'aurais jamais pu concevoir cette espérance irréalisable, d'autres diraient, cette prétention insensée, de voir ajouter à cette admission déjà si problématique en elle-même, une adoption véritable et proprement dite, en ce sens que le diocèse de Paris se chargerait, à lui seul, des frais de mon éducation cléricale, et que j'entrerais, moi, pauvre inconnu, sans ressources ni garanties d'aucune sorte, sans répondants naturels ni famille, en qualité de titulaire d'une bourse complète, dans ce célèbre séminaire, le premier de France, dit-on quelquefois.

Or, ce *summum* d'ambition a été atteint, ces prétentions folles auxquelles, après vingt ans et mieux instruit des difficultés et des périls que j'affrontais sans les bien connaître, je n'ose pas croire, en vérité, ont été couronnées d'un plein succès en quelques mois, quelques semaines, comme par enchantement, ainsi que dans un rêve. En quelques semaines toutes les questions ont été résolues, toutes les barrières sont tombées, et sorti du Séminaire colonial le 16 Juillet 1883, j'ai pu, dès le 18 octobre suivant, entrer, en qualité d'étudiant en théologie, au séminaire de Saint-Sulpice qui m'ouvrait gratuitement ses portes.

Si l'attention de la sainte Providence n'est pas manifeste en cette affaire, où donc le sera-t-elle ? Et si M. de Locarno n'y apparaît pas comme l'instrument visible et choisi entre mille de cette Providence adorée, où rencontrera-t-on, en dehors des Saints, quelque homme qui puisse être honoré de ce titre ?

Il était également, en cette occurrence, le mandataire spécial de la bienheureuse Vierge Marie, ce qui, au reste, facilite singulièrement l'explication de ses étranges succès.

Car au commencement de ces vacances de 1883 se place un fait qui marque dans mon humble vie, et dont je n'ai point encore parlé parce que ce fait me semble avoir marqué lui-même le véritable début des négociations, avec les autorités diocésaines de Paris. Il eût été étonnant de ne point rencontrer dans l'affaire la main bénie de ma douce Mère du ciel, dont le divin sourire illumine et rassérène toutes les pages, même les plus sombres, de ma pauvre histoire.

Au mois d'août 1883, toute ma famille d'adoption se rendait en pèlerinage à Lourdes. Pour des raisons dans lesquelles je n'ai pas à entrer en ce moment, et qui d'ailleurs étaient fort plausibles, il avait été convenu que je ne l'accompagnerais pas. Je devais, pendant ce temps, m'occuper à Poitiers de je ne sais quelles commissions ayant quelque rapport avec le pèlerinage. Or, par suite d'un malentendu inexplicable, il arriva que je me trouvai, sans l'avoir demandé, sans y avoir même songé, possesseur d'un billet de pèlerinage, et avec cela, convaincu que ma chère famille d'adoption me verrait avec consolation joindre mes prières aux siennes devant la grotte bénie de la Vierge Immaculée. Il y avait encore un train en partance, je pus le prendre. A peine en gare de Lourdes, je courus à la sainte Basilique; j'y arrivai fort peu de temps après mes chers parents d'adoption, et me mêlant à la foule des pèlerins, sans chercher à les retrouver dans cette multitude, je fus porté par le flot à deux pas seulement de leur groupe chéri. Si bien que l'un d'eux se retournant m'aperçut, et que nous échangeâmes un sourire qui était une prière,

Grand fut leur étonnement, grande leur surprise, et grande leur joie. On s'expliqua un peu plus tard, et l'on crut, eux et moi, avoir compris. Oui, le dessous des choses, le pourquoi et comment qui sert d'enveloppe humaine à quantité de célestes interventions, nous l'avions saisi. Mais nous ne vîmes pas alors ce que je vois aujourd'hui, à savoir, que la Vierge Marie, ma douce Mère et ma puissante Avocate, toujours si propice à ma misère, tenait à ce que l'affaire, la grande affaire qui devait décider de tout mon avenir, commençât à ses pieds, devant la roche qu'elle avait sanctifiée de sa présence, illustrée de ses innombrables miracles ; et que, nos petites combinaisons de la terre s'étant mises au travers de ses desseins, elle les avait réalisés sans nous, me réunissant, malgré mes amis et pour ainsi dire sans moi, à leur groupe suppliant, pour que fussent bénis ensemble et ses mandataires spéciaux, en ce qui concernait mon incorporation à l'Église de Paris, et celui qui allait bénéficier de leur mandat.

Je reviens au vénéré M. de Locarno, agent principal de la divine Providence et de la divine Mère, en ces graves circonstances.

Une pareille affaire nécessitait des négociations laborieuses avec l'archevêché de Paris, d'une part, avec les supérieurs de Saint-Sulpice, d'autre part, et enfin, au point de vue des intérêts temporels du Séminaire colonial, avec l'économat du dit séminaire et le ministère de la Marine. — Il paraît que mon départ, après deux années de séjour gratuit au Séminaire des colonies, lésait, — légalement s'entend — les intérêts de l'établissement, entretenu par le ministère de la rue Royale.

M. de Locarno suffit à toutes ces négociations, et les conduisit toutes à bonne fin. Son talent, il faut le dire, fut merveilleusement servi, par la ferme conviction où il était, que ce qu'il sollicitait, devait sûrement procurer mon bien, dans l'ordre spirituel autant et plus encore que dans l'ordre temporel, et que, par conséquent, il agissait selon les vues de Dieu, en se mesurant avec toutes les difficultés, pour en triompher à mon profit.

Dieu permit, d'ailleurs, qu'il rencontrât surtout à l'archevêché de Paris et aussi à Saint-Sulpice ce que j'appellerai des intelligences dans la place, de vaillants et puissants auxiliaires, véritables et décidés complices de sa charité : à l'archevêché, M. le chancelier Petit, depuis vicaire général, au nom vénéré duquel la reconnaissance me fait un devoir d'ajouter celui de M. Pelgé, promu plus tard à l'évêché de Poitiers : — à Saint-Sulpice, M. Icard, supérieur de l'illustre et pieuse compagnie.

L'éloge de M. le chancelier Petit n'est pas à faire, dans ce diocèse et cette ville de Paris où sa bonne mémoire, l'éclat soutenu de sa piété, de sa charité sacerdotale, de ses solides vertus, le souvenir de ses innombrables bienfaits lui survivent et lui survivront longtemps. Cet homme, remarquable par ses talents administratifs, son étonnante puissance de travail, son dévouement sans limites au service d'un diocèse immense, qui lui doit une bonne partie de sa prospérité, savait, au jour le jour et chemin faisant, s'incliner devant toutes les infortunes qu'il rencontrait dans son labeur, sans qu'il eût besoin de les aller chercher loin, parce qu'elles aboutissaient nécessairement à ses bureaux. Côté touchant d'une existence à laquelle ni les écritures officielles, ni les chiffres implacables, pratiqués à outrance, ne purent ravir la douce flamme de l'idéal évangélique !

Née, sans doute, des premières peines et difficultés que le sort lui avait infligées, car sa jeunesse cléricale n'avait point été sans épreuves, la charité de cet excellent prêtre s'était développée et affinée, si je puis employer ce mot, au contact des misères et des difficultés d'autrui. Nul mieux que lui n'était apte à les comprendre, et sa longue expérience lui venant en aide, nul n'était plus habile à débrouiller les mille et inextricables questions qui s'enchevêtrent d'ordinaire autour de ces situations précaires, malheureuses, méritées ou injustement subies. Dans le faisceau épineux qui lui était présenté, nul n'aurait pu, d'un œil plus sûr, d'une main plus délicate et plus ferme, discerner et séparer la pousse d'ivraie de la tige qui promettait le bon grain. Et lorsqu'il avait été assez heureux pour rencontrer celle-ci, nul n'était plus secourable, plus résolu ni plus ingénieux pour la sauver à tout prix, en la mettant dans les conditions où elle pourrait, avec le temps et la grâce de Dieu, porter son fruit.

Aussi, ce chancelier modèle, dont on souhaiterait de retrouver le type dans toutes les curies épiscopales, jouit-il toujours auprès des prélats, si différents de tendances et de caractère, qui se succédèrent de son temps au gouvernement de l'Église de Paris, d'une confiance presque illimitée, et dans leurs conseils d'une autorité que les autres membres de l'administration ne cherchaient point à lui disputer. Ses conclusions étaient, neuf fois sur dix, les conclusions du Conseil lui-même, et la sanction archiépiscopale ne manquait point de les confirmer.

M. de Locarno n'eut pas grand'peine à s'entendre avec M. le chancelier Petit. Ces deux esprits étaient de la même famille, ces deux caractères de la même trempe ; il y avait communauté d'aspirations entre ces deux cœurs. Leur bienveillant accord facilita la solution de toutes les difficultés administratives ; l'habileté consommée de M. le Chancelier fit le reste. Du moment que M. Petit eût entendu l'exposé lumineux et sincère de l'éminent et intègre magistrat, les loyales explications d'un homme qui savait mal farder la

vérité, mais qui, en revanche, excellait à en déduire les conclusions de la justice, et même à en faire jaillir, au besoin,
les étincelles de la charité, — perfectionnement et consom-
mation de toute justice, au ciel et sur la terre, — on peut dire
que ma cause fut gagnée dans les conseils de l'Archevêché,
et qu'elle ne tarderait pas à l'être de même dans les conseils
du Séminaire, celui-ci évoluant de toute nécessité dans l'orbite
de l'administration diocésaine, dont il n'est, au demeurant,
que le représentant, le mandataire auprès des jeunes recrues
du sacerdoce.

Entrer dans le détail des négociations serait assurément
trop long pour la mesure que j'entends donner à mes *Souvenirs*. Ce détail, au surplus, ne m'est pas complètement connu.
Mais ce que je sais bien, et ce que je consignerai ici avec une
émotion pleine de reconnaissance pour la mémoire des deux
négociateurs principaux, c'est que M. le chancelier Petit, du
jour où je lui fus présenté, témoigna à mon humble personne
l'affection la plus grande, la plus touchante, une affection
vraiment paternelle, puisqu'elle en avait tous les signes exté-
rieurs, — des signes sur la portée desquels personne, assurément, n'aurait pu se tromper.

A qui, principalement, dois-je attribuer le mérite de
cette sympathie que le haut dignitaire ecclésiastique daigna
montrer dès le premier jour et continuer, aussi longtemps
qu'il vécût, au pauvre inconnu de la veille, orphelin et plus
qu'orphelin, subitement transformé, pour l'Église de Paris
aussi bien que pour les Romandière, en enfant de la maison ?
— Est-ce M. de Locarno qui sut assez chaudement plaider ma
cause pour conquérir aussitôt et entraîner dans son propre
mouvement le cœur du vieil administrateur ? — Est-ce
M. Petit qui, de lui-même, puisa les motifs de son intérêt si
touchant et si effectif dans le récit succinct mais nécessaire
que M. de Locarno lui fit de mes infortunes ? Celles-ci pou-

vaient constituer d'infranchissables obstacles, et M. de Locarno, précisément parce qu'il avait la noble ambition de les franchir, coûte que coûte, avait dû les dresser tout d'abord aux yeux de son partenaire, afin qu'il n'en fût plus question dans la suite : est-ce à cette manœuvre hardie autant que loyale, qu'il faut faire remonter le principe de la bienveillance exceptionnelle dont je fus l'objet de la part du bon chancelier ? — Je ne sais, ou plutôt je me persuade que ces deux âmes d'élite mirent en commun, pour m'être utiles, les trésors de leur tendresse, comme elles se prêtèrent mutuellement leurs lumières pour éclairer et dirimer les questions épineuses à la solution desquelles mon avenir était subordonné.

Je pourrais me poser la même question à propos du vénérable M. Icard, supérieur de la Compagnie de Saint-Sulpice, et des origines de l'affection toute paternelle, poussée presque, à certains moments, jusqu'à la faiblesse, qu'il voulut me témoigner, aussi longtemps que le Ciel nous le laissa.

Je n'ai pas à rappeler ce que fut cet admirable prêtre. Si tout Paris connaissait et appréciait les rares mérites de M. le chancelier, vicaire général Petit, on peut dire que l'Église de France tout entière, et bon nombre de villes et de provinces dans l'Église universelle, professaient un véritable culte pour l'illustre supérieur de Saint-Sulpice, en qui revivaient les Olier, les Bretonvilliers, les Tronson, les Emery, et qu'on eût pris pour un dernier survivant du grand siècle, attardé dans le nôtre.

Apparemment M. Icard subit, lui aussi, et pour toujours l'influence de M. de Locarno. Du premier coup, avant même que de me connaître personnellement, il partagea ses sentiments à mon sujet. Bien loin d'élever des objections, si naturelles pourtant dans un cas aussi complexe que celui qui lui était soumis, il donna les mains au projet de mon fervent avocat. Cela, avec un grand mérite, car il eut à lutter dans son entourage et dut, de son côté, renverser des obstacles et écarter résolument, sans en tenir compte, une série de difficultés. Elles lui furent opposées surtout par un certain directeur principal du Séminaire, que je ne nommerai pas, et qui, pour le dire immédiatement afin de n'avoir plus à y revenir, se montra toujours difficile et presque malveillant à mon égard. Je ne sais trop, à la vérité, quels étaient les motifs ou griefs du dit opposant et je néglige cette ombre légère, — la seule qui traversa l'azur de mon ciel, durant mon séjour à Saint-Sulpice, — pour me tenir uniquement à l'exposé des faveurs extraordinaires que me fit la divine miséricorde, en cette douce période de ma vie.

Il faut en convenir, en effet, tout cela est bien extraordinaire et je ne pense pas qu'aucun homme au courant de ces questions, puisse trouver à la solution qui leur fut donnée d'autre explication que celle-ci :

La volonté de Dieu formellement acquise au projet que poursuivaient mes chers parents d'adoption, et procurant son succès par l'intermédiaire des agents les plus capables comme les plus dignes de devenir les exécuteurs d'une disposition Providentielle concrète, précise, proprement dite. — Ce n'est qu'en tremblant que j'écris ces lignes : je sais à quoi elles m'engagent, et pour le temps et pour l'éternité.

Autant M. de Locarno s'était montré ouvert et confiant dans ses négociations avec l'Archevêché de Paris et le Séminaire de Saint-Sulpice, autant il fut réservé, prudent, homme d'affaires, dans les relations et pourparlers qu'il dut engager avec l'administration du Séminaire colonial, pour résoudre la question de mon excorporation canonique du diocèse de Basse-Terre auquel j'avais été assigné, et la question connexe de l'indemnité pécuniaire, réclamée par ladite administration, du fait de ma renonciation au ministère ecclésiastique d'outre-mer.

L'affaire présentait certaines difficultés. Le diocèse de Basse-Terre était vacant depuis peu, et par suite, le vicaire général qui l'administrait, ne pouvait délivrer les lettres d'excorporation, indispensables pour mon incorporation canonique au diocèse de Paris. Toutes ses facultés se bornaient à l'expédition de lettres dimissoriales, en vertu desquelles il me serait permis de recevoir les Ordres, par le ministère d'un évêque autre que celui de Basse-Terre. Sans doute, mon excorporation était bien consentie et ne faisait plus question, je vais tout à l'heure en donner la preuve irréfutable ; mais l'instrument authentique n'en pouvait être dressé en bonne et due forme.

D'un autre côté, mon incorporation au diocèse de Paris n'était pas moins positivement résolue et consentie en principe. Elle n'était retardée, quant à la signature des pièces et instruments, que par le défaut momentané des lettres d'excorporation du diocèse de Basse-Terre. Sur ce dernier point, la preuve se faisait d'elle-même ; elle était de tous les jours, puisque je bénéficiais d'une bourse entière au séminaire diocésain de Saint-Sulpice, et qu'un évêque ne peut accorder cette faveur sur les fonds de son Église qu'aux jeunes clercs de son Église elle-même.

Mais tout cela ne rassurait pas complètement M. de Locarno.

Aussi, lorsque l'économe du Séminaire colonial, pour obéir, disait-il, aux injonctions du ministère de la Marine, et en réalité, pour se conformer, trop strictement peut-être, aux réglements généraux dudit ministère, me réclama le paiement immédiat de ma pension pour les deux années de séjour que j'avais fait dans l'établissement, — ce qui prouvait, du reste, que mon excorporation du diocèse de Basse-Terre était absolument résolue, cette pension n'étant exigible qu'autant que j'aurais cessé définitivement d'appartenir au clergé des Colonies, — mon bien-aimé protecteur et père n'épargna-t-il ni démarches, ni peines pour s'assurer que l'on ne reviendrait jamais sur cette question, exigeant des assurances fermes, refusant même, un moment, de verser la somme réclamée, et ne s'y décidant que lorsqu'il eût reçu toutes les garanties possibles, de ce côté.

Je rappelle, en ce moment, une des preuves les plus saisissantes de la protection que l'adorable Providence daigna me donner dans cette grosse affaire de mon agrégation au diocèse de Paris, autrement dit, de mon entrée définitive dans la voie où Dieu me voulait. Certes, une réclamation de seize cents francs, exigibles sans délai, d'un pauvre enfant qui devait tout à la charité d'autrui, tout jusqu'aux vêtements qui le couvraient, tout jusqu'aux moindres fournitures qui lui étaient indispensables, n'était pas de nature à rassurer, je ne dirai pas cet enfant lui-même, — à force d'ignorer l'argent, il ne pouvait saisir toute la gravité de ces sortes de questions, — mais ses bienfaiteurs et protecteurs, qu'une pareille et si subite réquisition prenait au dépourvu. Or, la bonne Providence, se servant encore des principaux agents accrédités auprès de ma misère, me tira promptement du mauvais pas.

M. Icard me permit d'entreprendre un long voyage à mon pays d'origine, pour essayer d'intéresser à ma cause les quelques personnes charitables auxquelles je pouvais encore me recommander : un voyage pénible, assurément, cruel même, mais qui ne fut pas sans résultat, puisque je pus y réunir une bonne partie, presque la moitié de la somme exigée. L'intervention de M. de Locarno auprès d'un homme de bien qui avait lui-même des obligations à la famille de mon cher protecteur, assura l'autre moitié. En moins de deux mois, les seize cents francs furent ainsi trouvés, — il y eut même du reste, — et l'administration du Séminaire colonial put avoir tous ses apaisements.

Toutefois, ainsi que je l'ai dit plus haut, les fonds ne lui furent point versés, qu'elle n'eût fourni les preuves morales les plus concluantes sur le point de mon excorporation canonique du diocèse de Basse-Terre, et surabondamment reconnu que les lettres dimissoriales qui m'étaient accordées par l'administrateur provisoire de ce diocèse, équivalaient en toute équité et bonne foi à des lettres d'excorporation, lesquelles, ainsi que chose rigoureusement due depuis le paiement de l'indemnité de pension, seraient fournies aussitôt que le siège de Basse-Terre serait régulièrement pourvu.

C'est ainsi, du reste, que l'entendirent et le Séminaire de Saint-Sulpice et l'Archevêché de Paris, lesquels, du premier moment et toujours, soit de vive voix, soit par écrit, sur les listes publiques du séminaire, dans les instruments de nomination, permissions archiépiscopales, et autres pièces officielles, enfin dans la pratique quotidienne, avant comme après mes ordinations successives, me considérèrent comme clerc et ensuite comme prêtre du diocèse de Paris.

Lorsque cet épilogue de la grande affaire s'imposa à notre attention, l'affaire elle-même était déjà réglée. J'étais entré dans ma voie définitive. Cette difficulté vint s'abattre sur moi comme une dernière ondée tempêtueuse, après une longue saison d'orages. Mais la série en était close ; il y avait déjà quelques semaines que je goûtais au séminaire de Saint-Sulpice un bonheur dont jusque là je n'avais jamais eu même le soupçon.

Au château de Saint-Clair, à Passy, dans les riantes campagnes du Poitou et de la Touraine, sur les plages de Bretagne, au foyer ou dans la compagnie de la chère famille qui m'avait recueilli, adopté et choyé comme un enfant longtemps privé de toutes caresses et de toutes douceurs, j'avais senti le bonheur ; mais c'était un bonheur naturel, un bien-être physique et moral, tout humain, que j'avais soudain rencontré, et auquel j'avais souhaité trop humainement, je le crains, — que Dieu me le pardonne ! — la subite, très imprévue et très inexpliquée bienvenue. — A Saint-Sulpice, j'étais heureux d'une autre manière. Ce que je goûtais, c'était le bonheur qu'on éprouve dans la maison de Dieu, lorsqu'on s'y sent chez soi et à demeure, après tant de va-et-vient. Ce bonheur suprême, je ne l'avais rencontré, jusqu'à ce jour, que par intervalles et en courant, comme le pélerin rencontre sur sa route poudreuse une chapelle, un oratoire champêtre, où il plie un instant les genoux, avec la pensée que ce n'est là qu'une halte sur le dur chemin, qu'il n'est point dans son chez-lui spirituel, et qu'il lui faudra tout à l'heure reprendre le bâton du voyageur et le lourd havresac.

Enfin, enfin, je le sentais, j'étais arrivé, et si je comprenais que le séjour dans la célèbre et sainte maison d'Olier ne se prolongerait pas indéfiniment, je me disais aussi que le diocèse qui m'avait adopté, cette belle et grande Église de Paris, à laquelle je consacrerais mon labeur sacerdotal, mes années utiles et tous les efforts de mon zèle, ne serait pour moi que la continuation, le prolongement du séminaire, berceau mystérieux et si doux où se forment, entourés de tant de soins, tous les membres du clergé de cette Église.

Aussi a-t-on remarqué que le caractère dominant et très accentué de mon passage à Saint-Sulpice fut celui d'une joie débordante, perpétuelle. Toute ma correspondance de cette époque en fait foi. C'est de l'enthousiasme, du lyrisme, lorsque j'y aborde avec les Romandière la question de Saint-Sulpice, des Sulpiciens, des fêtes du séminaire, des admirables cérémonies de la paroisse. Mes cahiers de Retraite, mon journal quotidien, que je commençai dès lors, et que je n'ai jamais interrompu depuis, — témoin fidèle, précieuse réserve de sourires et de larmes, où je cherche parfois dans les souvenirs du passé, la consolation du présent, la leçon et l'espoir pour l'avenir, — tous mes papiers de ce temps attestent, proclament dans leurs pages vieillies, naïves mais sincères jusqu'à l'enregistrement de choses qu'on ne dit pas, mon intense bonheur.

Eh ! comment aurait-il pu en aller autrement ? — J'étais aimé et plus qu'aimé de tous mes maîtres en général, à qui je le rendais bien dans l'ingénuité de mon âme. J'aimais leurs leçons, j'en étais fou, je buvais leurs paroles ; avec une simplicité, une candeur d'enfant, j'adhérais à toutes leurs idées, je faisais miens tous leurs sentiments. Leur enseignement était le plus sérieux et le plus brillant que j'eusse reçu jusque là : pas le moindre doute à ce sujet. Y avait-il dans leur doctrine, comme je l'ai constaté plus tard avec tristesse, quelque déviation fâcheuse, notamment en matière de théologie morale et ascétique? — je ne parle pas du droit canon, — j'étais incapable de l'apercevoir et assez heureux pour ne la point soupçonner. J'acceptais tout de confiance, de confiance absolue. « Le maître l'a dit » était pour moi l'ultime raison des choses. D'où un grand repos pour mon esprit, et pour mon âme une des conditions les plus essentielles à son bonheur.

Quant aux besoins du cœur, ma reconnaissance me fait tomber dans une redite, en constatant qu'ils étaient aussi pleinement satisfaits que ceux de mon intelligence par mes chers et vénérés maîtres. Mes maîtres étaient tous, — je néglige toujours une exception parfaitement négligeable, parce que perdue, étouffée dans le concert des amabilités générales, — ils étaient tous d'une bonté extrême à mon égard. Il n'y avait pas jusqu'aux prêtres de la Communauté, spécialement attachés au service de la paroisse, qui ne me témoignassent bienveillance et affectueux intérêt. Parmi ces derniers, l'excellent M. de Lanterie a conservé une place de choix dans ma mémoire et dans mon cœur. Il est vrai que M. de Lanterie était un ami des Romandière, et qu'il paraît assez naturel que le séminariste auquel les Romandière étaient si éperdûment dévoués, ne lui fut pas tout à fait indifférent. Mais tous les autres n'avaient pas les mêmes motifs de m'être sympathiques, et tous l'étaient dans une mesure visible pour chacun.

Et puis, chez tous, prêtres de la paroisse ou du séminaire, quelle urbanité dans les relations, quelle réserve sans rigueur, quelle tenue parfaite de bonne et toute sacerdotale compagnie !

De même, avec tous mes condisciples sans exception, mes relations étaient excellentes, agréables au possible, toutes fraternelles, d'une simplicité et d'une amabilité charmantes. Certes, soit dit sans esprit de dénigrement ni

amertume, le milieu était tout autre que celui que j'avais
connu au Séminaire colonial. Le niveau n'était pas le même,
et l'ambiance s'en ressentait avantageusement. Là-bas, il
fallait choisir : ici, on n'avait, pour ainsi dire, qu'à y aller de
confiance, les yeux fermés.

Dans ces conditions, la piété m'était facile, et je n'avais
pas grand mérite à m'y adonner de toute mon âme. On m'a-
vait assigné pour directeur de conscience un Sulpicien assez
jeune encore, mais plein d'expérience, d'une spiritualité très
sûre, jointe à un dévouement extrême et à une exquise
délicatesse.

Avec M. Icard, le vieillard admirable et si bon, M. Lerosey me semblait avoir incarné toutes les douceurs et tous
les charmes de Saint-Sulpice. Quelle prudence, quelle douceur, quelle longanimité, quelle patience même il mit au
service de mon âme! Au point de vue de la conscience, je
traversais alors une période difficile. La bonne Providence
l'avait retardée pour moi, elle m'en avait fait grâce à l'heure
où tant d'autres tempêtes m'assaillaient de toutes parts.
Mais il était nécessaire que je connusse ces heures de trouble
par ma propre expérience, afin de pouvoir prêter plus tard
aux âmes qui viendraient à moi dans des circonstances
analogues, les secours d'une charité éclairée et vraiment
salutaire. Je ne saurais dire avec quelle bonté, quelle sérénité d'âme et de visage, quelle délicatesse de main, mon cher
directeur me soutint dans ces passes glissantes, où la per-
plexité est si fâcheuse, où le découragement pourrait si
aisément devenir fatal. — Que M. Lerosey qui, plus tard,
ainsi que je l'ai appris avec peine, a connu, lui aussi, ce
que j'avais connu si jeune, les dures épreuves et les longs

pèlerinages sur les voies douloureuses, incertaines, veuille bien recevoir l'expression de ma profonde, très respectueuse et très religieuse reconnaissance ! — Que Dieu lui rende, en consolations dont il n'a jamais cessé d'être digne, tout le bien qu'il a fait avec tant de désintéressement à ma pauvre âme novice, aux prises avec la nature rebellée contre l'esprit ! Je lui suis infiniment redevable. — Grâce à lui, ces bourrasques printanières ne parvinrent pas à assombrir mes horizons radieux, et les rafales de poussière ou de pluie, les brusques sautes du vent passèrent sans causer de ruines ni même laisser de traces sur mon cœur en fête.

Mon cœur en fête ! — Ah ! ce mot qui vient de lui-même sous ma plume, est bien le mot juste, celui qui résume le mieux mes années de séjour à Saint-Sulpice. La belle fête, en effet, la belle fête de trois ans ! Aimé, et je le crois, estimé de mes maîtres, aimé de mes condisciples, bénéficiant, au vu de tous, de la prédilection marquée du premier Supérieur de la Compagnie et de la maison, j'avais, en plus, la jouissance et le réconfort assidu de toutes les affections de ma nouvelle famille. Aucun séminariste, à mes côtés, n'était l'objet de plus de prévenances de la part de ses propres parents, que je ne l'étais moi-même de la part de ceux qui m'avaient adopté. Matériellement, rien ne me manquait, tout m'abondait plutôt, et comme un enfant, comme un enfant gâté, devrais-je dire, je recevais et prenais de toutes mains.

En fait de correspondances et de visites au parloir, nul n'avait plus de satisfactions que le pauvre orphelin d'hier. Aux jours de sortie, nul ne trouvait plus chaud ni plus joyeux accueil au foyer. Nul ne recevait autant d'encouragements et de bons conseils. Quelquefois, sans doute, maman Romandière, qui écrit admirablement, et je crois l'avoir déjà dit, prêcherait fort bien, sermonnait un peu, surtout dans ses lettres charmantes, son grand fils, j'allais écrire, son grand garçon coupable de beaucoup d'inexpérience ; mais il y avait tant d'affection, de tendresse, tant de cœur autour de cette morale, que je dévorais ses lettres et ne me lassais pas de les relire.

Et durant les vacances, c'était le bonheur des années précédentes qui se renouvelait, ou mieux, se continuait sans se répéter. C'était la félicité ancienne qui semblait prendre des aspects nouveaux, plus charmants que tous ceux sous lesquels j'en avais joui par le passé.

Oh! le bon Dieu avait été généreux, bien généreux envers moi. Quel baume il répandait sur mes blessures, — toujours ouvertes, pourtant, — et quels sourires il faisait passer à travers des larmes dont la source ne pouvait et ne devra tarir qu'avec ma vie !

Tous les incidents un peu notables de mon existence devenaient des événements pour la famille entière. Quant aux circonstances graves, solennelles, qui marquent les périodes de la vie du séminariste en marche vers le sacerdoce, elles faisaient époque dans la maison, dans la parenté. A moins d'empêchements majeurs, les hôtes habituels de Saint-Clair durant la belle saison, accouraient tous, qui du Poitou, qui du Loiret, qui d'ailleurs, pour assister à mes ordinations. Et ils subissaient, à Saint-Sulpice, ces longues heures d'attente et de recueillement que l'on sait, pour avoir la joie d'assister de leurs prières le pauvre orphelin par eux recueilli, et qu'ils voulaient présenter à Dieu qui le leur avait confié.

Je reçus ainsi les Ordres Mineurs, le 20 décembre 1884 ;
— le Sous-Diaconat, le 30 mai 1885 ; — le Diaconat, le 19
décembre de la même année.

L'image commémorative de mon Sous-Diaconat portait
cette légende significative :

« *Enfin*, je vois ce que j'ai désiré... Je suis à Jésus pour
toujours. — Je chanterai éternellement les miséricordes de
mon Dieu. »

Madame Jules Romandière, qui avait fait les frais, et
M. de Locarno qui la rangea parmi ses souvenirs pieux,
pouvaient mieux que personne mesurer la plénitude de sens
que ces paroles saintes, écrites pour d'autres, avaient revê-
tue pourmoi, en des jours qui n'étaient pas encore bien
reculés.

Mais parmi ces ordinations, dont je reçus l'honneur et
assumai les responsabilités dans les dispositions requises
par Dieu et sa sainte Église, — c'est du moins le témoignage
intime que me rend ma conscience interrogée avec soin, —
je noterai tout spécialement ma promotion à l'ordre sacré du
Diaconat. Je le ferai d'autant plus volontiers que cette ordination passe trop souvent moins remarquée, presque ina-
perçue, entre les austères engagements, le généreux sacrifice
du sous-diaconat, et les grâces radieuses, surabondantes,
triomphantes, du divin sacerdoce. N'est-ce point quelque
Directeur du séminaire de Saint-Sulpice, qui a écrit dans
son *Petit Mois de Marie :* « Il arrive trop souvent qu'on
n'envisage cet Ordre redoutable que comme un rang de
distinction qui sans imposer d'obligations particulières, ne
donne que des droits et des prérogatives, dont on nourrit
sa vanité ? »

Il n'en fut pas ainsi pour moi.

Une secousse, choc en retour de mes infortunes passées, un péril sur lequel je n'ai pas à m'expliquer autrement, et dont me préserva la paternelle sollicitude du vénéré M. Icard, avait été, peu de temps avant l'ordination, comme le signe avertisseur de la Providence. Mon attention fut ainsi réveillée, si elle avait besoin de l'être, et je fus assez heureux pour comprendre que Dieu soulignait, à l'avance, la grâce insigne qu'il avait décrété de me faire.

Aussi est-ce avec un afflux vraiment exceptionnel de ferveur et de divines lumières, que je reçus l'Esprit de Force. dans cet Ordre sublime, à jamais illustré par le grand Protagoniste saint Étienne.

Saint Étienne, le premier des martyrs tombés pour la défense de la vérité et de la justice! Saint Étienne, le premier promulgateur, — après Jésus en croix et sa co-sacrificatrice, la Vierge Marie, — du pardon des injures, uni aux revendications suprêmes de la justice et de la vérité! Saint Étienne, qui, le premier, rendit à cette loi nouvelle et connexe l'irrécusable témoignage du sang! Saint Étienne, mon patron de vocation..... !

Pourquoi ces grâces singulières, pourquoi ce surcroît inattendu de divines miséricordes, et tant de lumières, et ce redoublement de saintes énergies, et cette chaleur intense, cette flamme de charité, qui reléguait dans la pénombre mes ordinations précédentes, pieusement reçues, pourtant, et accompagnées de faveurs spirituelles extrêmement douces?

Pourquoi ?...

Mais je ne le savais pas encore, et je devais attendre plus de dix ans avant de l'apprendre.

Je le sais aujourd'hui, et mon lecteur, si jamais ces lignes rencontrent un lecteur, l'apprendra comme moi, pour peu qu'il ait de patience à suivre jusqu'au bout le fil obscur de ma destinée.

Dans le rang. — A travers quinze ans de ministère
dans Paris

Je n'eus pas le bonheur d'achever ma troisième année
à Saint-Sulpice. Je ne pus, ainsi, profiter jusqu'au jour de
mon ordination sacerdotale des grâces et des consolations
de toutes sortes qui avaient été mon partage dans cette
maison tant aimée : trop aimée, je le crains aujourd'hui,
car, en vérité j'y mettais de l'exagération, et la regardais
comme l'Eden de la sainte Église, le lieu idéal, à nul autre
pareil, de la formation ecclésiastique. — Dès le lendemain
de mon Diaconat, je fus désigné pour aller remplir, au Petit-
Séminaire de Notre-Dame des Champs, les fonctions de
surveillant de la seconde division.

J'entrais ainsi avant l'heure prévue dans le champ de
l'action. Le pauvre abandonné des années à peine enfuies
allait faire ses premières armes au service de l'Église de
Dieu. Jusque là, dans l'abondance ou la disette, il avait tout
reçu : désormais, il commencerait à apprendre à donner.

J'aimais les enfants, leurs âmes m'attiraient. Comme la
plupart des jeunes recrues du sanctuaire, je jetais un regard

sur la carrière, si séduisante du dehors, si pénible au fond et si crucifiante, de l'enseignement. Je me demandais, mais en redoutant plutôt une réponse affirmative, si Dieu m'y appelait. Cette décision de mes supérieurs me surprit tout d'abord, plus qu'elle ne me fit joie. Néanmoins, à la réflexion, n'ayant rien demandé, rien désiré positivement, rien refusé, j'en fus heureux, et me donnai tout entier à mes humbles fonctions.

Mon premier soin fut de les relever dans ma pensée, dans mon cœur, de les grandir dans mes actes, mon attitude et tout l'ensemble de ma conduite. Sous l'exécution monotone, fastidieuse, presque brutale d'un réglement qui impose au maître, comme loi fondamentale, le silence et l'impassibilité, je cherchai la chose du fond, le moyen d'atteindre les cœurs, de me mettre en communication suivie avec eux, et de les attirer à la pratique du devoir, plutôt que de les y contraindre par la force. La force comprime, étreint, écrase quelquefois : jamais, dans l'éducation, elle n'a rien pu produire de salutaire et de durable : utile tout au plus à empêcher momentanément l'éclat d'un scandale ou à réprimer une aberration passagère ; incapable de susciter les bonnes volontés et d'inspirer les généreuses résolutions.

C'était, je le reconnais, prendre la position par son côté le plus difficile. Pourtant sans me vanter de succès chimériques, dont le seul énoncé ferait sourire ces vétérans de l'enseignement qui savent combien, là surtout, les résultats sont relatifs et difficiles à constater sur le moment, je crois pouvoir affirmer que, dans l'ensemble des faits et des journées, je réussis et touchai le but que je m'étais proposé d'atteindre. Visiblement, et dans une proportion très notable, je parvins jusqu'à l'âme de ces cent vingt enfants dont j'avais la surveillance.

Quoiqu'ils fussent tous à cet âge indécis, qu'on est

convenu d'appeler l'âge ingrat, et qui mérite généralement
ce qualificatif, ils ne cessèrent d'être pour moi des enfants
aimables, accessibles aux bons sentiments, capables de maî-
triser leur turbulence ou d'en réparer les écarts, tout au
moins désireux de bien faire, heureux quand ils y avaient
réussi par conscience, pour obéir à Dieu, et aussi pour
plaire quelque peu à celui qui leur montrait un dévouement
si affectueux et si désintéressé. J'ai contracté là, dans ce
milieu léger et oublieux, des amitiés qui durent encore, et
qui se manifestent dans toutes les occasions où les hasards
de la vie nous ménagent quelque rapprochement.

J'ai trouvé aussi sympathie générale, excellente et
délicate confraternité, amabilité exquise dans le personnel
enseignant du Petit-Séminaire ; conseils affectueux, sage et
douce direction, précieux appui moral de la part des supérieurs et des anciens de la maison. Je les vois tous remplis à
mon égard de la plus parfaite bienveillance, et même d'une
condescendance dont j'étais confus, moi le dernier et le
moins recommandé de leurs collègues, — un pauvre apprenti
en cet art des arts dans lequel ils étaient depuis longtemps
passés maîtres.

Du 21 décembre 1885 au 1er août 1887, dates extrêmes
de mon séjour dans la maison, aucun nuage ne s'éleva
entre nous. Aussi, le souvenir qui m'est resté de tous, élèves
et confrères, à cette époque, réjouit-il ma pensée, lorsqu'elle
se reporte vers ces belles années. Je ne pourrais dire la
même chose d'aucun des postes qu'il a plu à la divine Providence de m'assigner par la suite. J'étais encore, je le vois,
dans la saison ravissante, dans ce doux printemps que le
bon Dieu daigna placer entre les désolations d'une jeunesse
sans abri ni sourires, et les rudes combats réservés à mon
âge mûr.

Que tous mes anciens directeurs et collègues du

séminaire de Notre-Dame des Champs, qui se souviennent encore de moi, et qui veulent bien, aussi souvent que l'occasion leur en est fournie, m'en donner les preuves les plus gracieuses et les plus sincères, agréent ici l'hommage non moins sincère de ma reconnaissance et de ma respectueuse affection. — Ils ont reculé pour moi l'heure fatale où, communément, on fait connaissance avec les bassesses et les traîtrises de l'envie, toujours embusquée derrière le moindre succès.

Cependant, le jour béni de mon ordination sacerdotale approchait. C'est aux Quatre-Temps de la Pentecôte, l'an 1886, que je devais atteindre, en plein Paris, le faîte sublime des honneurs divins et des grâces surabondantes, vers lequel l'adorable Providence m'avait acheminé par des voies si pleines de heurts et de périls, si peu appropriées en apparence, à la fin qu'elle poursuivait. J'aurais alors vingt-cinq ans, à sonner le lendemain, c'est-à-dire, exactement, si même je ne le devançais, l'âge que j'aurais eu en mon propre pays, le jour de ma prêtrise, étant supposé que la tempête ne m'eût point jeté hors du Rondeau, et qu'il m'eût été loisible de suivre jusqu'à leur dernière année de Grand Séminaire, mes condisciples de quatrième.

O Dieu, quelles attentions, quel amour vous m'avez toujours témoignés, sous la rigueur des épreuves qui devaient, dans vos desseins impénétrables, me façonner pour le but spécial que vous m'avez assigné, ainsi d'ailleurs qu'à chacun des fils d'Adam, en m'appelant à l'existence.

Cette approche du grand jour mettait en émoi toute ma famille, je veux dire, la famille que Dieu m'avait donnée, en échange et compensation de celle que j'avais perdue, irrévocablement perdue par disposition d'en-haut, plus irrévocablement perdue même que je ne pouvais me le persuader, en certaines occasions.

A Passy, à Saint-Clair, dans le Loiret, on ne songeait qu'à fêter le nouveau prêtre, qu'à le charger de présents, qu'à entourer de splendeur et de joies la solennité de ses noces saintes. Ornements, vases sacrés, broderies, objets précieux en eux-mêmes, et de plus précieux souvenir ! ah ! jamais, non, jamais je n'aurais été comblé à ce point, si ma famille première avait conservé son rang, son avoir modeste mais réel. Jamais non plus, non, jamais de plus ferventes prières, des vœux plus touchants, qui sait ? peut-être de plus chaudes larmes n'auraient escorté ma prière, lorsque pour la première fois je l'adressai à la Majesté suprême, avec l'autorité suppliante du sacrificateur, au nom de l'Église, armé de la puissance que nous prête l'ineffable Victime immolée entre nos mains encore toutes parfumées de l'onction de notre jeune mais éternel sacerdoce.

Oh ! que de roses fleurirent en ce jour sur mon Calvaire !

« *Bénie soit la sainte et indivisible Trinité* ! » furent les premières paroles que la sainte liturgie mit sur mes lèvres, à l'ouverture du livre sacré... Le même Jour, à la même heure, bien loin, là-bas, là-bas, plusieurs de mes condisciples d'autrefois, comme moi prêtres de la veille, prononçaient les mêmes paroles, en les marquant comme moi du signe de la croix. Armés de la même puissance, ils élevaient vers le Ciel la même Victime adorée. — O mes frères, mes frères du Rondeau, qui tout à coup ne m'avez plus revu, et que je ne reverrai moi-même jamais, par delà les fleuves et les montagnes, bénissons ensemble un Dieu si bon pour nous ! Pour vous, peut-être, les temps ont été durs, ou ils le deviendront. Bénissons ensemble un Dieu si bon pour nous !

. . . .

Lorsque je me pris à écrire ces *Souvenirs,* je ne voulus mentionner ni le temps, ni le lieu de ma naissance. A quoi bon, pensais-je, garder la mémoire de ce qui a dû, pour moi, perdre si tôt sa signification et tout son parfum ? — « Sans famille » serait plus exactement mon nom, me disais-je, et « sans pays » le qualificatif propre de mon infortune errante, poussée sur tous les chemins de l'exil, condamnée à monter si longtemps par « l'escalier d'autrui ». — Peu à peu je me départis de cette rigueur, et je nommai presque tous les lieux qui me furent hospitaliers, toutes les personnes qui secoururent ma misère. Je marquai aussi de chiffres précis les jalons principaux de mon existence. Déjà, en effet, sous la sombreur du présent perçait, à mes yeux, l'aube des miséricordes à venir. La douce et ferme espérance m'envoyait déjà ses premiers rayons, encore inaperçus, à la vérité, des rares passants qui me voulaient du bien. — Plus tard, le jour s'étant enfin levé, je fus encore plus explicite,

Aujourd'hui, que la grâce de Dieu, après m'avoir tout enlevé dans un secret dessein de miséricorde et d'amour, m'a tout rendu et au delà, je n'ai plus aucune raison de taire ces noms de lieux, de personnes, ni ces dates qui mesurent le cours de ma vie. Ma vie, pour le moment du moins, est devenue normale, en tout semblable à celle de mes confrères du clergé. J'aurai, d'ailleurs, peu de choses à en dire : le bonheur n'a pas d'histoire.

Je le sens, ces pages désormais, pour peu que la prospérité me soit fidèle, perdront considérablement de leur attrait. Qui se soucie de lire ce qu'il sait d'avance, ce qui ressemble par tant de côtés à ce qu'il a déjà vu, à ce qu'il peut voir partout, et tous les jours ? Et pourquoi me mettrais-je tant en peine d'écrire, même pour moi, ce que je puis constater, à chaque instant, chez les autres ?

Volontiers donc, j'arrêterais là mes *Souvenirs*, par crainte de les surcharger d'un poids inutile et sans intérêt..... Pourtant non ! car il se peut que l'intérêt se ranime, un jour, et que la prospérité monotone, en me faussant de nouveau compagnie, m'apporte enfin le dernier mot de l'énigme que je suis à moi-même, de l'énigme que la douce lumière de ces années de répit, — j'en ai je ne sais quel intime sentiment, — n'a pas complètement expliquée.

Je continue, mais je serai bref sur cette nouvelle période de ma chétive histoire.

En l'abordant, j'éprouve ce qu'ont éprouvé tant de malheureux au lendemain des jours mauvais, tant de saints au sortir du creuset où la main de Dieu les avait broyés pour les transformer en plus parfaits instruments de ses volontés. Je me surprends à regretter ces jours incertains, rigoureux, pleins d'angoisse, où je buvais à la coupe d'amertume.

Le malheur a sa sombre poésie, sa jouissance inexpliquée ; les larmes ont leur parfum enivrant, la douleur, son âpre et sainte volupté. N'est-ce pas, ô mon âme, qu'ils étaient beaux tout de même, les jours où j'errais sans gîte, « à la grâce de Dieu » ? N'est-ce pas, ô mon cœur, que tes anxiétés cruelles et ta longue agonie, sur le plateau de Chambarand, dans ces mois où je n'y étais encore qu'un pauvre enfant hospitalisé par pitié et sans nouvelles possibles de tout ce que j'aimais au monde, avaient leur forte et attirante saveur ? N'est-ce pas que le coup de foudre qui là-bas, au Rondeau, frappa inopinément ma jeune tête, insouciante et rieuse : n'est-ce pas que ce jour lamentable entre tous les jours, revu aujourd'hui dans sa vraie perspective, a quelque chose de tragique et de grand, d'auguste et de saint ?

On l'a dit, *Res sacra miser :* le malheur sacre celui qu'il atteint. — Et qui sait, ô mon Dieu, si cette première consécration dont les rites douloureux se prolongèrent tant d'années, n'était pas dans votre pensée insondable, la condition nécessaire de celle que je reçus hier, au nom de l'Église, pour son service, au nom de l'Église de Paris, pour le service des âmes dont elle a la charge spéciale devant vous ? A tout le moins, et en supposant que ces douleurs précoces m'eussent été épargnées, quelle apparence y a-t-il que j'eusse été amené du fond de ma province lointaine jusqu'à cette Église illustre dans laquelle vous vouliez que je fisse votre œuvre, jusqu'à cette grande capitale dont je ne savais que le nom, jusqu'à ce monde si complexe au milieu duquel le bien ne se fait que moyennant une expérience dont ne saurait se flatter celui qui n'a pas souffert ?

Quoi qu'il en soit, me voici, par la volonté d'en-haut et pour un temps qu'il ne m'appartient pas de déterminer, dans la condition de tous les jeunes prêtres du diocèse de

Paris. Me voici dans le rang, sans rien qui me distingue du commun, ni par les talents, ni par les vertus. Je ne me recommande que de ma bonne volonté.

Que dirai-je de moi en ce temps?

C'est à peine si j'ose souligner les émotions, les pieuses joies, et je le crois, les ferveurs de mes débuts dans le sacer-noce. On sait, ceux-là du moins qui en ont goûté eux-mêmes l'ineffable délice, savent ce qu'est une première messe, célé-brée avec les dispositions convenables. On sait aussi ce que renferme de suavité sainte et d'austère grandeur le mystère du premier contact de l'âme du prêtre nouvellement ordonné avec les âmes pénitentes qu'il n'atteint plus seule-ment du dehors, mais dans lesquelles il pénètre avec l'auto-rité, et s'il en est digne, avec la charité même du Dieu qui l'envoie. J'ai connu toutes ces surhumaines jouissances. Je n'en dirai rien de plus, sinon que la joie de mon initiation sacerdotale a été pleine, complète, et qu'elle a fait sura-bonder l'allégresse spirituelle où avait abondé longtemps la tribulation, la douleur.

J'ai confessé déjà que l'enseignement avait pour moi sinon des attraits positifs et depuis longtemps ressentis, du moins des charmes réels, fortifiés par les modestes mais réels succès que j'obtenais auprès du petit peuple auquel je don-nais tout mon dévouement, tous mes soins. Je ne fis donc aucune démarche pour que, après ma promotion au sacer-doce je fusse appliqué à l'exercice du saint ministère dans les paroisses. Je restai, une année encore, au Petit-Séminaire de Notre-Dame des Champs, et j'y conservai les mêmes fonctions.

Mais, à la fin de l'année scolaire 1886-1887, la Provi-

dence déclara ses vues sur moi par l'intervention du cher et
vénéré M. Cognat, ancien Supérieur de la maison, et alors
curé de l'importante paroisse voisine du Petit-Séminaire et
qui lui donne son nom. Il était écrit dans les desseins de
Dieu, que ce prêtre éminent, l'un des plus en vue dans Paris,
serait, sur le déclin de sa laborieuse carrière, mon premier
guide dans la carrière épineuse du ministère ecclésiastique,
au centre même de la capitale. Je le révère, lui aussi, comme
l'un des maîtres de choix que la Providence échelonna sur ma
route, pour suppléer au désarroi de mon éducation première, sans cesse inquiétée et parfois longuement interrompue par les orages de ma destinée. M. Cognat ajoute un
nom de plus à cette belle pléiade des Ginon, des Marie-
Antoine, des Cyprien-Marie, des Icard, des Lerosey, des
Locarno, chargés, les uns de former en moi le caractère, ce
qui manque beaucoup, dans le clergé lui-même, à notre époque
décadente, — les autres, de m'enseigner la piété qui est
« utile à tout », et la sainte endurance, qui est la science
fondamentale de la vie, — les autres, enfin, de m'initier à
l'esprit ecclésiastique et à la science pratique du ministère,
tel qu'il faut l'exercer partout : tel, en particulier, qu'on doit
le comprendre dans ce milieu agité, si troublé et si riche en
merveilleuses ressources, de la population parisienne.

Comme M. le chancelier Petit, M. le curé Cognat avait
été élevé, je ne dirai pas à l'école de l'infortune, mais sous
le régime de cette dure loi des choses qui trempe si vigoureusement le cœur. Enfant des Dombes indigentes et mono-
tones, neveu d'un prêtre rigide qui savait peu adoucir la
voix du devoir, amené à Paris par un de ces hasards qui n'en
n'en ont que le nom, M. Cognat était proprement le fils de

ses œuvres. Ses maîtres et aussi ses supérieurs hiérarchiques l'avaient, de bonne heure, jeté dans la mêlée des opinions, à une époque où celles-ci firent tant de mal à l'Église de France. Pour prix de son obéissance et de son dévouement, — c'est à peu près tout ce qu'il en recueillit, — il avait subi bien des injures imméritées, et reçu des coups d'autant plus cruels qu'ils ne lui venaient ni des mécréants, ni de ceux qui auraient eu le droit de le reprendre, si quelque chose s'était trouvé à reprendre dans sa doctrine ou dans ses actes. Il avait même supporté plus d'une violence, essuyé plus d'un affront destiné à ceux qu'il aimait, parmi ses supérieurs et ses anciens maîtres, devenus ses collaborateurs et ses amis.

Doux et intrépide, sous les clameurs d'une école qui compromit toujours, par la violence indiscutable de son langage et de ses procédés, les meilleurs effets d'un zèle que nul ne songe à lui méconnaître, M. Cognat n'en avait pas moins, sans peur ni reproche, poursuivi sa carrière sacerdotale dans le haut clergé de Paris, aux places d'élite qui lui revenaient du double droit de ses vertus et de ses talents : tour à tour, supérieur du Petit-Séminaire de Notre-Dame des Champs, qui lui doit encore aujourd'hui une bonne partie de sa prospérité, et curé de l'importante paroisse du même nom, dans laquelle il a laissé le souvenir toujours vivant de ses talents remarquables et de ses grandes vertus.

La considération des épreuves que j'avais traversées moi-même, et dont j'avais triomphé par la miséricorde de Dieu, non par mes mérites, fut-elle le motif qui détermina le vénérable curé à me demander à l'administration diocésaine pour un des vicariats de sa paroisse, — il avait pu être mis plus ou moins au courant de mon passé par le cher curé de Saint-Mandé, son ami, — ou bien, la connaissance de mes petites aptitudes, moyennant ce qu'il en apprit et vit de ses propres yeux au Petit-Séminaire, avec la Direction duquel il entretenait les plus étroites relations, lui suggéra-t-elle cette idée ? — Je ne sais. Toujours est-il que c'est sur son initiative personnelle et à la suite de ses démarches, que je fus nommé à ce poste vicarial, avec la charge d'aumônier de l'immense établissement des Enfants-Assistés de la Seine, établissement sis sur le territoire de la paroisse. — Ma nomination est datée du 1er août 1887, qui est le jour même de mon entrée en fonctions.

Assurément, le travail ne chômait pas dans ce poste, en raison surtout du double service qui y était attaché. Quoiqu'il fût d'usage constant que l'aumônerie des Enfants-Assistés passât successivement au vicaire dernier nommé, je la conservai, néanmoins, jusqu'à la fin de mon stage dans la paroisse, c'est-à-dire, durant plus de quatre ans.

Mais avec un curé de la valeur de M. Cognat, sous ses ordres, guidés par ses conseils, et ce qui vaut mieux, encouragés, entraînés par ses admirables exemples, le travail ne nous pesait pas. C'est bien du ministère à Notre-Dame des Champs, sous son administration, qu'on peut redire le mot de saint Augustin : *Ubi amatur, non laboratur; aut si laboratur labor amatur.*

Ah ! le cher et vénéré père, comme il nous aimait tous ! Quelles prévenances et quelle tendresse pour ses collaborateurs, la plupart ses anciens élèves, ses enfants ! Comme il nous facilitait la tâche, et comme il la faisait fructifier entre nos mains ! Comme nous admirions en lui le prêtre zélé et prudent, le prêtre pieux, le prêtre aimable et dévoué jusqu'au sacrifice, — pour tout dire d'un mot, le prêtre selon le cœur du divin Maître ! Comme il mettait à notre disposition et à notre portée, — car de lui à nous quelle distance à tous égards ! — les leçons de son expérience, sa science profonde des hommes et des choses ! Comme il nous soutenait, et au besoin, nous relevait !

Pour moi, le dernier venu parmi les siens, mais je ne sais pourquoi, l'un des enfants privilégiés de son cœur, que n'ai-je pas appris à son école, dans cet art si délicat du maniement des âmes, et en tout ce qui concerne le fidèle accomplissement des devoirs du ministère sacerdotal? Il ne me coûte pas de le proclamer hautement, je lui dois beaucoup, je lui dois énormément, et jamais ma reconnaissance, et la vénération, le culte que je garde à sa pieuse mémoire, n'égaleront les services qu'il m'a rendus.

Le ministère des Enfants-Assistés est assez lourd en lui-même, à cause de ses obligations quotidiennes. Il est, par ailleurs, fort délicat, en ce qu'il met le prêtre en rapports incessants avec une administration laïque, que l'improbité des temps a rendu défiante et même hostile envers l'Église et les hommes d'Église. Le prêtre passe comme un étranger, sinon comme un ennemi, dans l'établissement. Le personnel de service y est indifférent quand il n'est pas irréligieux, de cette irréligion hautaine et tracassière qui est le propre de la femme à qui manquent la foi et la pratique des devoirs essentiels du chrétien. Je ne prétends pas, sans doute, qu'il faille taxer d'irréligion toutes les personnes attachées à ce service public. Mais l'irréligion, à tout le moins apparente et affublée du nom de neutralité, est la caractéristique officielle de la maison ; c'est, par suite, la note que tous les employés, à tous les degrés, doivent afficher vis-à-vis du prêtre, en vertu des règlements.

Malgré les désavantages de la position et la gêne que me causaient les mauvais sentiments des uns, les alarmes continuelles des autres, l'espionnage jaloux que tout le monde, à qui mieux mieux, pratiquait aux dépens de son voisin, je réussis à faire accepter le prêtre et à jouir d'une liberté suffisante pour réaliser les fins principales de mon ministère. Certes, il fallait user de précautions infinies, d'une prudence poussée à ses dernières limites, s'oublier soi-même en toute occasion, et surtout voir à ne pas compromettre de pauvres femmes, affolées par la crainte de paraître seulement favoriser l'action du ministre de Jésus-Christ. Mais enfin, le bien se faisait quand même, et en des conditions qui durent faire tomber plus d'un préjugé dans l'esprit de certaines personnes du service ou de l'administration.

Il paraît même que les bons résultats de mon passage aux Enfants-Assistés furent remarqués de l'administration diocésaine, puisque M. le vicaire général Caron me demanda d'élaborer, sur les données de ma propre expérience, un petit Directoire qui faciliterait la tâche à mes successeurs, et assurerait les fruits de leur ministère dans ce poste peu envié et peu enviable, il faut en convenir, ...si ce n'est au regard de la foi et de l'incompréhensible amour de Notre-Seigneur pour les âmes les plus délaissées.

A lui, à lui seul tout honneur ! Que si, par aventure, le peu que je fis de ce côté, m'attira quelque considération de la part des hommes, quel mérite, de bon compte, pourrais-je m'en attribuer ? N'étais-je pas né pour ce ministère ? N'avais-je pas été moi-même, et bien longtemps, aux jours de mon adolescence et de ma première jeunesse, un enfant assisté ? Ne me retrouvais-je pas dans ces pauvres petits ? Ne pouvais-je me rappeler, avec le poëte, que « comme eux, j'avais été pauvre, et comme eux, orphelin » ?

Et puis, si j'avais fait preuve de prudence et de tact, montré quelque habileté professionnelle dans ce poste ingrat, ne le devais-je pas surtout aux conseils, à la direction si sage et si douce de mon cher Curé ? N'était-ce point de son expérience, de son zèle et de sa pieuse ingéniosité qu'étaient faites principalement les qualités que j'avais pu laisser apercevoir, et dont, à coup sûr, on s'exagérait la portée ? — Je remets les choses au point.

Mêmes réserves, à ma confusion et pour la vérité ; mêmes constatations, à la gloire de Notre-Seigneur et à l'honneur de M. Cognat dans tout ce que je vais dire sur mes débuts dans le ministère des catéchismes et au saint tribunal de la pénitence.

Le ministère, à Paris, n'est pas tout à fait ce qu'il est en province. Ici comme là, sans doute, ses attraits sont grands, et immenses les résultats que Dieu en attend, et qui en découlent toujours, pour peu que l'homme, d'un côté ou de l'autre, n'y apporte point d'obstacles. Mais les conditions de temps, de lieu, d'organisation sociale, dans lesquelles se meut la population Parisienne, ajoutent considérablement aux attraits et à l'importance de certaines fonctions paroissiales.

Il suit des mêmes conditions que le jeune prêtre, le débutant dans l'exercice du ministère, se trouve jeté du premier coup au plein de l'action, et voit son influence secrète comme ses responsabilités prendre en quelques jours des proportions qu'elles auraient mis quinze ans à atteindre en province. Au reste, sauf de rares exceptions, ces proportions ne varieront pas sensiblement au cours de sa carrière, et, sous les deux rapports que j'envisage en ce moment, le dernier jour y ressemblera beaucoup au premier.

Pour moi, c'est à Notre-Dame des Champs que me furent révélées, dans toute leur étendue, les sollicitudes, les durs labeurs et les joies incomparables de ce double ministère des catéchismes et du saint tribunal. Mais ce que j'en vais dire, ressemble si parfaitement à ce que j'ai rencontré, souffert et goûté, sous les mêmes rapports, dans les autres postes qui me furent assignés par la suite, que je considérerais comme inutile d'y revenir ailleurs, et que dès maintenant je renvoie à mon cher M. Cognat tout le mérite et l'honneur du bien que j'ai pu opérer dans les âmes, à telle ou telle place, à tel ou tel moment.

Dans ce Paris affairé, tumultueux, où il semble que personne ne se connaisse, c'est principalement par le ministère des catéchismes qu'on se tient en contact avec tout ce qu'il y a de familles chrétiennes ou ne répugnant pas à l'être, dans la paroisse. C'est par le ministère des catéchismes, que l'on noue avec quantité de gens honnêtes mais pour lesquels la religion n'est plus qu'une convenance sociale, des relations qui, pour être éphémères, n'en pourront pas moins, à un moment donné, porter leurs fruits de salut. Il ne faut pas compter beaucoup, à Paris, sur les solennités du mariage, encore moins sur l'occasion que pourraient fournir les funérailles : simples formalités d'usage, pour le grand nombre ; formalités dispendieuses, que le public accepte ou subit, mais où le prêtre apparaît pour le décor, beaucoup plus que pour exercer son action sur les âmes. Par les catéchismes, au contraire, le prêtre atteint les familles dans ce quelles ont de plus sensible et de meilleur. L'enfant est auprès d'elles son gracieux intermédiaire, un intermédiaire volontiers écouté. Que de paroissiens appartenant à tous les rangs de la société, du plus élevé au plus humble, n'ont guère d'autre moyen de connaître le ministre de de Jésus-Christ, guère d'autre occasion de l'approcher, guère d'autre facilité de s'assurer qu'il n'est pas ce que le représente une presse impie, ce que l'imagine une littérature inconsciente autant que malsaine !

Mais ce n'est là qu'un effet secondaire, indirect, d'une œuvre si chère à Dieu et à son Église. L'effet principal en est autrement précieux.

Par le ministère des catéchismes, on recueille les prémices d'âmes neuves encore, pour la plupart assez bien disposées, plus précoces, sinon plus intelligentes qu'on ne les rencontre ordinairement en province ; et l'on y jette, avec d'indicibles consolations, une semence divine que le mal, par la suite, et le monde avec ses entraînements, et l'Enfer avec sa rage, ne parviendront pas toujours à étouffer. Et l'on se dit, ce qui efface jusqu'aux souvenirs des plus pénibles labeurs, que tôt ou tard la semence ainsi jetée revivra pour le salut de ces âmes, si pieusement fiancées à Dieu, aux jours de leur enfance.

A vrai dire, le ministère des catéchismes, avec la belle série des œuvres qui le continuent et le complètent, est à peu près la seule forme d'apostolat que le prêtre puisse exercer d'une manière générale et constante dans ce Paris merveilleux et monstrueux tout ensemble. C'est son unique et dernière ressource au milieu du cosmopolitisme envahissant. Mais la ressource est féconde, singulièrement puissante, et je ne m'étonne pas du prodigieux développement que l'on a cru devoir, dans notre siècle surtout, donner à ce ministère et à ses annexes, dans toutes les églises de la grande capitale. Tout l'espoir est là.

Et tout le bonheur aussi, tout le plus clair des résultats, pour le prêtre qui comprend la situation, et qui sait ne reculer devant aucune peine, aucune fatigue, pour s'y conformer et s'y dévouer. En ce qui me concerne, et grâce à la formation que je reçus du vénéré M. Cognat, — le disciple préféré du plus grand catéchiste de ce siècle, Mgr Dupanloup, — que de familles n'ai-je pas atteintes par ce ministère béni ! A combien d'âmes d'enfant n'ai-je pas, depuis quinze ans, versé la vraie lumière, et inculqué des vérités dont l'empreinte vive, malgré tout, subsistera !

Dans combien d'autres âmes, après cela, n'ai-je pas répandu la consolation en y ramenant la pensée de Dieu, qui n'avaient d'autre motif de m'appeler à elles que le souvenir des bons soins prodigués par moi, sur les bancs du catéchisme, à tel ou tel enfant qu'elles aimaient ? Et ne pourrais-je, dans ma carrière relativement courte, donner le nom de plus d'un moribond qui n'a dû de revenir à Dieu, en acceptant ma visite et peu après les secours de notre sainte Religion, qu'au rappel intelligent, opportun, d'une bonne parole que je lui avais adressée jadis, lorsque son fils ou sa fille suivait les exercices préparatoires à la première Communion ? — Ce ministère des catéchismes, où j'ai toujours, grâce à Dieu, reçu un excellent accueil de la part de tous, m'a consolé de bien des déboires. Je puis même dire qu'il a été, avec la pratique du sacré tribunal, mon grand réconfort, aux jours douloureux.

Par le ministère de la confession, le jeune prêtre de Paris se trouve, dès la première heure, en contact avec tous les rangs de la population, depuis les plus humbles jusqu'aux plus éminents par la fortune, la science, les positions sociales et même les charges publiques. C'est du moins ce qui m'arriva, et je n'ai aucun motif pour me poser en exception à la règle commune, sous ce rapport. Tout de suite, le débutant est mis en face des situations les plus émouvantes comme les plus délicates, interrogé sur les questions les plus épineuses. Initié quelquefois aux secrets les plus redoutables, il a le spectacle des luttes les plus poignantes et des plus tragiques infortunes. Un jour ne se passe guère, où des âmes ne se révèlent à lui, ne s'avouent, ne se découvrent jusqu'en leurs dernières profondeurs, toujours incomparablement belles en dépit de leur malheur ou de leurs défauts vulgaires, souvent même en dépit de leur lamentable déchéance. Et sur toutes ces infortunes, sur ces culpabilités si diverses il voit planer la grâce divine toujours impatiente de s'épandre, l'éternel Amour, obstiné dans ses voies miséricordieuses, jamais lassé, toujours offert, le Sang Rédempteur qui n'attend qu'un mot, un mouvement du cœur repentant et une parole du prêtre, pour jaillir à flots, guérir toutes plaies, laver toutes souillures.

Cela, me dira-t-on, se voit partout dans l'Église. — Oh! sans doute, mais nulle part on ne le voit aussi souvent et aussi inopinément qu'à Paris. Nulle part surtout, si ce n'est par exception, le jeune prêtre ne le voit, comme à Paris, dès le lendemain même de son entrée dans le ministère des paroisses. Quel est, à Paris, le vicaire de garde qui, dans la journée de chaque semaine où il n'est plus Monsieur un tel, mais simplement le prêtre de la paroisse, n'a reçu au saint tribunal plusieurs de ces âmes, qui lui venaient d'où il ne savait, mais de loin, sûrement, errantes, à la recherche de la consolation, de la paix, en quête de Dieu, implorant leur délivrance, et qui, précisément, ne s'adressaient à lui que parce qu'il était le prêtre, le prêtre anonyme, inconnu, qu'elles comptaient bien ne revoir jamais? — Et quel est le jeune vicaire parisien, qui n'a commencé là, par cet entretien sacramentel, destiné, dans la pensée de celui qui l'avait provoqué, à ne point avoir de suivants, une longue série de communications spirituelles, aussi consolantes pour le prêtre que salutaires pour le pénitent? — Ce qui, souvent, n'empêchera pas que prêtre et pénitent restent toujours inconnus l'un pour l'autre, en dehors des colloques du saint tribunal?

Quant à moi, j'ai souvent goûté ce bonheur, et je dois ajouter que ce travail obscur n'a pas été la moindre joie de ma vie. A chacun sa part dans la distribution des dons divins. A celui-ci la science, à celui-là l'éloquence, à cet autre la contemplation ou les œuvres de miséricorde. Dieu m'a donné le goût et aussi, je le crois, les aptitudes spéciales qui permettent de vaquer avec fruit au maniement des âmes. Partout et du premier jour jusqu'à cette seizième année de mon ministère paroissial, dans les catéchismes, au tribunal de la pénitence, au chevet des malades, au lit d'agonie des moribonds, les âmes m'ont recherché, appelé, sont venues de préférence à moi, m'ont désigné nommément pour que je les assistasse au moment suprême. Et je puis me rendre le témoignage que je n'en ai rebuté ou négligé aucune, que je n'ai point fait acception de personnes, que je n'ai en rien suivi les attraits de la nature ou cédé à ses répulsions, que je n'ai point obéi aux calculs de l'intérêt, et que mes préférences intimes, si je m'étais permis d'en avoir, auraient toujours été pour les petits, les humbles, les plus souffrants, les plus délaissés.

Mais en tout ceci, encore une fois, que ne dois-je pas à la direction de mon premier curé, le pieux et si sacerdotal M. Cognat! Si tout, dans la vie du prêtre au milieu du monde, dépend des commencements, ainsi qu'on nous le répétait sans cesse au séminaire, quelles obligations n'ai-je pas au digne prêtre qui donna à mes débuts une si salutaire impulsion ! — Malheureusement, je ne devais pas jouir long-temps de cet inappréciable don que Dieu m'avait fait, pour clore magnifiquement la série des avantages occasionnels par lesquels il lui avait plu de combler les lacunes de mon passé. Deux ans après ma nomination au vicariat de Notre-Dame des Champs, M. Cognat succomba, plein de mérites, pleuré de tous au presbytère et dans la paroisse, mais par nul autre plus regretté que par le dernier de ses collabora-teurs, l'enfant trop aimé de sa précoce vieillesse.

Après lui, j'ai eu des chefs aux qualités diverses, des curés dont il ne m'appartient pas de discuter la valeur : mais de véritables maîtres et pères, je n'en ai plus ren-contré.

En ce qui concerne ma formation, et si je puis recourir à cette figure, mon équipement pour les luttes de la vie, l'œuvre de la divine Providence était achevée. Lorsque M. Cognat me fut ravi, il ne restait plus auprès de moi que le vénéré M. de Locarno. Encore était-ce pour peu de temps. Le jour approchait, hélas ! où je ne pourrais plus recueillir ses sages et fortifiantes leçons.

Car M. de Locarno, même après que j'eusse reçu les saints Ordres et débuté dans ma carrière sacerdotale, avait continué, avec la respectueuse réserve que lui imposait sa grande foi, sa religion profonde, à me prodiguer les ensei-gnements de sa longue expérience et les conseils de sa mâle vertu. Le résultat principal de son action sur mon âme semble avoir été de parfaire en moi la formation du caractère, et ainsi, d'achever à dix ans de distance ce que M. Ginon, — je l'ai dit en son lieu, — avait commencé d'une manière si remarquable et si singulièrement adaptée aux besoins que me créeraient les événements. De telle sorte que l'un de mes derniers maîtres et le premier de ceux qui méritent vraiment ce nom auprès de moi, se réunissent, à mes yeux, dans une action commune répondant à la nécessité qui primerait toutes les autres dans ma vie.

M. de Locarno avait-il la conscience explicite de cette nécessité qui me serait, pour ainsi dire, personnelle ? Discernait-il l'urgence qu'il y avait à pétrir mon âme de force et de douceur, à la pénétrer jusqu'au fond de l'amour du vrai et du juste, de la haine du mal, où qu'il se révèle, mais en lui infusant du même coup l'indulgence, le pardon, la générosité poussée jusqu'à l'oubli, à l'égard de ceux qui, conscients ou non, le commettent ou le couvrent de leur autorité aveugle ? Voyait-il qu'un moment viendrait où, tout en restant humble, obéissant et soumis à toute autorité émanée de Dieu, j'aurais le devoir, méconnu par tant de dévots imbus d'une fausse doctrine, de défendre en toute simplicité et droiture ma réputation, mon honneur, comme on doit défendre sa vie ? Se doutait-il même que j'aurais à soutenir, aux dépens de mon repos, au risque de mon modeste avoir et de tout mon avenir, les imprescriptibles principes du droit naturel et divin contre les dissolvantes doctrines d'une théologie faussée ? — Je n'en sais rien, évidemment. Mais ce que je sais, c'est que ses avertissements, ses conseils, les règles de conduite qu'il m'a données, d'une manière générale et sans application immédiate à des faits concrets, ont répondu et répondent à tous les doutes que j'aurais pu concevoir sur l'attitude qu'il me fallut prendre et garder dans les graves conjonctures auxquelles je me contente de faire une allusion discrète..., voilée du pan de manteau que la piété filiale doit toujours jeter sur les misères de ses supérieurs défaillants.

Ce que je sais, c'est qu'il m'a suffi de relire ses lettres pour y trouver, à chaque heure mauvaise, le mot lumineux et profond qui me dictait mon devoir.

Au reste, ce qu'était M. de Locarno en lui-même, et ce qu'il fut tout particulièrement pour moi, dans les leçons que me prodigua, avec autant de simplicité que de bonté et de charme, sa pieuse et sage vieillesse, M. de Locarno l'a dit et résumé pour les siens dans une page merveilleuse, qui est aussi une sublime prière. Dans cette sorte de testament spirituel, il s'est défini avec une fermeté, une précision que je n'aurai pas la prétention d'égaler. Oserai-je ajouter qu'il a, par le même écrit, tracé le programme obligé de ma vie, et une dernière fois expliqué son devoir à celui qu'il n'avait cessé de considérer et d'aimer comme son enfant d'adoption ?

Je ne puis en douter, lorsque j'y lis des paroles telles que celles-ci :

« Mettez-nous en paix avec vous, Seigneur; mettez-nous en paix avec les hommes.

« Tous ont été rachetés au Calvaire. Les plus mauvais eux-mêmes sont appelés à être saints et peuvent le devenir, aidés par votre grâce.

« Ne laissez dans nos cœurs aucune haine, même au moment du combat le plus ardent et le plus fort.

« Mais aussi, Seigneur, délivrez-nous de la fausse paix, qui se fait sur les ruines de la JUSTICE et de la VÉRITÉ, pour nous rendre les esclaves endormis de l'iniquité.

« En ne permettant pas qu'une malédiction souille nos lèvres ou notre cœur, affermissez ce cœur. Qu'il soit indomptable aux mauvaises doctrines et inaccessible aux lâches complaisances.

« Donnez-nous tout cela, Seigneur, dans cet heureux mélange dont vous avez le secret, vous, le vainqueur du monde...

« Seigneur, donnez-nous la paix, votre paix à vous, et non selon le monde. Donnez-nous la paix qui est la tranquillité dans l'ordre. »

A ne les considérer qu'au point de vue de mon existence, ne dirait-on pas que celui qui traçait ces lignes avait le regard du prophète ? — Après cela, les pères, les mères ont de ces intuitions, et l'auteur de cette page suprême était pour moi le plus excellent des pères.

Lorsqu'il mourut, trois ans après M. Cognat, — 3 novembre 1891, — je me retrouvai, de nouveau, seul en ce monde. La famille que Dieu m'avait donnée, dans sa miséricorde, pour compenser la perte de celle qui m'était ravie, avait achevé son œuvre. L'un après l'autre, ses chefs disparaissaient, et avec ceux qui leur survivaient, la force même des choses m'amenait peu à peu à ne conserver que des relations, bien douces, à la vérité, de reconnaissance profonde et d'étroite amitié, mais rien au-delà.

Quant à la famille de laquelle Dieu me fit naître, des tentatives de rapprochement avec quelques-uns de ses membres principaux, — non les moins chers à mon pauvre cœur toujours meurtri, — avaient failli, par deux fois, rouvrir pour moi l'ère des catastrophes. Sans ma famille d'adoption, sans M. de Locarno, en particulier, je n'aurais pu, sans doute, conjurer le péril. Il ne fut écarté qu'au prix d'une séparation plus irrévocable que la première, et d'un oubli plus poignant... Où sont-ils, Seigneur ? C'est à vous seul que je puis le demander dans le secret d'une prière qui vous implore pour eux, mais qui restera sans réponse pour moi.

Car je comprends aujourd'hui le mystère. Il faut que je sois seul, absolument seul au monde, seul pour votre œuvre, pour votre œuvre que nul encore ne connaît. Qu'il en soit fait, Seigneur, selon votre volonté adorable, aujourd'hui et toujours !...

Et maintenant, les faits que je pourrais consigner ici, se rapprochent trop du présent, pour qu'ils trouvent place utile et appréciation impartiale dans ces *Souvenirs*. Je me bornerai à quelques dates, accompagnées de notes rapides.

Après la mort de mon cher et tant regretté M. Cognat, je gardai le vicariat de Notre-Dame des Champs et l'aumônerie des Enfants-Assistés de la Seine jusqu'au 18 octobre 1890. La charge, à la fin, devenait trop lourde, elle dépassait mes forces ; ma santé ébranlée ne laissait aucun doute à ce sujet. Mes supérieurs le comprirent. A cette même date du 18 octobre 1890, je fus nommé vicaire à la Sainte-Trinité.

Mon déplacement fut l'une des dernières joies de M. de Locarno. Le vénéré vieillard crut devoir, dans une lettre pleine de sagesse, soigneusement documentée et inspirée par la plus touchante sollicitude, me donner le sens exact de cette décision de l'autorité ecclésiastique, délimiter sa portée, me prémunir, enfin, contre les illusions que j'aurais pu me faire, et les conclusions exagérées que j'aurais pu tirer d'un acte de bienveillance évidente, à mon égard.

Ce vicariat est, effectivement, l'un des plus enviés du jeune clergé de Paris, parce que le poste, en lui-même, est l'un des plus agréables, humainement parlant. Le brillant s'y joint au confortable, les jolies relations aux bons revenus. La vie chrétienne et paroissiale y est, d'ailleurs, strictement suffisante, pour que l'âme du prêtre ne souffre pas trop du milieu mondain dans lequel il doit faire l'œuvre de Dieu. Ce n'est, sans doute, ni la joyeuse pauvreté de Bethléem, ni la sublime nudité des Catacombes ; mais ce n'est pas, non plus, la terre maudite sur laquelle ne tombe jamais la douce rosée du ciel. Dans ce monde des affaires, au milieu de ce grand luxe bourgeois, parmi ces néo-payens, opulents et jouisseurs, il ne manque pas d'âmes vraiment chrétiennes, charitables, assez dégagées de l'esprit du siècle pour comprendre le zèle du prêtre, s'y associer par la prière, le seconder par l'aumône et les autres bonnes œuvres.

Mon ministère à la Trinité fut à peu près ce qu'il avait été à Notre-Dame-des-Champs. Les catéchismes, les confessions, l'assistance des malades en constituèrent le labeur principal et la joie persistante. Joie persistante et dont le rayon s'étendait, puisque je trouvais un nouveau groupe d'adeptes, sans avoir totalement perdu l'ancien : nombre d'âmes ferventes, de tout âge et de toute condition, n'hésitaient pas en effet, à entreprendre de longues et fatigantes courses, tout un voyage dans Paris, pour rencontrer à la Trinité le pauvre confesseur et directeur qui leur avait fait quelque bien, au quartier Montparnasse. — A l'heure qu'il est, et malgré tant d'autres déplacements, ce cher groupe d'obstinés pénitents n'est pas encore complètement dispersé.

Quelques mois après mon installation au vicariat de la Trinité, on crut devoir me confier les fonctions surérogatoires de prêtre-trésorier, 14 avril 1891.

Ces fonctions pouvaient me convenir, elles me réjouissaient bien davantage encore. Je retrouvais ainsi, sur un champ d'action bien différent du premier, les joies si naïves et si pures que j'avais goûtées, petit novice de chœur, à la Trappe de Chambarand. Il me semblait que, de l'austère abbatiale à la luxueuse paroisse, toute rutilante en sa pompe modernisée, la transition s'était faite toute seule, ou qu'il n'y avait pas eu de transition. J'oubliais les longueurs, l'âpreté, les détours du chemin qui m'avait conduit de l'une à l'autre, tant je reprenais avec goût et tout naturellement ces occupations modestes, sans doute, ennuyeuses à coup sûr et fertiles en désagréments du côté des hommes, mais si belles et si saintes du côté de Dieu ! — O saints parvis de l'Éternel, vous me représentiez mieux à Chambarand qu'à la Trinité l'ineffable mystère de l'adorable et réelle Présence ; mais je vous prends à témoin qu'à la Trinité, tout ainsi qu'à Chambarand, j'apportai à votre garde le même empressement, le même cœur, la même ardeur juvénile, les mêmes soins minutieux, le même enthousiasme de foi et de piété !

Dans nos grandes paroisses de Paris, les fonctions de vicaire-trésorier ne sont point sans d'assez lourdes responsabilités. Il s'agit d'administrer et répartir un budget considérable, qui exige une comptabilité minutieuse, beaucoup d'écritures, un ordre rigoureux. Je remplis ces obligations avec toute la régularité dont j'étais capable, aux éloges de l'autorité diocésaine, en cours de visite canonique, et je pus sortir de charge le front haut, libre et dégagé de toute obligation vis-à-vis de mes commettants.

Dès mon arrivée à la Trinité, j'avais été chargé de la direction de l'Œuvre de Saint-François-de-Sales, dans la paroisse. Je gardai cette direction aussi longtemps que je fis partie du clergé de ladite Église. C'est principalement dans l'exercice de cette charge annexe que je pus apprécier ce que le Tout-Paris mondain, et en particulier, la Trinité, cache de ressources pour le bien, à la condition qu'on se donne la peine de les découvrir et de les mettre en œuvre. Établie dans la paroisse en 1865, cette Œuvre de Saint-François-de-Sales avait suivi jusqu'en 1889 une progression ininterrompue mais assez languissante, élevant de soixante francs à huit cents le chiffre de ses cotisations annuelles. En 1890, année dans les derniers mois de laquelle je pris la direction de l'Œuvre, ce chiffre s'éleva à douze cents francs. Il était de trois mille quatre cent trente-six francs, en 1895, dernière année de ma direction. Le chiffre des cotisations est la mesure la plus exacte de la prospérité de ces sortes d'œuvres : il avait presque quintuplé en cinq ans. Quelques soins plus assidus avaient suffi pour atteindre ce beau résultat ; et ce résultat ne saurait être attribué à d'autres causes, puisque, dès 1896, la progression décroissante se produisit, ramenant à six cents francs en 1898, le chiffre des recettes,

Si j'enregistre ces chiffres, ce n'est pas, Dieu m'en préserve ! pour en tirer vanité, mais uniquement pour noter comment j'appris, dans cette paroisse que j'ai aimée, le bien qu'on peut réaliser jusque dans un milieu désavantageux où l'or, le plaisir et les affaires semblent absorber toutes les préoccupations du public.

Malheureusement, j'eus l'occasion d'acquérir, à la Trinité, d'autres connaissances, utiles peut-être mais moins consolantes, à n'en pas douter.

C'est à la Trinité que j'ai vu, constaté, mesuré avec

douleur ce que peut causer de ravages dans les âmes le scandale du sanctuaire : j'ai le droit d'en écrire librement, aujourd'hui que tout le monde est d'accord pour reconnaître son existence et ses hontes…., rétrospectives.

C'est à la Trinité que j'ai dû constater jusqu'où peut descendre la lâcheté humaine, et sans parler des complicités criminelles que ce scandale rencontra dans son voisinage, ni des tristes complaisances qu'il s'assura, pour peu de temps, hélas ! puisque la main de Dieu lui barra la route, — c'est là que j'ai appris, à mon propre détriment, que si l'Église de France compte sur certains soi-disant grands catholiques pour la sauver au jour du danger, sa perte est d'ores et déjà consommée.

Mais tout ceci demanderait des développements dans lesquels je ne veux pas entrer. L'heure n'en est pas venue. Ce n'est pas pour accuser celui-ci, incriminer celui-là, quelque motif, d'ailleurs, trop fondé que j'en puisse avoir, que j'ai pris la peine de me souvenir. — Prions pour eux plutôt, prions pour tous, et passons.

Je gardai le vicariat de la Trinité jusqu'au 23 mars 1896.

A cette date, je demandai un congé semestriel, dont j'avais, physiquement et moralement, le plus grand besoin. Ce congé, par le fait, se prolongea une année entière.

Le 25 mars 1897, je fus chargé de l'aumônerie des Sœurs Franciscaines Missionnaires de Marie, à Vanves. J'occupai ce poste pendant quinze mois.

Et le 16 juillet 1898, je fus nommé vicaire à Saint-Germain l'Auxerrois, poste que j'occupe encore. C'est du presbytère de cette paroisse que j'écris ces pages intimes : raison

qui me commande de couper court à toute réminiscence
locale.

De cette paroisse que j'aime, ainsi que j'ai aimé toutes
celles dans lesquelles on m'a assigné une portion du saint
labeur, je ne dirai que ceci :

Dans sa magnifique église, si riche en œuvres d'art et
en religieux monuments, — l'ancienne paroisse de nos rois!
— on vénère une antique et sainte Madone, NOTRE-DAME-
DE-BONNE-GARDE. C'est à ses pieds bénis que, me rappelant
le passé, et plus d'une fois versant des larmes sur le présent,
je demande la grâce de ne point désespérer de l'avenir.

Que le Dieu tout puissant, par les mérites de son divin
Fils, notre Seigneur et Rédempteur, et par l'intercession de
la bienheureuse Vierge Marie, ma mère, me garde digne de
ses grâces ! Qu'il me sanctifie, dans la bonne ou la mauvaise fortune, dans la gloire ou l'ignominie, et qu'il daigne
me permettre de travailler encore à la sanctification de
mes frères !

Ce serait mon dernier mot, si je n'avais à dessein retardé
jusqu'ici le récit du fait capital de mon existence, le récit
du fait vers lequel tout converge dans mon passé, duquel
vraisemblablement découlera tout mon avenir.

Bien que j'aie expliqué de mon mieux tout ce qui m'est
arrivé jusqu'à ce jour, n'écartant de mon exposé que ce que
je ne pouvais absolument pas dire, et ce qui d'ailleurs n'aurait point apporté de lumières nouvelles à l'énigme que j'ai

été longtemps pour moi-même, plusieurs questions se posent encore, sur lesquelles on sent que le dernier mot n'a pas été articulé.

La solution gît peut-être dans ce qu'il me reste à raconter.... Si les voies de Dieu sont impénétrables, « ses jugements sont toujours vérité, ils se justifient par eux-mêmes, » dit le Prophète : il nous suffit d'attendre que ses desseins aient achevé de se dérouler, pour en admirer la justice et l'infinie miséricorde.

Donc, voici :

XII

La Rencontre

Il n'y a pas bien longtemps de cela. — J'étais à Fourvière.

Chaque année, à tour de rôle, les prêtres attachés aux
paroisses de Paris prennent un mois de repos, durant lequel,
déchargés de tout service, ils peuvent s'éloigner de leur
poste, — s'échapper de la fournaise, — changer d'air et
d'idées, se « rafraîchir le sang, » auraient dit nos bons aïeux.

Plusieurs profitent de ces loisirs pour se livrer à de
lointaines excursions. D'autres préfèrent la villégiature en
quelque coin silencieux ; d'autres, enfin, qui ne sont point
nés sur les rives fleuries de la Seine, courent au pays pour
embrasser ceux qu'ils y ont encore.

Moi, qui n'ai point de pays, plus de famille, et en qui
les désillusions de la vie ont prématurément émoussé le sens
du touriste, je mets mon plus grand bonheur à revoir la
colline sainte des bords de la Saône nonchalante et du Rhône
impétueux. J'y retrouve, du moins, une Mère pour m'entendre et me sourire. Je voudrais pouvoir, tous les ans, passer
sur les hauteurs de Fourvière les quatre ou cinq semaines de
repos que m'octroient les réglements.

Enfin cette année-là, — ne mettons point de date, — j'y étais, et je savourais le plaisir de me sentir chez moi, près de ce sanctuaire qui me connait d'enfance.

C'était au mois de septembre, un septembre privilégié, d'une douceur exquise. Les grandes fêtes Lyonnaises de la Nativité de la Vierge venaient à peine de se clore, la douce octave n'en était pas même achevée. Les derniers échos de la solennité du Huit semblaient se perdre, ténus, ténus, derrière les grandes collines fuyantes, qui s'évident là-bas, à l'horizon. Les derniers feux des illuminations, — éteints depuis quatre jours au moins, — mouraient peu à peu dans la mémoire de ceux qui les avaient admirés en dévots enfants de Marie; et pour l'esprit, pour le cœur de ces imaginatifs, la grande cité assise au pied de la vaste esplanade, reprenait sa physionomie accoutumée, celle qu'elle avait reprise en fait et dans la réalité des choses, dès le lendemain de la fête.

Chaque jour, nous arrivaient des nouvelles consolantes du beau pélerinage national qui venait de toucher Fourvière, avant de chercher la Vierge sur les pics sévères de nos Alpes Dauphinoises. Après avoir pris part, ici même, avec ses quinze cents adhérents, aux fêtes inoubliables de la Nativité, l'intrépide phalange s'était ébranlée dès le lendemain matin, pour monter à la Salette et y supplier la divine Mère des douleurs, aux lieux mêmes où Marie pleura sur la France et sur le monde. De là, elle devait passer à Ars, l'obscur village des Dombes, pour y vénérer la mémoire d'un prêtre qui fut saint parce qu'il fut prêtre effectivement, en esprit et en vérité. Puis, cette halte franchie, elle s'en irait implorer, dans les lieux mêmes où il daigna se montrer à la France et aux siècles vieillis, la suprème pitié du Cœur de Jésus, en faveur d'un peuple qui, malheureusement, ne se repent pas : pieuse et vaillante avant-garde, qui se meut depuis trente ans, mais que le gros de l'armée, hélas! ne suit pas...

Un moment j'avais eu l'idée de me joindre à ce fervent pèlerinage ; j'y renonçai bientôt. Pour l'âme encore plus que pour le corps, j'avais besoin de repos. Il me fallait le recueillement, le silence, la prière individuelle, le cœur à cœur avec ma Mère. Je pris gîte sur sa chère colline.

Chaque jour, cela va sans dire, j'offrais l'auguste sacrifice à l'un ou l'autre des autels de la basilique ; dans sa crypte monumentale, autant que je le pouvais. Puis, à plusieurs reprises dans la journée, je revenais au béni sanctuaire, moins encombré que le matin, moins fréquenté que le soir, jamais solitaire, néanmoins. J'y passais de longues heures. Tout en me tenant à quelque distance des personnes qui se rencontraient là, je choisissais une place d'où il me fût possible de voir la sainte Madone, aux pieds chéris de laquelle mon regard, souvent, était mon unique prière. Mais je la voyais, cela me suffisait, j'étais heureux.

Parfois aussi mon âme, plus agissante, repassait sous les yeux de ma Mère toutes les phases, toutes les vicissitudes de ma vie. « Les reconnaissez-vous, ô Mère, ces heures vécues, et vous souvient-il de l'assistance visible que vous daignâtes me prêter, à tel jour, en telle circonstance douloureuse ou consolante ? — Mais les circonstances douloureuses, les heures cruelles étaient plus nombreuses que les autres, et il me semblait que la douce Madone me disait: « Espère, mon enfant ! Que le secours inespéré que je t'ai apporté si souvent, t'apprenne à compter, pour le présent, pour l'avenir, sur ma vigilance et sur mon cœur. Tu me dois cette confiance. »

D'autres fois, allant de mon âme et de ses indigences profondes aux misères plus navrantes encore de la chose publique, je me représentais toutes les tristesses du moment, le désarroi des intelligences, la diminution générale des grandes vérités parmi les hommes de ce siècle, l'inertie des gens de bien, l'audace croissante des hommes d'impiété et de désordre, leurs succès continus, en un mot, cette marche descendante que nous exécutons comme malgré nous, avec une vitesse progressive, vers un point qui ne peut être que l'abîme.

Et je disais à la Madone : « O Mère, n'est-ce point là le commencement des grandes calamités que vous nous avez annoncées? Quand donc, ô Mère, verrons-nous ce que nous n'avons point vu depuis trente ans, un coin de ciel bleu? Quand donc, à travers ce nuage épais qui nous enveloppe, et s'assombrit de jour en jour avec une implacable uniformité, verrons-nous percer quelque lueur d'espérance? C'est sur nous, ô Mère, ne le voyez vous pas? que pèse le gros du nuage, tandis que les autres peuples semblent n'avoir à redouter que les contre-coups de la tempête. Évidemment, nous périssons. L'oracle est à la veille de s'accomplir : « Parce que la France n'a pas voulu se souvenir de sa fin, elle a été violemment précipitée. »

« Ne voyez-vous pas, ô Mère, que chez nous le désordre est partout? partout la langueur, partout la décadence : les chefs de l'armée couverts d'opprobres, leur épée malgré eux retenue au fourreau ; les hommes honnêtes traqués, dénoncés comme ennemis publics ; les chefs du sanctuaire eux-mêmes incertains, hésitants, quelques-uns sans volonté, le plus grand nombre sans pouvoir, les uns et les autres dépouillés de leur glorieux et salutaire prestige ? O Mère, souvenez-vous de

vos antiques, prédilections pour le pays de France : faites
nous recevoir à pénitence et pardon. »

Telles étaient mes réflexions habituelles et mes prières
dolentes aux pieds de la sainte Madone. J'y trouvais, cependant, une douceur indicible; et revenant sur moi-même, je ne
pouvais m'empêcher de redire sans cesse la supplication du
Psalmiste : « Seigneur, au milieu de tout ce désarroi extérieur, et parmi toutes les anxiétés, toutes les douleurs
intimes qui assiègent mon âme, montrez-moi la voie dans
laquelle il vous plaît que je marche ! — O Mère, à travers
toutes ces ombres menaçantes, guidez encore, guidez toujours votre enfant ! »

Il y avait déjà plusieurs jours que je menais là-bas, sur
la colline ensoleillée, cette vie de recueillement et de mélan-
coliques pensers, lorsque je remarquai, parmi les fidèles
qui, ainsi que moi, donnaient à la Vierge bénie la plus grande
partie de leur journée, un personnage dont l'attitude me
frappa extraordinairement.

C'était un prêtre : chaque matin, je le voyais célébrer
les saints mystères, à peu près à la même heure que moi.
Son costume, d'ailleurs, le décelait, encore qu'il fût assez
différent du nôtre : un prêtre qui, selon toute apparence,
devait appartenir à quelqu'une de ces contrées de l'Europe
centrale, où l'hérésie ne permet pas l'usage courant et complet du costume ecclésiastique romain.

Il pouvait avoir de soixante à soixante-cinq ans. D'un
extérieur grave et rigoureusement décent, peut-être un peu

négligé pour quelques-uns, — nos Parisiens, du moins, en auraient jugé ainsi, — il n'y avait rien de banal, ni de vulgaire dans son attitude ; rien, au contraire, qui ne commandât le respect, en laissant soupçonner, sous des dehors d'une simplicité étonnante, quelque grandeur réelle, d'intelligence, de cœur ou de vertu.

Au reste, sa prière était si assidue, son recueillement si profond, que, malgré moi, je m'intéressais à ses pas et démarches. Le mystérieux, ou ce qui y ressemble, pique toujours la curiosité. Cet homme paraissait si délibérément étranger à tout ce qui l'entourait, que l'envie me vint de l'étudier, et de savoir ce que, aussi bien, je ne m'étais jamais demandé à propos de n'importe quel inconnu.

Je m'enquis de ses habitudes. Je remarquai à quelle heure de la matinée il quittait la basilique, pour aller prendre son repas du milieu du jour dans l'une ou l'autre des maisons avoisinantes, qui offrent aux pèlerins une modeste mais convenable hospitalité. Armé de ce premier renseignement, je sortais de l'église quelques minutes avant qu'il n'en sortît lui-même, et me tenant à une certaine distance sur l'esplanade, je le considérais attentivement, sans danger d'indiscrétion, lorsqu'il la traversait.

C'était bizarre, enfantin, de ma part, et ceux qui me connaissent, auront peut-être de la peine à me retrouver dans ce détail, mais je ne puis l'omettre. Il leur dira, au demeurant, ce que je mettais d'ardeur et de ténacité à poursuivre un but dont l'utilité, tout d'abord, ne m'était pas bien démontrée à moi-même.

Il est vrai que la démonstration ne tarda pas à s'ébaucher, sinon à se faire complètement dans mon esprit.

La démarche de mon inconnu était assurée, encore alerte, mais visiblement modérée par cette gravité douce que donne la pensée intérieure, attentivement suivie par l'intelligence. Il semblait ne rien voir, ne s'intéresser à rien de ce qui se succédait sous ses yeux : méditatif et affairé, sans occupation apparente ; calme, de ce calme qui semble dire : « Que pourrait-on me dire, que je ne sache d'avance ; me montrer, que, sous une forme ou sous une autre, je n'aie déjà vu ? »

Dans son attitude, il y avait de la bienveillance, assurément, mais de la réserve encore plus ; de la bonhomie, mais je ne sais quoi de ce scepticisme résigné que nous apporte une longue expérience des hommes et des choses. Ses allures discrètes étaient celles de l'étranger qui n'oublie pas sa condition, mais avec cette particularité qu'il paraissait se dire à lui-même, que la terre, après tout, lui appartenait aussi bien qu'au reste des humains, et que tous les lieux, pour lui, se ressemblaient, puisqu'il n'y en avait aucun, d'où l'on eût à faire plus long chemin pour passer dans l'éternel au-delà.

C'est ainsi que je me définissais à moi-même cet étrange inconnu. — Certes, je ne me donne pas pour un physionomiste, et je n'avais pas plus de prétentions à ce talent, au moment où j'enregistrais d'aussi singulières observations, que je n'en avais eu jusqu'alors, et que je n'en ai encore aujourd'hui. Il me semblait, pourtant, que tout ceci n'était pas un simple jeu de mon imagination, et qu'il devait y avoir quelque chose de fondé dans mes constatations, si surprenantes qu'elles fussent pour tout le monde, et pour moi, le premier.

Quoi qu'il en soit, ces constatations me donnèrent l'envie de poursuivre mon étude, et je pris mes mesures pour demeurer la plus grande partie du jour, en présence du problème que je voulais, à tout prix, résoudre.

Je voulus savoir l'heure à laquelle, dans la matinée, l'heure à laquelle, dans l'après-midi, mon homme revenait à 'la basilique. Je remarquai le moment précis où, le soir, il en repartait, comme j'avais noté d'abord l'instant où, un peu avant le milieu du jour, il la quittait.

Et le pieux réglement de ce prêtre devint mon propre réglement. Et nous priâmes ensemble, sinon en commun. Et je me figurai que nos prières avaient le même objet, ce qui n'ajoutait pas peu à la ferveur des miennes. Jusqu'où ne serais-je pas allé dans ce champ des hypothèses ?

Des hypothèses ? — Non, tout à fait, mais plutôt du sentiment instinctif, irraisonné, sans motifs bien précis. Car, à tort ou à raison, je sentais ou, ce qui revient au même, je croyais sentir que nos deux âmes se faisaient écho et se rencontraient, plaidant les mêmes causes, dans ces régions supérieures où s'épand la prière, infiniment au dessous du trône de Dieu, démesurément au dessus de la sphère grise des préoccupations terrestres.

Cependant, en définitive, je ne connaissais aucunement mon homme, et j'avais beau chercher, je ne trouvais aucun moyen d'arriver jusqu'à lui, sans manquer aux plus élémentaires convenances. Mon envie furieuse s'en exaspérait d'autant, mais qu'y faire ? De bon compte, je ne pouvais pas l'aborder pour lui parler pluie ou beau temps. Comment aurait-il accueilli mes avances ridicules ? D'ailleurs, parlait-il le français ? Et moi qui, comme la plupart de mes compa-

triotes, — c'est un de nos torts, — n'ai qu'une seule langue
à mon service, étais-je bien sûr de pouvoir m'entendre avec
lui ? Il me restait bien d'autrefois quelques mots latins, mais
si rares et si revêches que je n'aurais pu en tirer le moindre
parti dans une conversation sérieuse et suivie.....

Lui, de son côté, n'avait pas du tout l'air de songer
à faire ma connaissance. Autant que je pouvais m'en convaincre, je lui indifférais absolument. Lorsque, le croisant à
dessein, je m'empressais de le saluer, il répondait à mon
salut avec la politesse d'un homme bien appris, mais qui
pense à autre chose.....

Comme encouragements, c'était plutôt insuffisant.

Quatre ou cinq jours passèrent de la sorte. Je tremblais
que mon « problème » ne disparût avant que j'eusse obtenu
de lui-même les éclaircissements auxquels je tenais, —
je ne savais vraiment trop pourquoi, n'ayant jamais, au
grand jamais, à propos de n'importe qui, ressenti cette fièvre
de désir véhément, inquiet, presque fou. Moi-même je voyais
avec terreur arriver le moment où il me faudrait partir sans
avoir pénétré le mystère. — Le mystère ! je dis bien : à force
de m'entêter à mon idée, de m'auto-suggestionner sur ce
point obscur, cet homme, ce prêtre inconnu s'élevait pour
moi à la hauteur du mystère.

Enfin l'occasion se présenta, telle que je n'aurais jamais
pu la prévoir. Du même coup, elle m'expliqua l'homme et
les phénomènes d'ordre psychologique et moral, que j'avais
éprouvés à son sujet.

Un soir, vers six heures et demie, je quittais la basilique,
et traversais lentement l'esplanade, dans l'espoir, assuré du
reste, que mon inconnu ne tarderait pas lui même à sortir,

et que, d'un pas plus rapide que le mien, en homme qui sait
ce qu'il veut, où il va, il me dépasserait, me permettant tout
au moins de voir s'éloigner et disparaître celui que j'aurais
tant voulu approcher.

Il sortit, en effet, et je le vis, obliquant sur la droite, se
diriger vers la rue qu'il prenait habituellement.

Il n'était guère qu'à vingt mètres de moi, lorsque tout
à coup je suis abordé et interpellé par je ne sais quel employé
de l'un des hôtels les plus rapprochés de la basilique :

« Vite, vite, Monsieur l'abbé, accourez, je vous en prie,
nous avons à l'hôtel un voyageur qui se meurt ! »

— « Mais, mon ami, repris-je en montrant l'église, je
ne suis pas du clergé de ce pays, et vous avez là le prêtre
de garde. »

— « Non, Monsieur, c'est impossible..... il serait trop
tard. »

Durant ce bref colloque, mon cher inconnu passait à
deux pas de nous. Instinctivement, l'employé, tout en me
parlant, se tourna vers lui. Celui-ci, répondant à mon salut,
échange un regard avec moi, et l'appuyant d'un geste qui
semble dire : « Il n'y a pas à hésiter », prononce ce simple
mot : « Allons ? ».

En moins de temps que je n'en mets à le raconter, nous
voici, l'un et l'autre, au second étage de l'hôtel, dans une
vaste pièce, confortablement meublée, et qui laisse pénétrer
par trois fenêtres grandes ouvertes les rayons attiédis d'un
splendide soleil couchant.

En face de nous, renversé sur un canapé, avec ses vêtements dégrafés, en désordre, un homme de cinquante ans,
environ, les yeux entr'ouverts, vagues, les bras pendants,

les mains crispées, la bouche convulsée : un homme expirant, s'il n'est déjà mort.

Près de lui, une femme de trente ans à peine, agitée, nerveuse, peu émue, — sa fille peut-être ?

« C'est fini, nous dit-elle, il est mort. » — « Ce n'est pas absolument certain, » reprend mon vénéré confrère ; qu'en pensez-vous, Monsieur l'abbé ? On pourrait toujours l'absoudre *ad cautelam.* » — Puis, se tournant vers la femme : « Avez-vous ici un crucifix ? »

Il n'avait pas achevé, que la porte s'ouvrit avec bruit. C'est le médecin, appelé comme nous en toute hâte, qui arrive. Il va droit au canapé, et sans la moindre hésitation, après un très rapide examen, constate la mort : « Congestion pulmonaire foudroyante, » dit-il en trois mots, qu'il laisse par écrit. Après quoi, nous saluant correctement, sans rien ajouter, il s'éloigne avec le gérant de l'hôtel qui l'a accompagné.

Profondément impressionnés par un de ces coups auxquels, même après quinze ou vingt ans de ministère paroissial, on n'est pas parvenu à s'habituer, nous allions nous retirer nous-mêmes, non sans avoir prié quelques minutes, et adressé quelques mots de consolation à la malheureuse femme, que cette mort inopinée, terrifiante, devait, nous semblait-il, jeter dans la plus profonde douleur.

Mais nous comprîmes bien vite, hélas! que les consolations, dans la circonstance, étaient superflues.

« Messieurs, nous dit cette femme, je vous remercie pour le pauvre défunt, il était si bon pour moi! On ne le sait pas ici, parce qu'on n'avait pas besoin de le savoir, il était comme vous, Messieurs : il était prêtre, et même il

avait une bonne place, où il se faisait de bons revenus.....
Pas regardant pour moi, oh ! non, plutôt généreux. Pas très
fort de santé seulement, un rien le dérangeait,... Il m'appelait quelquefois sa filleule, quelquefois sa pupille, d'autres
fois sa nièce. Çà, c'était pour les gens qui se mêlent de ce
qui ne les regarde pas. En réalité, je ne lui étais rien. J'étais
seulement son amie, et il était venu ici avec moi, pour être
un peu plus libre que là-bas. Enfin, le voilà mort, ce qui va
me faire bien de l'embarras pour toutes les formalités. Heureusement, ses affaires sont bien en règle, il ne me laisse pas
dans le besoin ; tout ce qui était à lui, est à moi maintenant.
Oh ! c'était un bon cœur, tout de même. Mais que voulez-
vous, mes bons Messieurs, vous savez, c'était un homme, il
aimait le plaisir ; çà ! çà ne fait de tort à personne..... »

— « Assez, vous en avez trop dit, interrompit tout à
coup, avec un ton d'autorité contenue, le cher inconnu qui
commençait de la sorte à se révéler à moi, assez! Priez et
revenez à Dieu : c'est l'unique leçon que vous donne maintenant le cadavre de ce malheureux. »

Nous descendîmes en silence, la tristesse au cœur, la
rougeur au front.

Sur le seuil de l'hôtel, le digne prêtre me donna la main,
comme pour prendre silencieusement congé de moi.

Ce geste me troubla plus peut-être que tout ce que je
venais de voir et d'entendre. Allais-je donc laisser échapper
l'occasion qui m'était offerte, et que j'avais tant désirée? —
J'essayai de balbutier, les mots ne venaient pas. On n'est
pas plus banal, embarrassé, maladroit, que je l'étais, à ce
moment. Mon interlocuteur me devina, bien plus qu'il ne me
comprit :

« Sans doute, me dit-il, répondant à un désir que je ne savais comment lui exprimer, la triste circonstance prêterait, entre nous, à bien des réflexions. Mais ce n'est ni le lieu, ni le temps. »

Puis il ajouta :

« Monsieur l'abbé, je n'ai pas l'honneur de vous connaître, autrement que pour un dévot serviteur de Marie. Toutefois, il se peut que la Providence ne nous ait pas rapprochés dans une pareille circonstance, sans quelque dessein, que je vous déclare, d'ailleurs, ignorer absolument.

« Si vous le voulez bien, demain matin, à onze heures, au sortir de la basilique, puisque c'est là notre rendez-vous de chaque jour, nous pourrons échanger quelques idées.

« En attendant, prions pour la pauvre âme de prêtre qui vient de tomber, sans sacrements ni grand repentir peut-être, entre les mains du Dieu vivant. — A demain ! »

Nous nous séparâmes.

Il me faudrait tout un volume pour décrire les impressions qui se succédèrent dans mon âme, l'afflux de sentiments, les flots de pensées, tantôt confuses et tantôt fulgurantes de clarté, qui s'y croisèrent, s'y heurtèrent, y enchevêtrèrent leurs innombrables fils, à la suite de la Rencontre si impatiemment attendue, et de l'horrible scène qui me l'avait enfin procurée. J'y renonce.

Je noterai seulement les trois points, les trois pivots de fer et de diamant, autour desquels, en cette soirée et durant toute la nuit, mes joies, mes tristesses, mes espérances, mon effroi, menèrent leur ronde effrénée.

En moins d'une demi-heure, — puisque sept heures sonnaient à l'horloge de Fourvière, lorsque, rentré dans ma chambre d'hôtel, je me jetai à genoux pour prier par mon attitude, en attendant que le calme, un calme relatif, s'établit en moi et me permît de prier effectivement par le cœur, — en moins d'une demi-heure, j'avais vu la justice de Dieu passer en coup de foudre sur un prêtre comme moi, mon aîné dans le sacerdoce.

Dans le même temps, j'avais vu l'égoïsme glacé du vice humain se révéler dans toute sa hideur sur un cadavre encore palpitant.

J'avais vu, enfin, se réaliser, en des conditions de toutes les plus impossibles à prévoir, un désir véhément, impérieux et dont je ne pouvais m'expliquer la provenance, n'ayant jamais rien éprouvé de semblable ou même d'approchant pour qui que ce fût. — Cet étranger, que je ne connaissais pas, et qui déjà me tenait si fort au cœur, avait commencé à se découvrir à moi, sinon encore, pour le moment, tel que je l'avais rêvé, du moins sous un aspect qui ne contredisait pas, qui favorisait plutôt les hypothèses dorées auxquelles j'avais laissé mon imagination se bercer, sans vouloir ni pouvoir, au surplus, me les justifier à moi-même par la réflexion.

« A demain, me répétais-je sans cesse, dans l'obsession de mes pensées, de mes désirs, à demain ! »

XIII

Un récit, et les réflexions qu'il suggère
à mon interlocuteur.

Inutile de le dire, je ne manquai pas au rendez-vous :
je l'avais si ardemment souhaité !

Lui, non plus, n'y manqua point. — Sans se départir de
sa réserve, un peu froide en apparence, il me tendit la main,
et m'abordant avec un demi-sourire :

« Eh ! bien, Monsieur l'abbé, me dit-il, avez-vous encore
présents à l'esprit le triste spectacle qu'on nous a mis sous
les yeux, et les paroles plus tristes, certes, qu'il nous a fallu
entendre ? »

Puis, sans attendre ma réponse, et prenant d'autorité la
direction de ma pensée, — quelque chose comme la possession momentanée de mon âme, — il continua :

« A quel diocèse appartenez-vous. et quelles y sont vos
fonctions. »

— « Je suis du diocèse de Paris, répondis-je en deux
mots, les seuls à peu près que j'aie eu l'occasion d'articuler
dans ce premier entretien, et j'exerce les fonctions vicariales

dans l'une des paroisses de la ville. J'ai déjà quinze ans de ministère. »

— « Je n'ai pas besoin, répartit aussitôt mon interlocuteur, d'en apprendre davantage pour estimer que vous êtes en état de comprendre ce que je vais dire. Je désire même ignorer tout ce qui pourrait vous concerner personnellement afin de laisser plus de liberté à ma pensée et à son expression. Les questions de personnes sont mortelles ennemies des questions de principes. Le moyen d'établir et de venger ceux-ci, lorsqu'on a toujours à craindre qu'on voie dans nos affirmations des allusions plus ou moins transparentes, à tel ou tel de nos contemporains, inférieurs ou égaux ? — Ces allusions, d'ailleurs, sont toujours un peu téméraires : quelles que soient les apparences, il n'y a que Dieu qui puisse dirimer à fond, sans appel, les questions de personnes.

« Je vous ignore donc, de même que vous m'ignorez, et je n'ai devant moi qu'un prêtre pieux, — j'en ai la preuve, depuis quelques jours, — et, d'autre part, un prêtre assez avancé dans sa carrière sainte, pour que rien de ce que je pourrai lui dire n'ébranle sa foi, ne trouble son entendement. Je veux m'entretenir avec vous, je n'ai pas la prétention de vous rien révéler que vous ne sachiez déjà, sans doute.

Après une courte pause, il continua :

« Si désolante que soit la catastrophe individuelle survenue hier, et qui peut laisser entrevoir tant de naufrages d'âmes entraînées par ce malheureux au cours de sa vie misérable, il est pourtant quelque chose de plus triste que le fait lui-même, à savoir, l'état maladif, général, que ces sortes de catastrophe permettent de redouter, lorsqu'elles

éclatent dans les conditions où nous avons vu celle-ci se produire.

« Comment ce malheureux a-t-il pu, ainsi, descendre
toutes les pentes de l'abîme et définitivement y rouler, sans
que personne ne s'en soit ému autour de lui ? — Nul n'est
pervers du premier coup, d'emblée. Ainsi que la vertu, le
vice a ses degrés, des degrés multiples qu'il faut nécessairement franchir avant d'arriver à ce que j'appellerai le vice
acquis et définitif. Il faut du temps pour conquérir la stabilité
et le repos dans le mal. Or, quelque soin que l'on ait de
se dissimuler, il est impossible qu'on en vienne à ce point
de l'infamie, sans que pas un ne s'en aperçoive. Comment
les confrères et collègues de ce malheureux, ceux qui le
voyaient chaque jour, partageant sa vie sacerdotale, tra-
vaillant au même champ du Père de famille, après avoir
épuisé secrètement auprès de lui toutes les ressources de leur
esprit, de leur cœur, de leur zèle évangélique, n'ont-ils pas
averti leurs supérieurs, ainsi qu'ils en avaient le devoir
rigoureux, inéluctable ?... Et s'ils ont rempli ce pénible
devoir, comment les supérieurs ont-ils maintenu à sa place
d'honneur et dans ses charges redoutables cette brebis perdue,
transformée en loup dévorant ? — C'est là, voyez-vous, c'est
là surtout que je découvre le danger, le danger d'ordre
public, qui menace la collectivité elle-même, et qui permet
de tout appréhender pour le présent, pour l'avenir.

« Qu'est donc, à côté de ceci, la chute individuelle, irrémédiable, à la vérité, de ce malheureux ! — Des scandales,
il y en a toujours eu, et il y en aura toujours dans l'Église.
Le Maître lui-même nous en a prévenus : « Il est nécessaire
que le scandale arrive ». Mais que le scandale soit toléré,
honoré même, et préposé jusqu'à sa dernière heure, ainsi
qu'il est arrivé là, à la garde des âmes qu'il corrompt au
lieu de les sauver, à l'administration des choses divines qu'il

fait servir aux passions immondes, c'est, à proprement parler, l'abomination de la désolation dans le lieu saint, telle
que l'a prédite le prophète.

Je ne connais et ne veux pas connaître l'Église, le
diocèse auquel appartenait ce malheureux, mais quelle
malédiction pour ce diocèse, cette Église! Et combien, en
face de ce cadavre, auraient à se frapper la poitrine, qui
peut-être ne soupçonneront jamais la responsabilité qu'ils
ont encourue !

« Ah! malheur! pour un bon nombre parmi nous, les
vérités sont diminuées, et dans l'enseignement frelaté qu'on
donne, en maint endroit, aux jeunes recrues du sacerdoce,
je ne reconnais plus les principes immuables, les principes
sauveurs du saint Évangile. Que de Pharisiens dans le sanctuaire, qui en chasseraient le Christ lui-même, s'il venait,
comme aux jours de sa vie mortelle, y prêcher sa pure et
sainte doctrine !

« Car enfin, j'ai vu, — peut-être hésiterez-vous à me
croire, et cependant je vais rester au-dessous de la vérité, —
j'ai vu de mes yeux quelque chose de plus lamentable que
tout ce que peut nous laisser soupçonner le tragique événement auquel nous avons assisté hier soir.

« Dans un pays que je ne vous nommerai pas, — le nom,
évidemment, ne fait rien à l'affaire, — et à une époque qui,
pour être éloignée de nous de quelque vingt ans, n'en ressemble pas moins sensiblement à la nôtre, j'ai vu un jeune
prêtre, plein d'avenir et jusque-là entouré non seulement de
la bienveillance, mais encore de la confiance hautement mani-
festée de ses supérieurs, tomber en un jour, en une heure,
victime par contre-coup, victime glorieuse mais affreusement

persécutée, d'un de ces scandales passionnels dont le dénouement fut identique à celui qui vient de nous épou-
vanter.

« Comme ses confrères de la paroisse à laquelle il était
attaché, ce jeune prêtre gémissait du désordre de vie qu'on
remarquait chez l'un d'entre eux. Ce désordre n'était plus un
mystère sur lequel on pût différer d'appréciation. De temps
à autre, quelque plainte indignée, une menace d'éclat, de la
part des fidèles, ravivaient leurs appréhensions, fournissaient
un argument de plus à une démonstration qui hélas ! se faisait d'elle-même, et dont ils ne parvenaient pas à écarter
l'aveuglante lumière.

« Tous ou presque tous, car la brebis contaminée
avait bien quelques complaisants, peut-être même quelques
complices dans la bergerie, tous ou presque tous reconnais-
saient la nécessité d'attirer sur le mal dûment constaté la
haute vigilance des supérieurs. Mais, ainsi qu'il arrive pour
l'accomplissement de devoirs solidaires et par ailleurs entourés de périls, nul ne se souciait de s'entremettre pour la
cause de Dieu et des âmes. A la vérité, humainement parlant, ils étaient bien inspirés, et je ne crois pas qu'ils aient
eu, par la suite, à regretter d'avoir purement et simplement
trahi leur devoir. Reste à savoir, seulement, ce qu'en décidera,
en son redoutable tribunal, Celui qui juge les justices elles-
mêmes, et n'est pas moins rigoureux pour les fautes d'omission que pour les infractions positives à sa loi sainte.

Quoi qu'il en soit, le mal continuait à s'étendre, le
scandale cheminait, courait dans le demi-jour de la paroisse,
et nul ne jetait le cri d'alarme, et vogue la galère ! « tout
était pour le mieux dans le meilleur des mondes. »

« Un jour, cependant, — tôt ou tard, ce jour se lève
presque immanquablement dans la vie des criminels de
profession, — l'ignominie du malheureux prêtre s'étala

dans un fait monstrueux. Le jeune ecclésiastique dont je vous esquisse l'histoire, le surprit en flagrant délit de grossière débauche, dans une des dépendances de l'église, à quelques pas du tabernacle du Saint des saints. C'en était trop : la conscience du témoin fortuit, tout involontaire, de pareils forfaits, ne laissa pas de repos à celui-ci, qu'il n'eût résolu de révéler à ses supérieurs le scandale qu'il avait, à plusieurs reprises, vu de ses yeux, entendu de ses oreilles, constaté par tous les moyens de certitude auxquels on peut recourir ici-bas.

« Toutefois, il prit du temps et n'omit aucune des précautions que suggère la prudence. Il réfléchit, consulta, pria. Puis, avant de rien articuler, il sonda les dispositions d'esprit de son premier supérieur, afin de savoir s'il agréerait de sa part une démarche plus explicite. Celui-ci fit un accueil excellent à ces premières ouvertures. Plus tard, lorsque l'exposé des faits lui eut été remis, il fut plus bienveillant encore, félicita et remercia son jeune subordonné de ce qu'il considérait, à juste titre, comme l'accomplissement méritoire d'une obligation de conscience. Il lui révéla même qu'il n'était pas sans avoir acquis, par d'autres voies, connaissance plus ou moins explicite du mal qui sévissait dans une portion de son troupeau, et c'est avec les marques de la plus paternelle sympathie qu'il congédia son prêtre, en le rassurant, au surplus, contre toutes les éventualités fâcheuses auxquelles sa courageuse démarche pourrait l'exposer, de la part des personnes intéressées.

« Le jeune prêtre, confiant dans la parole de son supérieur, se retira avec la joie du devoir accompli, ne songeant plus désormais qu'à remplir au mieux son humble ministère...

« Six semaines plus tard, tout était changé, et à la grande joie de l'Enfer, les rôles étaient intervertis de la plus lamentable façon !

« Le misérable avait des amis en haut lieu, qui, pour le sauver, n'hésitèrent pas à perdre l'innocent, en lui infligeant un sort plus rigoureux, assurément, que celui auquel ils auraient condamné le prêtre fornicateur, s'ils l'avaient jugé selon les lois et coutumes de leur Église.

« Les supérieurs sont à plaindre : la vérité leur arrive difficilement. Quant à l'amitié sincère qui ferait pénétrer jusqu'à leur esprit cette vérité qu'on leur dérobe, elle s'assied bien rarement à leur foyer. Ils sont perdus, s'ils se laissent prendre aux basses et perfides adulations de leur entourage.

« C'était peut-être le cas, dans l'affaire.

« Quoi qu'il en soit, une intrigue fut montée, assez grossière, assurément, puisqu'elle reposait sur les trucs les plus vulgaires, tels que ceux de la lettre anonyme et du pot-de-vin. En dépit de sa misérable ossature, l'intrigue triompha promptement de la bonne foi du vieux supérieur, et même du souci qu'il aurait dû avoir de sa propre dignité. L'intrigue contraignit cet homme considérable, indépendant par situation, à oublier ses engagements antérieurs et à renier sa propre parole. Elle lui imposa, dans la suite de l'affaire, une attitude pitoyable, violente par moments, puis hésitante, contradictoire, illogique, absolument dénuée de sincérité, finalement, tout à l'avantage du prêtre fornicateur et à la ruine du prêtre consciencieux qui avait pris l'Évangile pour sa loi, et les enseignements unanimes des saints Docteurs de l'Église, pour sa règle de conduite.

« Le prêtre criminel, souilleur d'âmes, fut maintenu à son poste élevé, et il y serait encore, si la main de Dieu ne l'avait frappé subitement, quelques mois plus tard, dans la fleur de l'âge et, on peut l'ajouter, dans le triomphe de ses scandales grassement rétribués. — D'aucuns ont prétendu qu'il s'était suicidé, ce qui est prouvé, disent-ils, et ce qui d'ailleurs, n'a rien d'invraisemblable, le suicide, depuis l'Iscariote, étant la porte de sortie que paraissent préférer ceux qui, dans le sacerdoce, ont marché sur ses traces infâmes.

« Quant au jeune prêtre, coupable uniquement d'avoir agi selon sa conscience, il fut dépossédé, chassé du poste qu'il occupait. De plus, on essaya par tous les moyens de le déshonorer. Enquêtes, contre-enquêtes administratives, entachées de pression, de menaces, calomnies répandues dans le public et appuyées, aux yeux de celui-ci, par les procédés rigoureux, violents, que l'autorité ecclésiastique employait contre l'innocente victime du devoir, tout fut mis en œuvre à la fois. — Bref, une tentative d'assassinat moral !

« Et le malheureux connut toutes les hontes, toutes les misères ; réduit, durant un temps assez long, à ne vivre que d'emprunts ou d'aumônes, et plus tard, rétabli, par une sorte de commisération insultante, dans un poste bien inférieur à celui qu'on lui avait confié dix ans plus tôt, lorsqu'il entrait dans le rang. Voilà ce qu'il avait gagné à être fidèle, et les encouragements que recevait, aux yeux de tout une grande Église, la vertu aux prises avec le vice ignominieux, constaté !

« Inutile d'ajouter que ceux-là même qui, parmi ses confrères, l'avaient encouragé dans son œuvre d'assainissement, s'étaient, dès la première apparence des difficultés, défilés avec ensemble, le désavouant probablement, mais en tout cas le laissant seul aux prises avec le malheur.

« Telle était, telle est peut-être encore sa situation, car je l'ai depuis assez longtemps perdu de vue : J'ai même oublié maint détail de sa douloureuse histoire. Peut-être est-il déjà mort, car il m'est revenu que ses ennemis avaient tenté de le faire disparaître, en l'internant dans je ne sais quel asile ou hôpital. Ce que je me rappelle positivement, et qui est absolument certain, c'est que l'administration diocésaine a voulu, délibérément et pour se tirer d'affaire, au moyen de je ne sais combien de faux en écriture authentique, perpétrer contre ce jeune prêtre, un de ses propres sujets, l'attentat capital de la *dépossession d'état*, — le plus grave des attentats qui se puisse commettre d'évêque à prêtre diocésain, — et qu'ainsi, de ce seul chef, il est logique de conclure que, sur maint autre point, ladite administration diocésaine a pu excéder notablement ses droits, au préjudice du même.

Quoi qu'il en soit, son vieux supérieur a déjà rendu compte à Dieu — puisse-t-il l'avoir trouvé favorable ! — de sa longue administration. Les complaisants ou complices du prêtre criminel, soit dans la paroisse, soit dans les conseils de l'administration, ont aussi disparu en partie, m'a-t-on dit, assez tristement pour la plupart. Mais je suis fort insuffisamment renseigné sur tous ces détails, qui ne m'importent en aucune façon.

« Ce que je sais mieux, c'est que le pauvre persécuté, se voyant tout à coup chargé d'accusations aussi graves et dangereuses, que perfides et insaisissables, se réclama aussitôt de la justice des tribunaux ecclésiastiques ; que, traité de *calomniateur* et, comme tel, frappé de mesures administratives, plus préjudiciables, à tout point de vue, et plus cruelles que les peines juridiques prévues par le Droit pour les crimes et délits dont on le chargeait à faux, il demanda, durant plusieurs années, d'être jugé par ses pairs.

On se garda bien de le lui accorder. On eut même recours à tous les moyens de pression pour l'amener à s'abstenir de requêtes aussi gênantes pour ses adversaires.

On l'avait posé en *calomniateur* devant le diocèse tout entier. Le crime de *calomnie* était le seul qu'on pût articuler contre lui, pour justifier les mesures odieuses prises à son égard. Il fallait donc, bon gré mal gré, qu'il restât, aux yeux du diocèse, un *calomniateur;* et par suite, il fallait à tout prix écarter le grand jour de la discussion juridique, contradictoire, qui eût, en moins d'une heure, confondu le prêtre fornicateur et, du même coup, mis en mauvaise posture ceux qui le couvraient.

« De là le déni de justice, — un crime que les saints canons punissent gravement, mais qui s'inquiète aujourd'hui des saints canons ? — de là, dis-je, le déni de justice dont ce prêtre, victime d'intrigues plus scandaleuses que le scandale par lui dénoncé, se plaint encore, s'il vit, et dont, sans doute, il se plaindra longtemps, avant que sa voix trouve un écho parmi ses supérieurs immédiats.

« J'ai bien entendu dire que, fatigué de poursuivre inutilement de ses plaintes légitimes ceux qui devaient être ses premiers protecteurs et vengeurs, il avait porté jusqu'à Rome ses humbles réclamations. Mais Rome est bien loin, et les dépenses imposées par la force même des choses en pareil cas, sont bien disproportionnées avec les ressources pécuniaires d'un pauvre prêtre, à qui l'on rogne les honoraires, faute d'avoir pu lui arracher l'honneur.

« D'un autre côté, si le Saint-Siège, lorsqu'il a saisi une cause, la juge toujours, c'est sa gloire, suivant les règles de la plus stricte justice, sans acception de personnes, sans le moindre égard pour les puissants, il ne faut pas oublier que les hommes d'Église, — ce sont des hommes, après tout, — ont plus d'une fois entravé la libre action de l'Église, en obstruant les abords de son sacré et incorruptible tribunal. — Que les puissants, contre lesquels il se réclamait de l'autorité du Saint-Siège, aient trouvé, à leur tour, des complaisants parmi ces autres puissants qui gardent les avenues du tribunal suprème, et étouffé la faible voix de cet opprimé des régions lointaines, la chose est fort possible, et fût-elle prouvée, ce n'est point au Saint-Siège qu'il faudrait imputer ce nouveau et plus triste déni de justice.

« Mais encore une fois, je ne sais pas quelle fut l'issue donnée à ce douloureux conflit, et je ne tiens nullement à le savoir. Bien mieux, pour moi, je souhaiterais, à la gloire de l'humble victime, que, par permission divine, cette issue ait été, humainement parlant, aussi désastreuse que possible. — Je m'explique : »

.A ce moment, mon interlocuteur garda quelques instants le silence. Nous marchions sur l'une des marges de l'esplanade, près de la balustrade qui la borde du côté de la ville. Nous la longeâmes ainsi deux fois dans toute son étendue, aller et retour, avant qu'il continuât l'entretien. L'illumination soudaine de son regard et je ne sais quelle expression plus sensible de mansuétude et de paix répandue sur son visage, me firent comprendre qu'il allait élever sa pensée et son discours à des régions plus hautes que celles où il m'avait retenu jusque-là, parmi les tristesses et les misères de cette vie.

Il reprit :

« Laissons les morts ensevelir leurs morts. — Laissons à leur besogne et à leurs succès, s'ils en ont, tous ces artisans d'iniquité, grands ou petits, suzerains ou vassaux, sépulcres blanchis ou agents inconscients, relativement sincères, affligés seulement de cette triple écaille que l'exercice du pouvoir, trop souvent, s'il ne prend mille précautions, contre ce mal, met sur les yeux de celui qui gouverne. N'ayons pour tous que respect, déférence et soumission selon Dieu, en ce qui concerne l'autorité dont ils sont revêtus. Quels que soient leurs torts ou leurs maladresses, leurs crimes même, cette autorité reste sainte, sacrée. L'insuffisance ou l'indignité des épaules sur lesquelles la vicissitude des choses périssables la fait tomber, ne lui enlève rien ni de sa céleste origine, ni des droits que Dieu lui a conférés.

« En ce qui concerne leurs personnes, n'ayons qu'indulgence et commisération, car le fardeau qu'ils portent est bien lourd, et qui sait si, à leur place, nous ne serions pas plus misérables qu'ils ne le sont eux-mêmes ?

« Soyons plus généreux encore, et considérons que l'illusion, l'illusion grossière, portée jusqu'à l'invraisemblable, est le lot de la pauvre humanité. Dans mes longues observations à travers maints pays, et dans les incessantes méditations solitaires où j'ai pu rechercher à loisir la cause de tant de faits étranges, et grâce à Dieu, peu connus de la foule, dont j'avais été le témoin, j'ai vu avec effroi les abîmes que l'illusion personnelle et pratique creuse sous nos pas. J'ai vu à quelles conséquences monstrueuses, encore qu'inaperçues, cette illusion souvent nous conduit. Et j'ai compris pourquoi la grande Victime du Calvaire, — la seule victime véritable, universelle, les autres ne l'étant que par participation, — dans sa prière ineffable pour les bourreaux qui l'avaient clouée au gibet, n'avait pas cru devoir donner à son Père d'autre motif de pardon, indiquer au monde d'autre argument décisif en faveur de ces misérables, que l'illusion, l'illusion fatale, qui explique et dans une certaine mesure excuse tant de crimes odieux : « Père, pardonnez-leur, *ils ne savent ce qu'ils font.* »

« Ah ! sur combien de torts, de fautes, de crimes même, commis par les pauvres hommes que fascine l'exercice du pouvoir, ce « Ils ne savent ce qu'ils font » ouvrira, j'en suis convaincu, la source des éternelles miséricordes ! Pour nous, qui aurons besoin comme eux des divines pitiés, soyons indulgents, à l'exemple de « notre Père qui est aux cieux ». Sans fausse commisération pour leurs œuvres, que d'ailleurs nous n'avons point à juger, — embrasés plutôt du zèle de la justice et poursuivant de toute la rigueur d'une haine implacable le mensonge et l'iniquité, — dilatons envers leurs personnes les entrailles de la sainte charité. C'est ce que j'ai entendu dire, lorsque je vous ai rappelé le mot évangélique : « Laissons les morts ensevelir leurs morts. »

Quant à la victime de tant d'intrigues, quant à ce jeune prêtre dont la carrière fut brisée et la vie saccagée, peut-être sans espoir, par le contre-coup des scandales de l'impudique égaré dans le sanctuaire, et maintenu en tous ses rang, honneurs et dignités, jusqu'à ce que Dieu y eut pourvu, oh ! ne le plaignons pas. Envions plutôt son sort, car il est bienheureux.

« Le Maître l'a dit : « Bienheureux ceux qui souffrent persécution pour la justice. » Or, cette parole, qui ne passera pas, alors même que le ciel et la terre passeront, cette parole ne s'applique pas uniquement aux victimes de la persécution suscitée par l'impiété, par les ennemis de la foi, par les puissances extérieures. Elle s'entend aussi des persécutions soulevées du dedans contre la vérité, contre la justice, contre la sainteté, et contre leurs défenseurs. Ces persécutions du dedans sont même les plus terribles, parce que, plus persévérantes, plus tenaces, plus lentes à consommer l'holocauste. Que n'a-t-on pas écrit, chez les Mystiques, de l'acuité de la persécution claustrale, laquelle s'est attaquée à presque tous les saints que l'Église a, depuis, élevé sur ses autels ? Que ne pourrait-on pas écrire, avec autant et plus de raison peut-être, de la persécution hiérarchique, diocésaine, cléricale, laquelle, par la permission de Dieu et pour le plus grand bien de ses élus, fait tant de victimes obscures, condamnées à s'éteindre dans l'isolement, la disgrâce et un état voisin de la misère, sans que nul ne s'en émeuve, sans que nul ne semble le soupçonner, sans que celui-là même qui d'un trait de plume, les a clouées au gibet, ait conscience, au moindre degré, d'avoir fait office de bourreau ?

« Tout ceci, voyez-vous, est voulu de Dieu ; tout ceci entre, à ses yeux, dans cette redoutable balance des compensations sociales, qu'exige sa justice et que sollicite, avec de terribles revendications d'amour, son inépuisable miséricorde. Il faut, le Maître l'a dit encore, il faut que ces victimes de choix, ces victimes compensatrices, expirent sous les coups de gens qui croient, en les frappant, rendre honneur à Dieu, qui se congratulent, en aveugles qu'ils sont, d'avoir, en les humiliant, en les brisant, en les condamnant, servi la cause de l'Église, et qui l'ont servie effectivement, quoique d'une manière tout autre que celle dont ils se flattent avec une vanité insensée.

« Il faut, — autrement le monde périrait écrasé sous les coups de la divine colère, — il faut, selon l'énergique expression de nos saints Livres, que ces victimes innocentes de l'injustice, du mensonge, du mal inconscient, en la personne de leurs supérieurs ou de leurs frères, agonisent pour la justice, *pro justitia agonizare*, et que la justice qu'ils ont défendue jusqu'à complet épuisement de leurs forces, triomphe par leur suprême défaite.

« Et bienheureux sont-ils, ceux que Dieu a choisis pour cette mission, supérieure à toutes les prélatures ! Bienheureux sont-ils de souffrir ainsi pour la justice, et avec un raffinement dans la douleur, de souffrir par leurs frères et leurs pères en Dieu, ignorants de ce qu'ils font ! Bienheureux, car déjà le royaume des cieux leur appartient.

« Oh ! ce jeune prêtre, dont je vous ai raconté l'histoire, — une histoire qui se recommence de temps à autre, ici et là, — si je le retrouvais sur mon chemin, toujours ferme dans sa lutte pour la vérité, la justice, et toujours opprimé, persécuté, raillé, bafoué pour sa sainte obstination à prendre au pied de la lettre les enseignements de l'Evangile, j'irais à lui, je me prosternerais devant lui, comme les vieux chrétiens, au commencement, se prosternaient sur le passage des confesseurs de la foi, chargés de chaînes, conduits au supplice, et tout en lui criant : « Courage et confiance ! » je souhaiterais que les bourreaux achèvent sur lui leur besogne.

« Non, non, ne lui rendez pas justice, ô vous, qui, d'un mot, pourriez lui restituer son honneur, ses biens, tout ce qu'on lui a iniquement dérobé. Attendez, différez, refusez de l'entendre. Laissez à Dieu le soin de venger sa mémoire, après l'avoir reçu dans son sein, et couronné de la seule couronne qui soit digne d'un pareil sacrifice ! Laissez passer l'éternelle justice et l'inépuisable miséricorde ! Déjà peut-être, cette Église que l'autre a souillée, doit-elle aux douleurs du juste persécuté de n'avoir point été frappée irrémédiablement des coups de la divine colère..... »

L'heure s'avançait. Mon interlocuteur s'en aperçut. Il me dit, sous forme de conclusion.

« Vous appartenez au diocèse de Paris. Ah ! cette ville, je l'ai connue jadis, au temps où j'y fréquentais, jeune

prêtre, ses grandes écoles. Que j'y ai vu de mal et que j'y
ai vu de bien ! Il y a longtemps de cela, plus de trente ans,
bien près de quarante. C'était sous l'Empire. La prospérité
y battait son plein. Tout cela n'était qu'apparence, on s'en
est aperçu depuis.

« Quelques années plus tard, au retour d'un séjour
assez prolongé dans les contrées du Nord, où j'avais suivi
les leçons d'autres maîtres célèbres, j'ai renouvelé connaissance avec Paris. C'était deux ou trois ans après ses terribles
épreuves. Que de ruines encore pantelantes, et quelle morne
tristesse dans ses rues si mouvantes et si splendides autrefois !..... On m'a dit qu'aujourd'hui les ruines ont disparu,
que la cité s'est encore agrandie, transformée, et que les
cosmopolites l'ont envahie ; — je ne parle pas de ceux qui la
gouvernent, tout cela sort de notre sujet.

« Ce qui y rentre absolument, c'est que, comme autrefois, il y a beaucoup de bien et beaucoup de mal dans cette
agglomération immense, où les deux cités, la cité de Dieu
et la cité du monde se coudoient, s'enchevêtrent, se mêlent
et se combattent sur toute la ligne, à tous les degrés de
l'échelle sociale et jusque sur les marches du sanctuaire,
vous devez le savoir aussi bien et mieux que moi.

« Que s'il en est ainsi, sans rien connaître ni de votre
passé, ni des conditions spéciales dans lesquelles il a plu à
la divine Providence de placer votre existence, il m'est permis d'émettre cette pensée, que, un jour ou l'autre, par
suite de telles ou telles circonstances, aussi difficiles à
prévoir que faciles à imaginer, vous pouvez vous trouver
sous le coup d'une obligation analogue à celle dont nous
venons de nous entretenir, et que la fin tragique du misérable défunt de l'hôtel m'a remise en mémoire, avec quelque
à propos.

« Dans ce cas, oh! n'hésitez pas devant le devoir. Marchez-y courageusement, loyalement, droit devant vous. Soyez prudent et sage, humble et soumis, dans toute l'étendue et aussi dans les limites rigoureuses de la loi de Dieu. Mais qu'aucune considération d'intérêt humain ne vous arrête. Dieu et les âmes, la vérité et la justice : il faut savoir tout sacrifier pour ces causes sacrées. Il faut savoir mourir pour elles, et ce qui est peut-être plus méritoire, savoir, pour elles, *agoniser* longuement dans le discrédit, la disgrâce, la misère.

« Luttez donc, luttez sans peur ni reproche, en vous souvenant toutefois de votre humble condition dans l'Église. Mais luttez aussi longtemps qu'une arme, un tronçon d'arme restera à votre portée, sous votre main.

« Peut-être serez-vous vaincu, en apparence, dans cette lutte inégale : vous aurez cela de commun avec Notre-Seigneur et tant de saints qui, à sa suite, ont couru par la défaite à d'immortelles victoires.

« Peut-être aussi, — car tous les supérieurs ne ressemblent pas à celui qui s'est laissé si tristement tromper, et tous les entourages des hauts dignitaires de l'Eglise ne sont pas contaminés comme celui dont il a été question entre nous, — peut-être aurez-vous la consolation de voir triompher la cause que vous aurez si courageusement défendue.

« Mais si Dieu permet que vous soyez, à cette occasion, calomnié, bafoué, maltraité ; s'il vous associe aux opprobres qu'il a voulu subir, le premier, pour la vérité et la justice, vous l'en bénirez. — Bienheureux serez-vous!

« S'il permet que vous soyez, pour prix de votre zèle, réduit à la misère, à la mendicité, vous l'en bénirez deux fois. — Bienheureux serez-vous!

« Si, obligé en conscience de demander des juges, vous ne pouvez obtenir de vos supérieurs ce qu'on ne refuse pas au dernier des criminels, à savoir, le bénéfice et les garanties d'un débat quelconque, vous vous réjouirez de ce déni de justice, qui vous donnera un nouveau trait de ressemblance avec le divin crucifié.

« Et si, enfin, votre faible voix, couverte par les clameurs du mensonge, étouffée sous les argumentations subtiles de légistes qui font litière du droit naturel et divin, ne peut parvenir jusqu'au tribunal suprème de l'Église, où pleine justice est toujours rendue, et que, dans cet interminable débat, vous ayez toujours conservé la paix, la modération, l'humilité, la patience envers tous : la soumission respectueuse envers vos supérieurs; envers ceux qui vous font souffrir l'inaltérable et divine charité, alors ce sera la joie pleine, parfaite.

« Le monde vous méprisera comme un insensé; vos confrères vous prendront en pitié, vous plaindront comme un maladroit; vos chefs vous relégueront comme un obstiné, comme un révolté peut-être : Dieu vous tiendra pour l'un des siens, et la consolation de son Esprit illuminera d'indicibles joies le coin misérable où vous aura jeté la malice des hommes, et plus encore leur incurable aveuglement.

« Vous serez alors du nombre de ceux que Dieu a choisis pour continuer ici-bas son œuvre rédemptrice. Cette œuvre, quelles que soient les apparences contraires, réussit toujours, et ceux qui succombent en la faisant, peuvent s'assurer, sur la parole du Maître, que le royaume des cieux leur appartient.

« Cette joie, convenez-en, compense largement la perte de toutes les autres. »

L'*Angelus* sonnait à la basilique. Nous le récitâmes en commun. Puis mon interlocuteur prit congé de moi.

« J'aurais bien encore quelques vues à vous communiquer, me dit-il en partant, mais le temps nous manque. Si tel est votre bon plaisir, demain, à la même heure, nous pourrons nous retrouver ici, et achever une causerie que, sans doute, nous ne reprendrons jamais ici-bas. »

— « Ce sera avec un véritable bonheur et un grand profit pour moi, l'ère, » répondis-je d'une voix mal assurée. »

— « Père ? reprit-il vivement. Non, ne m'appelez pas ainsi, mais frère, si vous le voulez, frère et ami en Notre-Seigneur et sa très sainte Mère. — Adieu, et à demain. »

Je le regardai s'éloigner. Il avait retrouvé son air silencieux, méditatif, sans prétention ni embarras : un homme qui va devant lui, simplement, dans la paix, et qui reçoit comme ils lui viennent les jours, les heures que Dieu lui envoie.

Et son calme contrastait singulièrement avec l'émotion qui m'étreignait, Oh ! quelles pensées m'agitaient au sortir d'un pareil entretien !

Mon pressentiment fou ne m'avait donc pas trompé, lorsque, sans motifs explicables, je brûlais du désir de lier conversation avec cet inconnu ! — Mon âme, à mon insu, devinait donc son âme, et sans me dire pourquoi, comptait à bon escient qu'elle trouverait auprès de cet étranger lumière et réconfort !

Que m'a-t-il donc dit, ce prêtre, ce sage d'au-delà

des frontières ? Quel miroir révélateur m'a-t-il présenté soudain ?..... Qui donc lui a donné le moyen de faire, ainsi, au plus intime de mon être, des incursions aussi prestement conduites ?..... Et ses allusions transparentes à tant de choses que je n'ai jamais confiées qu'à Dieu !... Mais c'est mon passé lui-même, tout mon passé qu'il a repris à vol d'oiseau, et fixé dans une esquisse aussi fidèle que hardie ; qui donc le lui a révélé ?

Passe pour les faits dont il m'a ébauché le récit, et qui, du reste, ne concordent pas de tout point, — peut-être l'a-t-il voulu à dessein ? — avec ma propre histoire. Après tout, rien de nouveau sous le soleil, et ce qui a pu m'arriver à moi-même, bien d'autres avant moi l'ont souffert, bien d'autres le souffriront après moi.

Mais les aspirations les plus secrètes de mon cœur, l'âme de mon âme, ce dont je ne me suis jamais ouvert à qui que ce soit, sinon d'une manière toute sommaire à mes directeurs de conscience, tout ce que j'aurais eu tant de peine à me bien raconter à moi-même, comment a-t-il pu le définir avec une si déconcertante clarté ? Qui l'en a instruit ? Qui, surtout lui a appris à toucher d'un doigt sûr tant de fibres profondes et si délicates ?. .

Qu'est-ce donc que cet homme, ainsi rencontré par moi, au hasard du chemin ?

XIV

Les propos du Voyant

Je ne puis donner un autre titre à cette page. C'est le
seul qui rende exactement ma pensée et la somme de mes
impressions sur le second et dernier entretien que j'eus avec
mon cher inconnu.

« Père, lui dis-je en le saluant, je viens de faire une pénible rencontre, vous m'en voyez encore tout ému. Je me
suis croisé avec le fourgon des Pompes funèbres, qui transportait de l'hôtel à la gare de Lyon-Perrache le corps du
malheureux. Une voiture suivait à quelque distance, sans
doute celle de... »

— .. Laissons les morts ensevelir leurs morts, vous
ai-je dit, mon ami, et qu'il ne soit plus question entre nous
de cet incident. Que voulez-vous? — Voilà la vie : une feuille
qui tombe, balayée par le vent... Un fruit qui se détache,
mûr et savoureux, ou rongé au cœur et pourri... Un mince
débri qui plonge dans l'onde immense, et que celle-ci
engloutit à jamais, sans que sa surface en soit ridée... Prions
pour l'âme de ce malheureux, mais nous avons mieux à

faire que de nous occuper davantage de sa *vénérable,
scientifique et discrète personne.* »

Ici, un moment de silence. Mon interlocuteur arpentait
à grands pas l'esplanade ensoleillée. Son œil perdu dans le
vague semblait passer en revue, pour y faire un choix, les
idées qui, en groupes serrés, tumultueux, assiégaient son
esprit.

« Donc, reprit-il avec un ironique et triste sourire,
voilà qui est bien, qui est parfait! On va faire un pompeux
enterrement à ce cadavre. Les funérailles de ce saint prêtre,
moissonné à la fleur de l'âge, mort des excès de son zèle,
seront peut-être même l'occasion de quelque manifestation
pieuse, fort opportune et vraiment encourageante en nos
jours de lutte désespérée contre les ennemis de notre foi.
Son bon curé, — si c'était un vicaire, ce que j'ignore, — ou
son chef immédiat, quelconque, car on a toujours un chef,
n'aura pas voulu priver les fidèles d'un spectacle aussi récon-
fortant, ni refuser aux âmes dévotes de l'endroit la consolation de pouvoir s'agenouiller auprès des restes de cette
victime du devoir. On se portera en foule au devant de la
funèbre dépouille ; les plus grands honneurs lui seront
rendus. — Ainsi recevait-on jadis les restes vénérés des
martyrs, ou les cendres des héros tombés pour la cause du
pays.

« Et l'éloge du défunt sera sur toutes les lèvres: éloge
banal, à la vérité, qui sert à peu près pour tous les enterre-
ments: telles, les tentures louées par l'administration. Éloge

dont personne n'aurait eu l'idée, quarante-huit heures avant la mort de celui qui en sera l'objet, et qu'on aura oublié, Dieu merci ! vingt-quatre heures après ses obsèques. Mais enfin, momentanément, pour la circonstance, on lui aura reconnu, entre personnes bien pensantes, quantité de vertus surhumaines, inaperçues, insoupçonnées et même insoupçonnables jusque-là.

« Déjà, sans doute, la *Semaine Religieuse* de la localité a donné le ton. Battant le rappel pour que la manifestation projetée soit de tout point réussie, elle a esquissé à grands traits la carrière trop tôt brisée de ce prêtre vénérable, éminent à tous les points de vue. Elle a célébré son rare mérite, loué, en particulier, sa foi ardente, sa piété profonde, l'austérité de sa vie. Hormis que tout cela est vague, poncif, et pour cause très imparfaitement documenté, on ne dirait pas grand'chose de plus au lendemain de la mort d'un saint authentique. — Or, il y a tout à parier que l'article nécrologique, endossé par la *Semaine*, émane de l'un de ceux qui, ayant le mieux connu l'individu, savent le mieux à quoi s'en tenir sur son compte... et sur sa fin ! O sainte vérité, à quelles épreuves on te soumet... pour la bonne cause !

— « Ah ! cher Père, ne pus-je m'empêcher d'interrompre, vous entendre parler de la sorte m'étonne, et me serre le cœur. »

— « Mais comprenez-moi bien, reprit vivement mon interlocuteur. — Lorsque je déplore, à part nous, ces moyens puérils et pas toujours honnêtes, avec lesquels on

croit défendre la cause sacrée et si menacée, malheureusement, de notre sainte religion, je ne songe aucunement à
m'insurger contre tous les usages de ce temps. Je n'en veux
qu'aux abus, ridicules et pernicieux. Quant aux usages légitimes, je les voudrais seulement un peu plus profondément
imprégnés de la moëlle du pur christianisme.

« Je ne prétends pas que nous devions ensevelir nos
morts sans honneur. Lorsqu'il y a lieu, au contraire, reven-
diquons noblement, fièrement, leurs mérites, leurs vertus,
les grands exemples qu'ils nous ont laissés. Mais n'allons
pas, par la promiscuité et trop souvent l'insubsistance de
l'éloge prodigué à tous, enlever précisément, à ceux qui y
ont un droit réel le bénéfice d'une consécration publique,
qui deviendrait une leçon salutaire et un exemple précieux
pour ceux qui leur survivent. Ne les condamnons pas à
l'insignifiance du cliché, à la fatigante banalité du déjà
entendu.

« Je ne prétends pas, non plus, qu'il faille découvrir,
ni même souligner d'une allusion ou d'une réserve les misères
plus ou moins ignorées de celui qui s'en va. A quoi bon ?
grand Dieu ! Cachons plutôt notre déshonneur, si déshonneur
il y a. Mais couvrons-le du voile du silence, qui est toujours
digne, et n'essayons pas de donner le change, en répandant
autour de ce cercueil que la tombe va dérober aux regards,
des contre-vérités parfois fort imprudentes. Taisons-nous,
et prions.

» Au reste, nous ne sortirions point de la juste mesure,
si, sur ce point comme sur beaucoup d'autres, nous suivions
fidèlement la ligne de conduite que l'Église nous a tracée.
Voyez l'Église, dans sa sainte liturgie des Morts. Cherchez-
y un seul mot d'éloge pour le défunt, vous ne l'y trouverez
pas. Simplement, cette constatation qui légitime et rassérène
les prières, à savoir, que le défunt est mort en chrétien.

Après cela, quelles qu'aient été ici-bas les dignités de celui dont elle bénit la dépouille, rien que des supplications ardentes, d'humbles et très humbles vœux, des gémissements, des larmes, des suffrages éplorés, d'incessants appels à la divine Miséricorde contre les rigueurs adorables de l'éternelle Justice. — Que si, parfois, l'Église tolère plutôt qu'elle n'encourage l'Éloge funèbre, prononcé du haut de la chaire de vérité, c'est que le rang exceptionnel tenu en ce monde par le défunt, permettra à l'Orateur sacré, bien moins de louer les qualités, le mérite de celui qui est entre les mains de Dieu, que de déduire de sa vie et de sa mort les graves enseignements qu'y doit trouver le peuple chrétien. Mais ce sont là des cas **exceptionnels**, qui ne tirent pas à conséquence, et dont la rareté même écarte le danger qui nous menace aujourd'hui, je veux dire, le danger de tromper les fidèles par des louanges imméritées, ou de les scandaliser par un silence qui finirait par devenir une accusation tacite.

Non, non, voyez-vous? Pas tant d'éloges risqués, distribués à tort et à travers, et un peu plus de prières ferventes. Tenez, l'Église, dans ces derniers temps, a improuvé, à peu près inutilement, il est vrai, l'usage détestable des fleurs et des couronnes, entassées sur le catafalque des fidèles. Pourquoi ces emblèmes du triomphe sur une dépouille mortelle qui n'a droit qu'aux sombres livrées de la pénitence? — Ce serait, à mon avis, entrer dans le véritable esprit de l'Église que d'épargner aussi au défunt tout ce fatras de fleurs, — et quelles fleurs! — de méchante rhétorique.

Mais voilà! Nos *Semaines Religieuses*, à court de copie, sans doute, ont changé tout cela. Je dis nos *Semaines Religieuses*, car tous les pays, à peu près, ont adopté cette création assez récente, française d'origine, et que je retrouve aujourd'hui à peu près partout, jusque dans les Missions les plus reculées. Si bien que ce que j'ai à vous en dire, s'appliquerait autant et mieux peut-être à certaines contrées étrangères qu'à votre pays lui-même.

« J'ai assisté à l'éclosion de ces petites feuilles, moins anodines qu'elles ne le paraissent. Il y a de cela une cinquantaine d'années, tout au plus. On s'en promettait alors beaucoup de bien, et avec raison, ce me semble, si elles étaient demeurées fidèles à l'idée qui les amenait à l'existence.

« Au temps où je me reporte, — c'était précisément dans les années où je fréquentais les brillantes écoles de votre capitale, dans les années où, pour ne parler que de celle-là, votre École des Carmes qui venait de produire les Lavigerie, les Bourret, les Foulon et tant d'autres, jetait son plus vif éclat, — au temps, dis-je, où je me reporte, la France ne comptait pas beaucoup plus de deux *Semaines Religieuses*, celle du diocèse de Paris, éditée sous ce titre même, et celle du diocèse d'Orléans, publiée sous le nom d'*Annales Religieuses*. La première n'était guère qu'un bulletin d'annonces des fêtes et solennités, prédications et conférences, réunions d'œuvres et assemblées de charité auxquelles les fidèles étaient conviés dans le cours de la semaine suivante. La seconde était plutôt une Revue historique et littéraire. Quant au reste de la France et du monde, on y ignorait totalement cette forme nouvelle de la presse périodique, appelée à un si grand développement..... et à un si discutable succès.

« Mais à cette époque, vers 1860..... »

— « Je n'étais pas encore né, interrompis-je une seconde fois, et de là, peut-être, pour les jeunes prêtres de ma génération, comme pour moi-même, je l'avoue, cher Père, l'étonnement pénible qu'on éprouvera au sujet des appréciations sévères que vous semblez réserver encore à ma surprise grandissante. »

— « ... vers 1860, continua mon interlocuteur, avec le ton d'un homme absolument sûr de ses allégations, on se mit, dans les provinces, à imiter la capitale. Chaque diocèse voulut avoir sa *Semaine Religieuse,* et en moins de dix ans, chaque diocèse l'eut, en effet. L'institution, d'ailleurs, n'avait pas mis dix ans à franchir les frontières, et à s'implanter dans la plupart des pays catholiques.

« Oh! rien de plus modeste que l'entrée en scène de ces Éphémérides, ni rien de plus sage que leur première attitude. A lire les premiers numéros de chacune d'elles, cette publication n'était ni une revue, ni un journal, qu'on entendait présenter au public, mais simplement une feuille destinée à renseigner les fidèles sur les moyens qu'ils auraient, durant la semaine, d'alimenter leur piété, sur les secours religieux qui leur seraient offerts, et sur la manière d'en tirer profit spirituel. On y enregistrerait, sans doute, les faits principaux de la vie diocésaine, au jour le jour : les nominations, mutations, décès. Mais ce qu'on chercherait avant tout, ce serait l'édification des âmes par de pieuses considérations sur les mystères dont on célèbre la mémoire au cours de la semaine, par quelques aperçus sur la vie des Saints que ramène le cycle liturgique, et par les utiles enseignements qu'on peut retirer des grands faits de l'histoire ecclésiastique, générale ou locale.

« C'était judicieux et sans prétentions. »

— « Pardon, si je vous interrompts une dernière fois, vénéré Père, mais il me semble que, surtout en ces derniers temps, c'est le programme suivi, à quelque chose près, par notre *Semaine Religieuse de Paris*. »

Sans s'inquiéter de mon interruption, le cher inconnu continua :

— « Malheureusement, on ne tint presque nulle part à ce programme, et les follicules religieux devinrent presque aussitôt et presque exclusivement des journaux de congratulation mutuelle et d'adulation à jet continu. On y fit, non pour Dieu et son Église, mais pour soi-même et ses petits intérêts, une réclame incessante, effrénée, fort sotte, à la vérité, et fort scandaleuse, en ce qu'elle ne peut qu'exciter le dédain, le mépris des mécréants.

« Les choses en sont là, et je vous défie presque d'ouvrir une de ces feuilles, sans y lire que tel orateur a été d'une éloquence rare, tel président de fête d'un à propos merveilleux ; que tel curé a montré un zèle, une charité qui fait songer à saint Vincent de Paul, s'il ne l'égale ; que toutes les vertus, que tous les mérites, et quelques autres encore, se trouvent réunis en la personne de tel ecclésiastique nouvellement promu à une cure, de même qu'ils ornaient tel autre prêtre récemment décédé.

« Quant aux supérieurs hiérarchiques, — aux supérieurs locaux, s'entend, — oh ! ce sont tous des saints, doués de tous les talents, ornés de toutes les perfections, qui remportent de toutes parts tous les succès imaginables. Ils ne peuvent faire un pas, sans qu'on le déclare admirable, prononcer une parole sans qu'on y signale un trait de génie, tout au moins une mine inépuisable de profondeur et de sagesse. Pas un ouvrage annoncé et recommandé aux pieux fidèles, qui ne soit un chef-d'œuvre inimitable, et avec cela d'une opportunité... ! Bref, toujours et toujours l'encensoir, et manié de quelle main !... Toujours la flatterie, et dans quelle langue!

« Inepties et fadaises, me direz-vous, mais sans grand danger. — Je ne pense pas ainsi. Les conséquences de ce travers sont plus graves que vous ne le supposez. Outre qu'il nous expose, et la sainte religion que nous représentons, à la risée des gens sérieux qui ne partagent pas notre foi, ce travers a pour effet de rabaisser chez nous les caractères, d'altérer sans qu'on s'en aperçoive la notion du bien et du mal, du mauvais, du médiocre et de l'excellent, d'offrir une tribune à la vanité, à l'intrigue, mère de la duplicité, et principalement, le croiriez-vous ? de détruire le respect.

« Oui, le respect véritable, profond, théologique, basé sur la foi, le respect sans lequel on ne peut même concevoir le gouvernement intérieur de l'Église, celle-ci dépourvue de la force extérieure, je veux dire, de la contrainte du gendarme, n'ayant à compter, généralement, que sur la conscience de ses enfants et la sincérité de leurs convictions, pour assurer l'exécution de ses ordres et réglements : ce respect baisse précisément en raison directe des progrès de l'adulation, et à mesure qu'on se montre plus obséquieux envers les personnes, — sauf à se gausser dans la coulisse de l'appétit avec lequel celles-ci hument les bouffées de l'encens, — on se préoccupe moins de la dignité de leur sacré caractère, de l'autorité divine qu'elles représentent.

« Les sanctions redoutables du « qui vous écoute, m'écoute, et qui vous méprise, me méprise », sont aisément oubliées par ceux qui, au fond, dans leurs louanges auxquelles ils sont les premiers à ne pas croire, ne supputent que le bénéfice humain, grossier, qu'ils espèrent en retirer. Plus ils se font humbles, petits, obséquieux, bassement adulateurs, devant les représentants de l'autorité, plus ils deviennent, en réalité, orgueilleux, outrecuidants, indépendants de cœur ; plus ils donnent d'entorses, autant qu'ils le peuvent sans danger, à cette sainte et loyale obéissance qui est, ainsi que la foi et l'humilité véritable, basée sur la vérité, fondée sur la justice et la doctrine.

« Or, je dis que, le respect détruit, l'Église a perdu une de ses plus grandes forces. Dans la société civile, dans les armées, le respect extérieur suffit, à la rigueur, pour que la chose publique ne soit pas mise en danger immédiat : la force matérielle, brutale même, est là, qui assure l'ordre ou le rétablit, à peine troublé. Dans l'Église, au contraire, le respect sincère, consciencieux, de conviction et de cœur, une fois anéanti ou gravement atteint, les plus lamentables désordres peuvent se produire et s'étendre sous les apparences de l'ordre. De là, une cause de faiblesse générale, un commencement de décadence progressive, une langueur morbide qui rendra, en peu de temps, on ne saura trop pourquoi, la collectivité incapable de résister aux assauts du dehors.

« N'est-ce pas ce que nous voyons un peu partout aujourd'hui ? N'est-ce pas ce que vous voyez peut-être plus qu'ailleurs, en ce moment, dans votre France, si fertile pourtant, si féconde, encore à cette heure, dans sa partie saine et jusqu'au foyer de ses plus odieux sectaires, en vocations généreuses et en œuvres catholiques de puissante venue ?

« Pour moi, et je ne crois pas me tromper, j'attribue cette baisse universelle du respect, parmi les fidèles et surtout dans le clergé, à la manie d'adulation qu'entretiennent et développent à outrance ces petites feuilles soi-disant pieuses, et qui, en dépit de leur titre, n'ont rien, pour la plupart, du véritable esprit chrétien, de la pure et forte sève catholique.

« Mais il faut bien dire aussi que ces petites feuilles ne sont pas seules responsables du mal que je vous signale, et même qu'elles auraient été incapables de se porter à de tels écarts et de produire de pareils effets, si le fléau qu'elles ont rapidement propagé, n'avait été déjà dans l'air. On dit souvent qu'un peuple n'a que le gouvernement qu'il mérite : il serait peut-être plus juste de dire qu'un public n'a que les journaux qu'il veut avoir. Ce qui est certain, c'est que si les *Semaines Religieuses* ont ainsi répandu le virus de l'adulation, c'est que le mal lui-même s'est imposé à elles, comme condition de succès.

« Le mal leur préexistait donc, et c'est ailleurs qu'il faut en chercher la cause première. Cette cause, je la trouve dans la déviation manifeste que l'enseignement théologique, — je parle de la théologie morale, — a subi dans certains pays. Dans certains pays, et je n'exagère rien en disant que la France n'a pas été la dernière ni la moins unanime à entrer dans le mouvement, on a altéré la notion vraie du respect, de l'obéissance, de la soumission dus aux supérieurs ecclésiastiques; et pour implanter cet enseignement nouveau dans l'esprit des jeunes générations, on leur a plus ou moins voilé les grands et évangéliques principes de justice, de vérité et de charité, dont vivent précisément le respect, l'obéissance, la soumission.

« On a exagéré l'omnipotence des supérieurs, au détriment de leur légitime autorité. En les mettant, pour ainsi dire, au dessus des lois, qui sont la sauvegarde de tous, — je parle des lois de discipline, — on les a exposés, de leur propre part, à toutes les tentations de l'arbitraire, et du même coup, privés de l'une de leurs forces principales. — « Gardez la loi, est-il dit pour eux comme pour tous, et la loi vous gardera. »

« En faisant du clerc séculier un homme soumis de tout

point au bon plaisir de son chef, n'ayant, vis-à-vis de lui,
que des devoirs d'aveugle soumission, comme le religieux
vis-à-vis de son supérieur, mais sans cette sauvegarde de la
loi commune, qui lie et couvre en même temps le religieux
et son supérieur, on a aggravé sans profit, croyez-le bien,
un joug que l'Église a toujours voulu effectif, mais « doux
et léger ». Je dis, sans profit, car aggraver, sans justes
motifs, partant, sans droit, sur tel ou tel point, un joug salutaire, c'est s'exposer à ce que le joug soit repoussé totalement, et même sur les points les plus essentiels au salut de
l'individu et de la société.

« Pour alléguer un exemple, on étonnerait singulièrement nos jeunes clercs et peut-être pas mal de prêtres, si,
reprenant l'enseignement unanime des Pères et des Docteurs,
on leur déclarait qu'il y a des cas dans lesquels le plus
humble d'entre eux a le devoir d'accomplir, vis-à-vis de son
évêque, le précepte de la monition ou correction évangélique.

— « Oh! Père, laissez-moi vous interrompre une fois
encore. Les leçons du saint Bréviaire ne sont-elles pas rem-
plies d'exemples qui nous montrent les Saints défendant,
même contre leurs supérieurs, et sans manquer à ce qu'ils
leur devaient de respect et de soumission, les droits de la
justice et de la vérité? »

— « Je ne l'ignore pas, reprit doucement mon interlocuteur, mais laissez-moi achever ma pensée.

« On les étonnerait encore plus, nos clercs et nos jeunes
prêtres, en ajoutant que l'accomplissement de ce précepte,
dans les conditions voulues par l'Église, se concilie aisément
avec le respect, l'obéissance, la soumission, dus en tout état
de cause, au caractère auguste du supérieur et à son autorité
sacrée. On les jetterait dans la stupeur, si l'on insistait en
disant que ce précepte puise sa raison d'être et son principe

dans la sainte charité qui doit unir tous les membres de la communauté chrétienne, du plus humble au plus élevé d'entre eux ; dans la sainte charité, qui n'est autre que la vie de Dieu dans les âmes.

« Mais quoi ? nous répondraient-ils, c'est la révolution que vous nous prêchez, la révolution dans l'Église ! — Non, mes amis, c'est bien plutôt la paix que nous voudrions y voir progresser, la paix dans l'ordre, et la force dans l'indissoluble union de toutes les volontés. C'est vous, au contraire, qui, en altérant sur un point aussi important et d'application journalière l'enseignement traditionnel, vraiment catholique, troublez l'ordre, compromettez la paix, diminuez les forces de l'Église en brisant l'union parfaite des volontés.

« Oui, votre supérieur, lorsqu'il commande, doit être obéi, et celui d'entre vous qui croirait devoir le reprendre humblement, respectueusement, *caritativement,* comme disent les théologiens, en forgeant un mot qui n'a pas son rigoureux équivalent dans votre belle langue française, celui-là n'en serait que plus étroitement tenu à faire preuve de complète soumission envers celui qu'il a repris en toute humilité et droiture, comme tant d'illustres et saints prêtres ont repris d'illustres et saints évêques, comme tant d'illustres et saints évêques ont repris d'illustres et saints papes.

« Mais il n'en demeure pas moins que tout supérieur est homme, et par conséquent, faillible, sujet à l'illusion et à l'erreur, tributaire même de la passion, dans son administration et dans sa vie. Par conséquent, il a le devoir de prendre en bonne part, pourvu qu'elles soient revêtues des conditions posées par Dieu, par l'Église, déduites de l'enseignement commun des Pères et des Docteurs par la saine théologie, les remontrances caritatives qui peuvent lui être faites. Je dirai plus : il a le droit de recevoir ces remontrances qui, en lui rappelant qu'il est homme, l'aident à s'élever au-dessus de l'humanité, pour maintenir ses vertus personnelles à la hauteur sublime de son caractère et de ses dignités.

« Or, ne voyez-vous pas combien cette belle doctrine, la seule vraie, favorise et resserre l'union parmi tous les membres de la communauté chrétienne, par suite, quelle force invincible elle lui assure contre toutes les attaques du dehors ? Ne voyez-vous pas combien elle favorise la simplicité, la promptitude, l'enthousiasme même de l'obéissance, si pénible qu'elle soit ? Ne voyez-vous pas avec quelle contention d'amour, à l'heure de la persécution, tous ces prêtres, tous ces clercs se grouperaient autour de leur évêque pour résister à l'oppresseur et le vaincre, comme on doit vaincre sous la loi de Jésus-Christ, par la patience, l'abnégation, le sacrifice, la fermeté dans la foi et l'intrépidité dans les souffrances ?

« Au contraire, sous ce régime de bon plaisir, d'une part, d'adulation servile et toujours bassement intéressée, d'autre part ; avec ces canonisations anticipées, ridicules, auxquelles nul ne croit, pas même ceux qui les proclament ; avec cette obéissance de contrainte, et purement extérieure, en beaucoup de cas ; avec le défaut de cette confiance réciproque, que la charité crée, alimente, mais qui ne se décrète pas, ne s'impose pas d'office, vous ne pouvez arriver qu'à l'affaiblissement progressif de l'organisme social ; — et vous y arrivez — qu'à la décomposition, qu'à l'anéantissement de toutes les forces, qu'à cet état de langueur et de dégénérescence, où il ne reste plus qu'à mourir.

« Ah ! je ne sache pas, — et ici j'en appelle à toute l'antiquité chrétienne, — je ne sache pas que jamais, dans les grands siècles de la persécution, les fidèles, les diacres et les prêtres aient employé vis-à-vis de leurs évêques et même vis-à-vis de l'évêque des évêques, vis-à-vis de ce

Pontife Romain, que son élection même désignait pour le supplice, cette terminologie vaine et plate, ces raffinements de flatterie, d'adulation, d'admiration menteuse, dont on use journellement à l'égard des supérieurs ecclésiastiques. Et pourtant, je ne sache pas, d'un autre côté, que leur vénération ait été moins profonde ou moins sincère, ni leur obéissance moins prompte, moins surnaturelle, moins complète, envers ces grands pontifes déjà marqués pour la mort, qui ne disposaient ni de faveurs ni de prébendes, et dont les ordres, bien souvent, ne pouvaient être exécutés qu'au risque de la vie.

« Qui donc nous rendra ces temps glorieux et féconds, où l'Église germait et fleurissait dans le sang ? où les mots de vertu, de sainteté, étaient moins prodigués et la chose plus commune ? où l'Évangile, vérité intégrale, était aussi pour tous, du premier au dernier, la loi intégrale ? où la sainte charité, unissant étroitement et vivifiant également tous les membres du corps du Christ, y maintenait la subordination, l'harmonie, en bannissait, au même titre, l'esprit de domination et l'esprit de révolte, bref, formait de toute la communauté chrétienne un bloc infrangible, contre lequel devaient se briser tous les efforts de l'ennemi ?

« C'est ainsi qu'ils triomphèrent et que la victoire leur resta pour les siècles à venir. Tandis que nous, visiblement, nous nous évanouissons dans nos rêves de résistance, nous vacillons sous la poussée du dehors, nous perdons pied aux premiers chocs, nous périssons ».

XV

La suite d'un curieux entretien.

Mon interlocuteur, mon maître, se tut un instant. Je lui dis alors : « Père, j'ai compris votre lumineux enseignement, et je le retiendrai. Mais n'y a-t-il point d'autres causes à cet état de désarroi, de prostration, de décadence même que vous déplorez, et qui peut, je le vois, nous conduire aux abîmes ? »

— « Oh ! sans doute, il y a bien d'autres causes à ce mal, plus général qu'on ne le croit communément. Ces causes sont même si nombreuses que la nuit nous surprendrait ici avant que je les aie toutes énumérées. Il en est une, toutefois, que je vous signalerai rapidement.

« Je veux parler de l'abandon presque complet, en certains pays et dans le vôtre, en particulier, des règles canoniques dont l'ensemble constitue la législation disciplinaire de l'Église : législation vénérable et de toute sagesse, inaugurée au temps même des apôtres, développée au cours des siècles ; règles bienfaisantes, tutélaires, dont l'observation fidèle aurait suffi à écarter la plupart des maux qui nous frappent, et pour le reste, aurait remédié à ceux qu'elle n'aurait pu prévenir.

« Ici sous un prétexte, là sous un autre, on s'affranchit
de ces lois si sages, si salutaires, dont on déclare l'application
impossible. Tantôt on excipe d'un régime concordataire
qui, en effet, déroge à quelques points de droit commun,
mais n'en laisse pas moins subsister, dans toute leur vigueur,
une quantité d'autres dispositions ou décrets, qu'on méconnait
par la même occasion.

« Ailleurs, on allègue les conditions spéciales et plus
ou moins exceptionnelles dans lesquelles se trouve le pays,
et l'on déclare d'une observance impossible, nuisible même,
des prescriptions canoniques qui pourraient, en réalité, être
appliquées sinon dans toute leur teneur, du moins, en grande
partie et dans leur esprit.

« Puis, avec le temps, vient la désuétude, puis l'ignorance
et parfois le mépris. Qui n'a pas entendu certains prêtres se
rire des saints canons, et en insensés, se féliciter de l'abandon
de ces règles admirables, plaisanter de l'oubli dans lequel
est tombée cette législation si parfaite, la première, sans
contredit, de toutes les législations humaines ? Qui ne
connaît leurs sottes facéties sur l'impuissance d'un Code qui
serait précisément leur sauvegarde, leur protection efficace
contre ce qu'il appelle lui-même, dans son clair et énergique
langage, les « excès des Prélats ? »

« Et l'ignorance, la méconnaissance absolue et, malheureusement
volontaire, chez plusieurs, de la législation canonique
a, plus d'une fois, amené la violation inconsciente,
j'aime à le croire, du droit naturel et divin. Les exemples de
cette chute dans un abîme dont les législations civiles, plus
respectées parce qu'elles ont à leur service la force matérielle,
réussissent généralement à préserver leurs justiciables,
ne sont pas aussi rares qu'on voudrait bien se le
persuader.

« N'a-t-on pas vu certains supérieurs mal conseillés,

circonvenus par la calomnie, entraînés par les flatteurs, et
d'autre part, assez imprudents pour ne pas s'entourer de
tous les moyens possibles de juste et impartiale information,
croyant, d'ailleurs, plus que de raison, à leur inerrance personnelle, ravir injustement à un prêtre sa réputation, son
honneur, — sa vie ! — et l'exposer aux pires suggestions
du désespoir, tout au moins, aux perfides conseils d'un
découragement qui anéantira, à jamais, ses énergies pour le
bien ?

« Qu'a-t-il fallu pour cela ? — Simplement, une mesure
administrative basée sur des motifs matériellement faux, et
par laquelle le supérieur croyait, de bonne foi peut-être, ne
point excéder la limite de ses pouvoirs et de ses droits, —
attendu que le prêtre dont il s'agissait, n'étant point en
possession d'un bénéfice inamovible, se trouvait à la complète
disposition, pour ne pas dire, à la merci du bon plaisir épiscopal ?

« Hé ! sans doute, qui ne possède pas de bénéfice, n'a pas
droit à l'inamovibilité. C'est entendu et admis de tous. Mais
de là à infliger, par simple mesure administrative, sans
contrôle ni possibilité d'appel, des disgrâces évidentes,
incontestables, qui donnent lieu aux suppositions les plus
désobligeantes, parfois même, suivant les circonstances, à
des bruits absolument infamants, il y a un abîme, un abîme
sur lequel on se joue quelquefois d'un cœur trop léger.

« Le prêtre qui n'a pas de bénéfice est à la libre disposition de son évêque, pour être nommé à tel poste, transféré
à tel autre, suivant que son évêque le juge opportun. C'est un
point que nul ne discute. Mais de là à mettre le prêtre
au-dessous du plus humble fonctionnaire et employé, qui,
tout en demeurant à la discrétion de ses chefs, a cependant
le droit de compter qu'il ne sera point dépossédé de la
situation qu'il s'est créée par ses longs services, qu'il ne

subira point de honteuses rétrogradations aussi longtemps qu'il n'aura pas démérité en matière grave et prouvée, il y a une distance énorme, qu'on ne saurait franchir sans blesser le droit naturel et troubler profondément l'ordre social.

« C'est pourtant ce qui arrive quelquefois, puisque le Saint-Siège a cru devoir rappeler que l'amovibilité des prêtres sans bénéfice ne pouvait être invoquée dans le cas où il y aurait péril d'infamation imméritée pour celui auquel on appliquerait ce principe de droit concordataire. — Malgré la sollicitude du Saint-Siège, est-il bien sûr que l'on se préoccupe toujours, dans les conseils épiscopaux, de ce danger, fort grave, assurément, pour le prêtre personnellement intéressé dans la question, plus grave encore pour la chose publique et le bien général des âmes ? — Je n'en sais trop rien.

« Ce que je sais, c'est que l'omnipotence des évêques, en matière de nominations, a créé parmi les membres de leur clergé des courants qui sont loin d'être favorables au bien de la communauté.

« Les uns, prudents, circonspects, et même défiants, — vertus ou dispositions humaines qui peuvent devenir de grands défauts dans un ministre de Jésus-Christ, — s'appliquent à écarter tout ce qui pourrait, à leur avis, devenir une occasion de démêlés avec leurs supérieurs. Contents et résignés dans leur situation modeste, ils ne désirent qu'une chose, être oubliés en haut lieu, pour conserver plus sûrement leur tranquillité. Pas d'affaires ; partant, aucune entreprise de zèle, point d'œuvres, la vie au jour le jour dans l'accomplissement rigoureusement exigible des fonctions du ministère : à quoi bon me créer des embarras, où je ne serai pas soutenu, dont on me tiendra peut-être rigueur ? — Vie toute naturelle, calculs détestables, souvent injustes, à leur tour, mais très communs et très préjudiciables à l'Église.

« D'autres sont plus ou moins dominés par l'esprit d'insubordination, qui est l'esprit de ce siècle. Férus de quelques formules de droit canonique, qu'ils ont cueillies au hasard, dans les Encyclopédies, les Dictionnaires, et qu'ils ne comprennent guère, au demeurant, ils ne rêvent que débats juridiques avec leur évêque, ne considèrent que leurs droits plus ou moins hypothétiques, plus ou moins fondés, et ne s'examinent que sur les devoirs de leur supérieur, jamais ou presque jamais sur leurs propres obligations. Bref, ils travaillent fort peu et le plus souvent avec fort peu de fruit pour le bien des fidèles qui leur sont confiés : des esprits querelleurs, qui, en fait, ne sont pas toujours les plus mal-traités, parce qu'on redoute leur turbulence, et qu'en haut lieu on a aussi l'horreur de ce qu'on appelle « des affaires. »

« Ces fortes têtes ont toujours à la bouche les mots de procès, de recours au Saint-Siège, d'appel en cour de Rome. — *Verba et voces,* que tout cela. Rome n'est pas à leur porte, je l'ai déjà dit, et les moyens leur manquent généralement, qu'ils aient tort ou raison, pour faire que Rome soit informée, qu'elle se saisisse de l'affaire et la juge, comme elle juge toujours quand elle juge, en toute justice et parfaite impar-tialité. Rome n'a jamais refusé son appui à l'humble qui le mérite, contre le puissant qui excède son droit. Mais avec leurs maigres ressources, à peine suffisantes pour leur chétive subsistance, et dans le manque presque général de conseils, vraiment compétents en ces sortes de matières, cer clercs turbulents n'ont rien de ce qui leur serait nécessaire pour réussir dans une pareille entreprise; rien même, ordi-nairement, de ce qu'il leur faudrait pour y donner un commencement d'exécution. Dans leur impuissance, ils se bornent à crier, à murmurer, et, par leurs plaintes où la mesure n'est pas gardée, à jeter dans la masse le plus fâcheux des dissolvants. Ce petit bataillon des mécontents a surtout pour besogne, — triste besogne, il faut le dire, —

d'amener de trop nombreuses recrues à la phalange beaucoup plus nombreuse des résignés, défiants et oisifs.

« Enfin, à côté de ceux-ci et de ceux-là, il y a ceux que, dans votre style moderne, — le mot n'existait pas, il y a quarante ans, — on appelle les *arrivistes*. Ambitieux, pour une part, avisés, pour l'autre, ils se sont dit de bonne heure qu'il n'y a aucun avantage pour le *pot de terre*, eût-il cent fois raison, à s'en aller en guerre contre le *pot de fer*; que le plus sage, puisqu'on ne peut faire mieux, est de s'arranger avec son maître et de lui plaire, autant du moins qu'il sera utile pour obtenir une collocation convenable. Là-dessus, et partant tous du même point, ils prennent des routes différentes pour aboutir au même but.

« Les uns se bornent à une obséquiosité dont la dissimulation n'est pas le moindre défaut. Dans la crainte d'amener le plus léger pli sur le front du maître, ils renfoncent au plus profond d'eux-mêmes leurs sentiments personnels, pour ne laisser paraître qu'une admiration sans bornes, qu'ils n'éprouvent pas et ne sauraient éprouver. — D'autres dépassent les limites imprécises de l'obséquiosité pour aborder résolument le terrain de la flatterie grossière, éhontée. Au fond, ces dupeurs connaissent bien le cœur humain et ce qui est proprement le faible des grands. Ils se persuadent qu'il serait difficile de trop oser sur ce terrain de la vanité, et que c'est là surtout que le vrai peut n'être pas vraisemblable. Et l'événement leur donne raison. — D'autres, enfin, ne craignent pas d'échafauder leur fortune sur la ruine de leurs confrères, et de provoquer ou d'alimenter les mécontentements, les impressions désavantageuses, qui sait ? les petites rancunes des supérieurs, en leur servant tous les racontars de l'endroit, en ne reculant ni devant la médisance, ni devant la calomnie pour s'insinuer dans leur confiance, au détriment de pauvres sujets qui ne sauront peut-être jamais la cause de la défaveur qui les a atteints et poursuivis tout le long et même au-delà d'un interminable épiscopat. Ces sycophantes ménagent ou aggravent méchamment, par calcul, de supérieur à inférieur, des froissements personnels, — la chose du monde qu'un homme constitué en pouvoir et dignité a le plus de peine à pardonner, et qu'il n'oublie jamais.

« Ces artisans de discorde, grâce à Dieu, ne sont pas fort nombreux, je le concède. Cependant, ajoutez cette catégorie détestable à celles que je vous ai signalées, et dites-moi si, dans un diocèse où les bénéfices inamovibles n'existent qu'à l'état d'exception, le nombre des véritables prêtres, de ceux qui, sans arrière-pensée, ni crainte, ni reproche, font hardiment l'œuvre de Dieu, ne se trouve pas considérablement réduit, et si la vie chrétienne, agissante et féconde, peut y déployer toute sa vigueur. Dites-moi si elle sera capable de résister longtemps à tous les efforts combinés de l'Enfer et du mal, que nous voyons à peu près partout dirigés contre elle, en ce moment.

« Mais je n'ai indiqué qu'un seul des graves inconvénients qui résultent de l'abandon des lois canoniques; et je ne vous ai que très imparfaitement signalé les dangers que cet abandon fait courir à la chose publique dans le monde des âmes. Que serait-ce si, prenant, l'un après l'autre, tous les rouages de la vie diocésaine, tels que la législation de l'Église les a établis, organisés, mis en mouvement pour le plus grand bien de tous, je vous les montrais arrêtés, immobilisés, réduits à l'état de curiosité archéologique, sous le prétexte, imaginaire la plupart du temps, que le régime concordataire ou les conditions spéciales de l'époque ne sauraient s'en accommoder ?

« La législation canonique a organisé la monarchie diocésaine, et en exécution du droit divin qui a constitué les
évêques pour régir et gouverner prêtres et fidèles dans
l'Église de Dieu, elle a reconnu à ceux-ci une autorité qu'on
peut et qu'on doit dire souveraine, sous l'autorité suprême
du Pasteur des pasteurs. Mais en même temps, elle s'est
souvenue que ces évêques, après tout, sont des hommes,
sujets à la passion, à l'erreur et à mille faiblesses dont ni le
caractère sacré qui leur est imprimé, ni même leur bonne
volonté et leur pureté d'intention ne les exemptent. En
conséquence, et sans rien leur enlever de leur puissance de
droit divin, elle a établi autour d'eux des institutions destinées, non encore une fois à contre-balancer leurs prérogatives, à restreindre leurs droits, mais à en régler l'exercice, à
en assurer l'utile et salutaire usage.

« Elle leur a, par exemple, en ce qui regarde les affaires
principales de leur administration, donné un conseil, composé d'hommes indépendants par leur situation, désintéres-
sés, le plus souvent, par leur âge, éclairés par leur expérience ou par leurs talents, plus aptes que d'autres à suivre
les mouvements de l'Esprit de Dieu, par l'obligation de la
prière publique et la régularité de vie qu'elle impose. C'est
le Chapitre cathédral ou métropolitain. Qu'est devenue, de
nos jours, cette institution, et en quoi, malgré les formules
toujours usitées, ce Chapitre est-il le conseil de l'Évêque ?

« Ce n'est pas pourtant, que ce conseil, tel que l'a institué la législation canonique, fût bien gênant pour l'évêque.
Sauf deux cas nettement spécifiés et qui ne se rencontrent
pas tous les jours, ce conseil n'a jamais que la voix consul-
tative. Le législateur avait pensé que cette précaution
suffisait, et tout en imposant à l'évêque, parfois sous peine
de nullité de ses actes, l'obligation de consulter préalable-
ment son conseil-né, il ne lui avait fait aucune loi de suivre

l'avis dudit conseil, estimant qu'un évêque, dûment renseigné et averti, prendrait toujours le parti le meilleur.

« Aujourd'hui, les évêques se sont fait des conseils à côté, composés d'hommes éminents, je veux le croire, vertueux, je n'en doute pas, mais qui sont, de tous les prêtres du diocèse, les moins indépendants par situation. Ils ne forment, pour la plupart, qu'une personne morale avec l'évêque. Pouvant craindre, à chaque instant, de par la nature de leur office, d'être cassés aux gages, ils craindront par là-même, presque fatalement, de faire entendre à leur Prélat des vérités parfois désagréables. Pour être en tout et toujours d'intègres conseillers, il faudrait, en vérité, que ces hommes fussent des anges, ce qu'on ne saurait soutenir en thèse générale.

« Quant aux Chapitres, ils s'étiolent dans l'inaction, et en viennent même à ne pas souhaiter trop vivement le rétablissement de leurs droits et devoirs. Sur les instances réitérées du Saint-Siège, instances renouvelées dans toutes les bulles d'institution épiscopale, on maintient encore, quant au titre, mais non quant aux fonctions, les anciennes charges de théologal, de pénitencier. Mais, quoi qu'en ait le Saint-Siège, tout cela n'est que pour la forme, et ne sert qu'à faciliter la rédaction du compte-rendu de l'évêque, lors de sa visite *ad limina apostolorum*.

« Non, cette institution si considérable est bien morte. Ce vénérable sénat de nos Églises cathédrales ne constitue, à peu près partout, qu'une pieuse et honorable retraite, sans aucune influence sur la vie diocésaine, et celle-ci, croyez-le bien, n'a gagné aucune vigueur, à l'atrophiation systématique de ce membre important de son organisme. Le concordat ne saurait pourtant, en aucune façon, que je sache, être rendu responsable du fait.

« Le Saint-Siège insiste, de même, à toute occasion, pour le rétablissement et le fonctionnement régulier des officialités diocésaines. Tout en reconnaissant et maintenant à l'évêque son pouvoir judiciaire, il pense avec raison que ce pouvoir ne saurait être toujours exercé utilement, justement, avec toutes les garanties d'équité et de bonne information, si l'on s'affranchit de toutes les règles établies dans l'égal intérêt du juge et du justiciable.

« Mais il en est des officialités comme des charges de pénitencier, de théologal et autres attributions capitulaires. Les évêques, pour la plupart, les ont rétablies..... sur le papier : elles n'existent que là. Au surplus, telles qu'ils les ont rétablies généralement, elles n'offriraient pas toutes les garanties désirées par le législateur, puisque ce qui manque le plus à leurs principaux membres, c'est précisément l'indépendance que toutes les législations humaines, dignes de ce nom, ont tenu à assurer à la magistrature. Encore un organe de la vie diocésaine, qui a cessé de fonctionner.

« Étonnez-vous, après cela, que des cas déplorables se produisent, tels que celui que je vous citais hier ; et que des prêtres, soucieux de leur repos, inquiets pour leur avenir, préfèrent laisser toutes choses aller, et le scandale latent se développer, s'étendre à l'aise, plutôt que de se mettre sur les bras une affaire, où ils ne sont pas sûrs que justice leur sera rendue. — Ils ont tort, sans doute, mais eux non plus ne sont pas des anges.

« Enfin, et c'est le dernier point que je veux toucher, car l'heure s'avance, l'Église avait établi les concours pour la collation des bénéfices. L'Église avait pensé, dans sa sagesse, que la mission de donner aux âmes des pasteurs vraiment capables de les conduire, entraînait pour ceux qui en sont revêtus de terribles responsabilités, et qu'il n'était pas hors de propos de leur ménager aide et secours, non encore une fois, pas plus ici qu'ailleurs, pour restreindre leur pouvoir, gêner la liberté de leurs actes, leur imposer des décisions, mais uniquement pour les éclairer, les protéger contre les cabales, les intrigues, et leur permettre de se prononcer en parfaite connaissance de cause. Telle est l'origine et telle est la notion vraie des concours pour l'obtention des bénéfices.

« Les concours qui peuvent être généraux ou spéciaux, c'est-à-dire ouverts pour telle ou telle classe de bénéfices à vaquer dans l'avenir, ou pour tel bénéfice actuellement vacant, sont jugés par des examinateurs élus suivant les prescriptions du Droit, indépendants et représentant tout à la fois l'évêque, le chapitre, le clergé diocésain. Leur jugement porte, non seulement sur les capacités intellectuelles, la science acquise et les aptitudes des concurrents, mais aussi sur leur valeur totale, leur vie, leurs antécédents, leur foi, leurs mœurs. Toutes ces choses attentivement considérées et pesées en toute justice, impartialité et bonne foi, les juges du concours dressent une liste, par ordre de mérite, des divers candidats, et la remettent purement et simplement à l'évêque. Celui-ci décide à son tour, en complète liberté ; il n'est en aucune façon tenu de conférer le bénéfice à celui que les juges ont placé au premier ou au second rang, mais il ne prend conseil, en définitive, que de sa propre conscience, dûment informée.

« Vous le voyez, toujours la même préoccupation de la part de l'Église. Toujours le même respect pour la plénitude du pouvoir épiscopal, mais toujours la même sollicitude à entourer de toutes les lumières possibles, à protéger et pré-

munir contre toutes les surprises et défaillances de la misère
humaine, l'exercice de ce formidable pouvoir.

« Eh ! bien, sous je ne sais quel prétexte illusoire d'impossibilités concordataires, et en méconnaissant, soit ignorance, soit parti pris, la nature et les caractères essentiels d'une
institution aussi salutaire, en la calomniant même, au mépris
de l'autorité sacrée qui l'avait établie, on s'est affranchi de
cette loi. On l'a dénoncée comme favorisant l'ambition, comme
offrant des primes à l'outrecuidance, et, ce qui est pire, on
l'a ridiculisée. Conséquence : l'ambition ne se donne pas
moins libre carrière, elle flatte et intrigue au lieu de provoquer dans celui qu'elle dévore, quelques efforts intellectuels, qui auraient eu, du moins, leur utilité. L'outrecuidance
n'a rien perdu de ses audaces, et l'évêque, en dépit de sa bonne
volonté, est beaucoup plus exposé au danger de se laisser
circonvenir par l'intrigue ou, pour mettre tout au moins mal,
de se laisser abuser par des renseignements incomplets sur
la valeur réelle des sujets qui bénéficieront de ses choix.

« Mais, dans le même temps, par défaut d'émulation
légitime, — quelque soit sur ce point le faux enseignement,
à la mode dans certaines écoles soi-disant pieuses, et qui ne
sont que *piétistes*, il y a la bonne et la mauvaise émulation,
— par défaut d'émulation légitime, et par suite de cette
conviction générale que les nominations seront généralement, quoi qu'ils fassent, le résultat de la faveur, de la
camaraderie, du hasard ou de toutes autres circonstances
à peu près indépendantes de leur volonté, les clercs diocésains s'immobilisent, en trop grand nombre, dans une
sorte de passivité aussi peu favorable au développement
de la vie diocésaine qu'à celui des vertus de leur état.

« En fin de compte, les évêques sont devenus omnipotents, mais par un retour offensif des choses, — les lois
qu'on néglige se vengent toujours, en cessant de protéger

ceux qui osent se passer de leur concours, c'est Platon, je crois, qui l'a dit, — les évêques, devenus omnipotents, ont commencé, du même coup, à devenir impuissants. Ils règnent sans discussion, mais sur d'immenses régions mortes, en ce sens que la vie n'y circule pas comme autrefois. Ils ont fait le silence autour d'eux, et ils croient avoir conquis la paix. Ils ont voulu être tout et sont à la veille de n'être plus rien. Ils administrent, mais ne gouvernent plus, au sens vaste et élevé du mot.

« Qu'est aujourd'hui leur action sociale ? Qu'est devenu le respect profond qui les entourait jadis ? Chose étrange ! pris individuellement, ils se recommandent presque tous par des vertus et des aptitudes, par une régularité de vie et une pureté d'intention, qu'on n'a pas toujours rencontrées, aussi également réparties que dans ce siècle. Il est presque inouï qu'éclatent parmi eux quelques-uns de ces scandales dont l'histoire nous a conservé le souvenir. Et somme toute, en plusieurs pays, il n'y a plus d'épiscopat.

« Par une conséquence nécessaire, il n'y a plus de clergé, ou ce qui revient au même, ce clergé n'exerce plus aucune action sociale. Il a perdu le contact avec le peuple. Vainement se donne-t-il encore, dans les villes, l'illusion du mouvement et du succès, en multipliant les œuvres et en y dépensant une somme d'activité prodigieuse : la masse lui échappe. Cercles sur cercles, conférences sur conférences, pélerinages sur pélerinages, tout cela est méritoire, tout cela est excellent, tout cela réalise même une somme de bien personnel, local, qu'il serait injuste de méconnaître, et criminel au premier chef de négliger. Mais rien de tout cela ne réagrège la masse devenue hostile ou totalement indifférente à l'action du clergé. Qu'on en convienne ou non, ces églises se meurent.

« Et même en ce qui concerne les fidèles demeurés sous

la main du clergé, pourrait-on affirmer qu'ils sont tous suffisamment animés de l'esprit chrétien, imprégnés de cette pure
et forte sève qui, jadis, aux temps héroïques, et même plus
tard, aux siècles de foi, les rendait invincibles sous les
assauts de l'ennemi? Que de défections à prévoir, si revenaient les jours où il faudrait se compter devant les persécu-
teurs? Avec un épiscopat qui, manifestement, ne sait quelle
attitude prendre en face de tracasseries qui ne sont guère
jusqu'ici que des escarmouches d'avant-poste, faut-il espérer
que les attaques à fond n'auront pas promptement raison
d'une quantité de catholiques, qui le sont par habitude, par
tradition de famille, par relations de société, beaucoup plus
que par la foi profonde et la vivante charité.

« Ah! la foi, la charité, voilà qui unit les commu-
nautés chrétiennes et donne la mesure exacte de leur vigueur.
Quelle est aujourd'hui, dans la minorité restée pratiquante, et
qu'on rencontre toujours la même quant au nombre, dans les
cercles, les œuvres, les pélerinages, quel est le niveau réel
de cette divine charité?... Vraiment, sincèrement, profondément, en Dieu et pour Dieu, ces chrétiens s'aiment-ils toujours entre eux?... Question redoutable, que je me contente
de poser, sans avoir le temps ni peut-être le courage d'y
répondre..... Et pourtant, tout le secret de l'avenir est
là.....

« Le secret de l'avenir? Mais l'avenir naît du présent.
Or, pour le présent, parmi ces chrétiens demeurés extérieu-
rement fidèles, je ne vois que compromissions, que parties
liées avec les fils de Bélial, que respect illogique et lâche
pour toutes les erreurs et toutes les défaillances, que préoccupation honteuse de se faire pardonner leur foi sainte, leur
divine religion, qu'empressement à plaider pour leurs convictions les circonstances atténuantes! O saint Évangile, de
quel voile ignominieux on te couvre!... Et dire que cer-

tains prêtres, certains prélats même appellent cela de la prudence !...

« Je me résume en trois mots. Nos églises, en France et ailleurs, dépérissent, souffrent d'une langueur voisine de la mort, et qui inspire les plus vives appréhensions pour le jour prochain, semble-t-il, et presque inévitable, où la persécution départagera les vraies et les fausses vertus. Elles dépérissent, parce qu'elles n'ont pas su garder avec un soin jaloux, irréductible, le culte de la *vérité* qui, seule, délivre les peuples ; le culte de la *justice* qui, seule, les élève ; la flamme ardente et pure de la sainte *charité* qui, seule, vivifie et sanctifie la communauté chrétienne. »

L'*Angelus* sonnait à la basilique. Nous nous interrompîmes pour le réciter. Il me sembla, pour ma part, que nous adressions un cri de suprême détresse à la suprême avocate des causes désespérées. Lorsque nous nous relevâmes, mon admirable Maître me témoigna le désir d'ajouter quelques mots encore à notre long entretien. C'était pour moi un symptôme de la plus haute signification. Cet homme ponctuel, réglé comme une horloge, et qui jamais, évidemment, ne dérogeait à ses habitudes, devait avoir de bien fortes raisons pour faire ainsi fléchir la loi qu'il s'était imposée à lui-même, dans la répartition et l'emploi des heures de sa journée.

Il reprit :

« Mon ami, il n'est pas nécessaire d'être prophète ou fils de prophète, pour annoncer que de graves événements se préparent, que des transformations profondes s'élaborent, qui semblent ne devoir être ni pacifiques ni heureuses pour certains pays. Ne voyez-vous pas que l'Europe chrétienne et civilisée, cette Europe que l'Église avait faite des grands débris de l'Empire Romain, conquis à la foi et rajeunis par le sang nouveau des peuplades du Nord, cette Europe qui, depuis quatre siècles, travaille de toutes manières non seulement à se séparer de l'Église mais à se retourner contre elle, arrive en ce moment à la dernière période de son œuvre criminelle, et touche à son triomphe, — un triomphe désastreux, qui ne peut que lui coûter la vie ?

« Ne voyez-vous pas que toutes les forces adverses, hérésie, judaïsme, islamisme, maçonnerie, ont oublié leurs séculaires et nécessaires aversions, pour s'unir contre l'Église, et contre elle seule, dans un assaut qu'elles croient final ?

« On parle beaucoup, dans les autres pays d'Europe, de ce qu'on appelle la déchéance de la France, de son irréligion, de sa décadence morale autant que politique. On écrit sur ce thème, jusque dans les feuilles catholiques d'outre-frontières, quantité d'articles retentissants. La vérité est que, si la France, avec sa vertu native d'initiation, puissante, irrésistible pour le bien comme pour le mal, semble diriger le mouvement, les autres pays d'Europe le suivent avec plus d'entrain qu'ils ne voudraient le dire, et que l'assaut sera général, peut-être plus funeste à certains peuples qui offensent de leur commisération la Fille aînée de l'Église, riche encore en œuvres toujours fécondes, toujours glorieuses, de dévouement, de sainteté, d'héroïsme, sous toutes les formes que peut revêtir l'activité humaine. — Mais le mal de ceux-là n'enlève rien à la gravité du mal de celle-ci, et qui peut savoir lequel ou lesquels de ces peuples, dans les jugements de Dieu, aura comblé la mesure et mérité le châtiment suprême, irréparable ?

« Quoiqu'il advienne, ne voyez-vous pas tous ces peuples, que l'Église avait faits puissants et prospères, maîtres du monde, arbitres du reste de la terre, se préparer à des luttes fratricides, dans lesquelles ils se dévoreront mutuellement : à des luttes, dont chacun d'eux, vaguement conscient de la terrible partie qui s'y jouera, s'applique, pour le moment, à retarder l'heure, l'heure fatale, inévitable ?

« Et n'entendez-vous, n'entendez-vous pas, planant sur cette confusion le grand silence de Dieu? Ne voyez-vous pas son implacable longanimité, miséricordieuse et vengeresse tout ensemble, qui laisse le mal remporter des triomphes incessants sur le bien, maladroitement défendu ou lâchement livré par ses défenseurs aux abois ?

« Oh ! dans cette épouvantable tempête dont nous avons à peine essuyé, jusqu'à ce jour, les premières bourrasques, nous ne pouvons, nous qui avons la foi, éprouver la moindre crainte pour l'Église elle-même. Ballottée, arrachée peut-être des rivages qu'elle côtoyait depuis tant de siècles, elle ne sera jamais submergée : peut-être même la tempête la jettera-t-elle au port, plus sûrement et plus vite, que le calme plat des jours heureux ne l'y eût conduite.

« Mais tout semble se préparer pour le châtiment de certaines contrées. Certaines églises pourraient s'appliquer le mot de l'Apocalypse : *Nomen habes quod vivas*. Elles sont dites vivre, et la mort, chez elles, a déjà commencé son œuvre. Manifestement, certains flambeaux qui durant tant de siècles, ainsi que ceux des églises mortes d'Orient, avaient jeté un si vif et si salutaire éclat, vont être mus par la main de Dieu, enlevés à jamais du sol qui ne mérite plus de les porter, et transférés ailleurs. — Lesquels ? — Et quel peuple les recevra ? — C'est le secret du Tout-Puissant. Mais que le fait lui-même doive se produire quelque part, il n'y a plus guère moyen d'en douter.

« Que faire, maintenant, dans cette situation périlleuse, effrayante, où l'état décadent, ici et là, des ressources intérieures de la défense, je veux dire, où le désarroi, le défaut d'initiative et d'entente des défenseurs de la place conspire avec l'entente diabolique et les formidables ressources de l'agresseur ?

« Il ne saurait entrer dans ma pensée, mon cher ami, de chercher pour vous quelque indication profitable dans la manière d'être et d'agir que les événements m'ont imposée. Je ne suis qu'une pauvre exception.

« A chacun, d'ailleurs, sa grâce et ses dons personnels : à chacun son poste de service, sinon de combat, dans la petite troupe, chaque jour moins compacte, des braves qui n'ont point cédé à la soif brûlante, décevante, et qui ont franchi le torrent, sans mouiller leurs lèvres à l'eau fuyante des dignités, des grandeurs.

« Vous avez lu, dans les histoires, qu'un bon nombre de chrétiens, — il y en avait de toutes les professions, de tous les rangs, les uns illustres et saints, les autres obscurs et sans autre recommandation qu'une vertu peu affermie, — s'enfuirent au désert, lorsqu'ils entendirent les formidables craquements du vieux monde Romain, et qu'ils virent les terrifiantes oscillations du colosse arraché de ses bases ; surtout, lorsqu'ils assistèrent à l'horrible travail de décomposition qui hâtait au dedans l'heure du triomphe de la barbarie, campée et mugissante sur toutes les frontières de l'Empire.

« Quoi qu'il puisse y avoir de prétention ridicule dans ce rapprochement, je ne puis m'empêcher de confesser que j'ai fait comme eux.

« Mon ami, par une suite de circonstances que je n'avais point cherchées, j'ai été mêlé à trop de choses, sur des points fort distants les uns des autres, à des hauteurs très inégales sans doute, mais quelques-unes fort élevées ; j'ai trop vu, trop entendu, j'ai reçu trop de confidences, surpris trop de secrets, les uns d'une édification admirable, je le reconnais, mais les autres si lourds à porter !...

« Ma foi, grâces éternelles en soient rendues à Dieu, n'en a point été affaiblie, tout au contraire. Non, jamais la sainte Église du Christ ne m'est apparue plus grande, plus sainte, plus indéfectible, qu'à ce spectacle des misères, des petitesses infinies de quelques-uns, — je dis « quelques-uns », car généraliser et même pluraliser largement serait ici, de ma part, une exagération coupable.

« Mais, en même temps que ma foi grandissait et s'affermissait dans ces milieux qui ont été mortels, — je l'ai vu, — pour plusieurs autres, je me sentais envahir par une salutaire défiance de moi-même, une défiance que je ne me connaissais pas. Et je me demandais ce qu'il adviendrait de moi, chétif, s'il me fallait monter plus haut, lorsque je voyais de tout près, si disproportionnés avec leur tâche, si mesquins et misérables dans leur haute situation, tant d'autres qui valaient beaucoup mieux que moi.

« Puis, un immense dégoût m'a pris, le dégoût des hommes, non ce dégoût qui est fait d'orgueil, mais celui qu'inspire la commisération, et que ne renie point la sainte charité...

« Puis, l'occasion s'est présentée, par le fait des autres beaucoup plus que de mon gré... je l'ai saisie. Devançant l'heure où, effectivement, la mort m'en délivrera, je suis sorti de ce monde, et sans enjamber ses frontières, je lui ai dit un éternel adieu.

« Le temps n'étant plus où l'on pouvait s'enfoncer au

désert, j'ai fait le désert autour de moi. Plus de charges, plus d'affaires, plus de relations d'amis. Je pourrais presque dire, plus de famille, plus de pays natal, plus de patrie... La solitude, la bienheureuse solitude, la seule béatitude, a-t-on dit ! Oh ! oui, la seule béatitude, car en ce qui me regarde, c'est là seulement que je l'ai rencontrée.

« La Providence a daigné, me semble-t-il, me faire savoir que j'étais bien dans ma voie. Elle a pourvu, au jour le jour, à tout ce qui m'était nécessaire. N'ayant plus rien, moi qui autrefois possédais, je n'ai jamais moins ressenti l'aiguillon du besoin. Le corbeau d'Élie le prophète et celui de Paul l'ermite sont, je l'ai appris par moi-même, des types figuratifs qui se reproduisent quelquefois.....

« Mais je ne m'endors pas dans une oisiveté maussade, indigne du prêtre. Libre de toute occupation commandée, d'office, jamais pareille activité n'a dévoré mes journées. Voilà dix ans, quinze ans, qui ont passé, pour moi, avec la rapidité de l'éclair.

« De temps à autre, je reviens à la paisible retraite que je me suis ménagée au sein d'un petit peuple croyant, protégé par ses montagnes. J'y foule, du moins, l'un des derniers lambeaux de terre où l'Église occupe encore la place qui lui revient de droit. Mais le plus souvent, je parcours le monde, emportant mon désert avec moi. De préférence, je séjourne dans les grandes villes, centres intellectuels où mon esprit trouve plus de ressources, milieux bruyants et mouvants où il m'est plus facile de passer, solitaire, perdu dans la multitude indifférente. Je me plais aussi, vous venez d'en avoir la preuve, aux portes des grands sanctuaires du monde chrétien : j'y fais de longs et silencieux pèlerinages. J'y prie à mon aise, perdu encore dans la foule, caché dans l'ombre de quelque pilier. Je m'y trouve bien, car prier et penser, me souvenir et voir sans être vu, ni remarqué, ni compté pour rien, lire beaucoup, écrire à mes heures, voilà, désormais, tout mon programme.

« Mais je vous le répète, je ne suis qu'une pauvre exception, qui ne tire pas à conséquence. Il n'y a rien là qui puisse vous convenir.

« Pour vous, mon cher ami, s'il m'est permis de vous soumettre quelques conseils pratiques, sous forme de conclusion à ce trop long entretien :

« Vous êtes, à cet âge vraiment fécond où la maturité à peine commencée laisse encore intactes les forces vives et les ardeurs de la jeunesse : ne désertez pas le combat.

« Tenez-vous, simplement et sans arrière-pensée, à la place que Dieu, par vos supérieurs, vous a assignée. Gardez-la jusqu'à ce que Dieu, par une disposition formelle de sa Providence, vous appelle ailleurs.

« Humble en soi, cette place est d'une haute importance et d'un attrait singulier pour un cœur vraiment sacerdotal, puisque, sans vous imposer les soucis peu consolants de l'administration, sans vous exposer à ses dangers, surtout en ces jours d'universel désarroi, elle vous met en contact immédiat avec les âmes, vous permet de jouir de leur commerce, vous donne l'occasion et le mérite d'en sauver plusieurs qui, sans vous, seraient allées grossir le nombre incalculable de celles qui se perdent tous les jours.

« Le bien que vous accomplirez sera purement relatif, sans doute, et infiniment restreint en comparaison du mal qui se fait, qui se fera peut-être sous vos yeux, et peut-être par ceux de la part desquels vous devriez le moins l'attendre. « Il est nécessaire, hélas ! que le scandale arrive, » et les temps où nous vivons ne sont pas de ceux qui laisseront tomber en désuétude cette terrible loi.

« Mais quoi qu'il advienne, sans sortir des limites que vous assigne votre situation dans l'Église, ne laissez jamais prescrire le mensonge, triompher sans protestation l'injustice. Ne laissez pas le scandale déshonorer et ravager la maison de Dieu, sans que vous criiez à Dieu et aux hommes votre juste plainte indignée.

« Jamais les saints ne se sont tu devant l'iniquité, d'où qu'elle vint. Où sera la protestation contre le mal audacieux, si on ne la rencontre pas sur les lèvres du prêtre?

« Mieux vaut révéler un scandale individuel, que de donner au monde le scandale autrement affreux de tout un clergé qui couvre une honte, plus ou moins connue du reste, et qui, laissant le champ libre à la corruption, semble, par le fait, endosser la responsabilité de fautes dont le déshonneur retombe, ainsi, sur l'Église.

« Je ne vous cacherai pas, après tout ce que je vous ai dit, hier et aujourd'hui, qu'il vous faudra, en pareil cas, vous armer d'un rare courage et mettre de côté toutes considérations humaines. Mais le devoir est là : accomplissez-le, quoi qu'il vous en puisse arriver.

« En toute occasion et de toute manière défendez la justice, défendez la vérité.

« Sans vous arroger je ne sais quelle mission problématique, imaginaire, et qui elle-même serait un piège de l'ennemi, montrez-vous, dans les bornes de votre champ d'action, le défenseur intrépide de toutes les lois de l'Église, disciplinaires ou autres.

Sans leur manquer de respect, ni de pleine et entière soumission à tous les ordres qu'ils pourraient vous donner, sachez, en toute simplicité, pureté d'intention et grandeur d'âme, dire à vos supérieurs, si l'occasion vous en est fournie : *Est, est, non, non!*

« Vous ne gagnerez peut-être pas un brillant avance-

ment à cette conduite inusitée de nos jours. Mais qu'importe?
— Le devoir est là.

« Peut-être enfin succomberez-vous. — Qu'importe
encore? quoique ce ne soit pas certain, car un homme résolu à
tenir jusqu'à épuisement complet de ses forces est bien
près de la victoire. Mais enfin, qu'importe? puisque Dieu qui
nous a commandé de combattre, ne nous a point fait une
obligation de remporter la victoire.

« Oh! la victoire, surtout quand il s'agit du rétablissement
des lois canoniques, elle est bien invraisemblable, humainement parlant. Que de prélats j'ai connus, qui, animés des
intentions les plus parfaites, se promettaient, au jour de leur
promotion, de tout tenter pour revenir à la saine pratique
des lois disciplinaires, et n'ont rien tenu de leurs promesses,
enchevêtrés qu'ils se trouvèrent dès l'abord dans un inextri-
cable réseau!...

« Je ne puis oublier, d'ailleurs, qu'un vaillant entre les
vaillants, l'illustre Guéranger, après avoir reçu du Saint-
Siège, dans le Bref mémorable qui rétablissait la Congrégation Bénédictine de France, la mission de revendiquer et
de préparer le rétablissement du droit canonique dans son
pays, a dû reculer devant les difficultés de la tâche. —
Mais qui sait si Dieu, qui aime à se servir des faibles pour
faire éclater sa puissance, ne réserve pas à un infiniment
petit la joie et le mérite d'un succès inespéré, impossible?...
Parfois, ainsi, la faible voix d'un enfant perce le grondement
terrible de la tempête et domine le tumulte des ouragans,
alors que la clameur de tout un peuple en détresse ne par-
vient pas à se faire entendre....

« Mais par dessus tout, mon ami, mon frère dans le sacerdoce, dilatez votre âme, agrandissez-la par la sainte charité. Terrible aux abus, impitoyable pour les attentats contre les principes, tout haine et mépris pour le mal, soyez d'autant plus indulgent, miséricordieux pour les personnes. Animé de la plus respectueuse et intime dilection envers vos supérieurs, s'il s'en rencontre que vous deviez combattre : fraternel et plus que fraternel à l'égard de vos égaux, désirant plutôt avec l'Apôtre, être anathème pour tous, afin que tous soient sauvés.....

« Soyez intrépide et ne fléchissez jamais dans la lutte ; mais, où abondera votre abnégation, votre courage, souvenez-vous de faire surabonder toujours et avec éclat la sainte charité.

« Pardonnez tout le mal qui vous sera fait. Opprobres, mauvais traitements, calomnies, pardonnez tout, et si promptement, si joyeusement, que nul ne puisse dire que vous le poursuivez pour le mal qu'il vous a fait, ou qu'il a tenté de vous faire.

« Ah ! le monde périt, parce que la charité qui est le soleil des âmes, s'est refroidie au cœur d'un trop grand nombre de chrétiens. Ranimez-la, autant qu'il sera en vous, par vos paroles et surtout par votre exemple.

« Soyez le champion de la justice qu'on étouffe sous un amas de mauvaises raisons et de misérables prétextes. Soyez le défenseur de la vérité qu'on outrage par un enseignement amoindri. Mais souvenez-vous que le divin Vengeur de la justice et de la vérité, et que sa sublime coopératrice, la Vierge Marie, n'ont accompli leur œuvre qu'en se laissant crucifier, de corps ou de cœur, pour tuer le mensonge et abolir l'iniquité.

« Souvenez-vous qu'ils n'ont triomphé qu'en promulguant dans le même temps, et en accomplissant les premiers, à un prix qu'aucun autre n'y mettra, la grande loi du monde nouveau : la charité portée jusqu'au pardon imploré pour les bourreaux qui les avaient crucifiés, jusqu'à l'adoption maternelle des mêmes bourreaux par Celle qu'ils inondaient du sang de son propre Fils.

« Le nom béni et si doux de la Vierge Marie mettra fin à mes paroles. Aussi bien, c'est Elle qui, dans un dessein que j'ignore, nous a réunis dans la prière au pied de l'un de ses autels préférés.

« Nous ne nous reverrons plus en ce monde, apparemment. — Adieu ! — Et à plus tard, dans le sein du Père, par son infinie miséricorde, notre futur rendez-vous ! »

XVI

Ce qu'il m'est impossible de ne pas conclure.

C'est à peine s'il me laissa le temps, en lui serrant la main qu'il m'offrait, de lui murmurer quelques mots, qu'il sembla ne point entendre.

— « Finalement, mon bon ami, me dit-il en se retournant vers moi, après avoir fait trois pas, je ne sais pas encore, pour mon propre compte, ce qui a pu m'induire, contre toutes mes habitudes, à tant prolonger la conversation... Je ne vous avais jamais vu, et selon toute apparence vous ne me reverrez jamais... »

Il n'attendit pas la réponse à cette saillie, accompagnée d'un demi-sourire : je le vis s'éloigner rapidement.

L'après-midi, il ne parut pas à la Basilique. Je ne l'y vis point, le lendemain, célébrer les saints Mystères, à son heure accoutumée. — Il était parti !

Qu'était-ce donc que cet homme ? — J'aurais pu aller aux renseignements, essayer de découvrir quelque chose à

son sujet. Un moment, j'en eus l'idée ; je ne l'ai pas fait. Il
me sembla peu discret, peu délicat de chercher à percer un
incognito qu'il avait voulu garder jusqu'à la fin. Mes recher-
ches, d'ailleurs, à supposer qu'elles n'eussent pas été absolument vaines, n'auraient eu qu'un maigre succès.

Un nom, totalement inconnu et d'emprunt, probablement.
Un lieu d'origine ou de séjour habituel, qui ne m'aurait
point éclairé. Un relevé sommaire de lettres testimoniales,
de Rome ou de quelque autre grande église... J'aurais pu
sans trop de peine trouver tout cela, mais tout cela ne m'aurait rien appris de ce que je désirais savoir.

Quant à recueillir quelque écho de conversations qu'il
aurait eues avec d'autres personnes attachées à la Basilique,
ou appartenant au voisinage de celle-ci, il n'y fallait pas
compter. Le peu qu'il m'avait dit de ses goûts, de son genre
de vie, me faisait comprendre qu'il n'était point homme à
s'abandonner aux confidences.

Et puis, à quoi bon, me donner tant de mal ? N'étais-je
pas suffisamment renseigné pour comprendre que la
Providence venait encore, comme elle l'avait déjà fait tant
de fois, de m'envoyer un maître non cherché, tout à fait
imprévu, un maître ou plutôt le maître nécessaire pour le
moment, et qui, sa tâche achevée, sa courte mission remplie,
disparaissait comme avaient disparu, pour moi, tous ceux
qui l'avaient précédé dans l'œuvre de ma formation intellectuelle, morale, spirituelle ?

Au surplus, le mystère a son charme. Il agrandit les
objets, les enveloppe d'une majesté indéfinissable, les élève
au-dessus de la nature, les rapproche de l'idéal. Il me plaisait de laisser dans la pénombre du mystère la belle figure
de ce maître, que son apparition inattendue, sa brusque
disparition, et la multitude, et la profondeur, et l'à propos
intime des choses qu'il m'avait enseignées en deux heures,

trois au plus, rehaussaient, exaltaient dans mon **souvenir** ému. Je voulus rester sous cette impression. — Je gardai mon « problème », sans en chercher plus longtemps la solution.

Moi-même je quittai peu après lui la sainte colline de Fourvière. Mes vacances s'achevaient, je dus rejoindre mon poste. C'est à peine si je pus, durant trois ou quatre jours, vaquer à l'action de grâces, aux pieds de mon auguste Madone. J'aurais tant désiré prolonger à l'ombre de son sanctuaire, sur la hauteur bénie, ce que je considérais comme ma veillée des armes !

Je dis : ma veillée des armes, car il ne me fallut pas beaucoup de réflexions, ni un long retour sur moi-même pour comprendre que le fait de cette Rencontre était le fait principal de ma vie, le point culminant de mon existence, celui vers lequel convergeaient toutes les vicissitudes de mon passé, d'où manifestement descendraient, que je le voulusse ou non, toutes les joies et toutes les douleurs de mon avenir.

C'est sous l'empire de cette pensée, que je partis de Fourvière, bénissant la Vierge de la grâce insigne qu'elle m'avait obtenue, et que j'emportais, que je serrais contre mon sein, comme un de ces « talents » évangéliques, qu'il ne me serait pas permis, désormais, de laisser improductif.

Et chemin faisant, je tirais de cet épisode des derniers jours, des conclusions qu'il m'était impossible de ne pas déduire, tant elles m'apparaissaient lumineuses, d'une lumière calme, pure, sainte, reposante.

Et depuis, je n'ai pu vivre un seul jour, que ces mêmes conclusions, méditées dans la prière, soumises au contrôle de mes directeurs spirituels, ne se soient imposées irrésistible- ment à ma pensée. Elles sont devenues ma vie, et comme l'âme de mon âme. Je tire d'elles toute ma force ; et volontiers, s'il le faut, je leur sacrifierai repos, bonheur, honneurs, réputation, légitimes jouissances, tout ce qui peut me rester encore en ce monde.

Il m'avait dit, — ce fut son dernier mot : « Je ne sais pas encore ce qui a pu m'induire, contre toutes mes habitudes, à tant prolonger la conversation ».

Peut-être ne le savait-il pas, en effet. Moi, je le savais bien. A mesure qu'il me parlait, je voyais revivre à mes yeux l'un après l'autre, les épisodes de ma vie, se dérouler les pages de mon existence, se dresser devant moi la série de mes rudes épreuves.

A chaque instant, il côtoyait ma route, montrait du doigt et décrivait avec une vérité frappante les situations pénibles contre lesquelles s'étaient heurtés mon zèle, mon amour de la vérité, de la justice et des âmes, ma bonne foi.

Ce que j'avais ressenti, ce que je ressentais encore, il me le racontait, comme on raconte à un tiers, des faits auxquels il n'a point été mêlé. Ce que j'avais souffert, ce que je souffrais encore, dans le secret de mon cœur, il l'analysait avec d'autant plus de précision et de fermeté, qu'il semblait ne pas se douter que je fusse personnellement le sujet sur lequel il opérait son travail de dissection. Ce que je pensais tout bas, enfin, et depuis longtemps, mais ce que j'aurais été incapable d'exprimer avec autant de netteté et de charme, il le pensait tout haut, et le disait avec une autorité, une conviction à laquelle, s'il avait eu un auditoire devant lui, nul n'aurait résisté.

En un mot, de lui à moi, il avait produit un de ces effets qui impressionnent toujours si vivement, sur la scène, lorsqu'un personnage inattendu intervient et, sans en avoir

conscience, raconte à son interlocuteur les principaux incidents de la vie de celui-ci, lui dévoile ses plus intimes pensées; lorsque, sans s'en douter, le même personnage, qu'on
n'a point vu jusque-là, prononce les paroles décisives qui
éclairent la situation, trouve la formule, le mot qui, mettant fin à toutes les hésitations, débrouillant les fils emmê-
lés, coupant court à toutes les péripéties, amènera enfin le
dénouement de la pièce.

Car je ne puis voir, dans les fortes et lumineuses conclusions de mon personnage, dans ses conseils pratiques, dans
ses adjurations si logiquement amenées, issues des entrailles mêmes du sujet, autre chose que la formule adéquate
de mes aspirations secrètes, nées, à leur tour, de toutes les
péripéties de mon existence, de mes longues épreuves et
de celle, en particulier, qui les a dominées, comme la Croix
du Calvaire domine toutes les aspérités qui y conduisent.

Ce que je sentais, ce que je voulais, ce dont mon âme
avait faim et soif, il me l'a énoncé en quelques mots, aussi
nets qu'incisifs, aussi persuasifs que catégoriques et touchants.

Oui, je sentais depuis longtemps que Dieu ne m'avait
pas conduit, sans un but déterminé, par ces terribles
épreuves qui m'ont pris à quelques années seulement du
berceau et, tout considéré, malgré quelque répit, ne m'ont
jamais lâché jusqu'à ce jour.

Oui, je comprenais que ma survivance et surtout la
survivance de ma vocation, et — soit dit sans oublier mes
profondes misères, que je confesse humblement, — ma
persévérance dans le droit chemin, ne pouvaient être, à mes
yeux, que l'indice d'une obligation plus étroite pour moi,
de pousser plus loin que les autres, jusqu'à une mesure
sans mesure, en vue de quelque but spécial, le renoncement,
l'abnégation, le sacrifice.

Oui, je me disais bien souvent que les passes ensoleillées et parfois merveilleuses dont la Providence avait entrecoupé mon pénible voyage, étaient destinées, sans doute, à me procurer les secours sans lesquels je n'aurais pu parvenir au terme de ma vocation ; mais qu'elles avaient aussi pour fin de me faire toucher de près ma faiblesse native, si portée à s'éprendre des enchantements de ce monde, et par leur soustraction qui toujours suivit de près le moment où ils furent mis à ma portée, de m'apprendre à m'en détacher et à **ne les** compter pour rien.

Oh ! oui, mon Dieu, depuis l'enfance, vous m'avez fait libre de toute attache, libre par le malheur. Plus de famille, plus même de ces souvenirs qui vous retiennent au sol natal, pas même une tombe qui me contrarie dans la pratique de la sainte indifférence à l'égard de tous les lieux de la terre. Plus un seul lien qui gêne ou paralyse les mouvements de zèle que vous pourrez m'inspirer, pour faire votre œuvre et combattre votre combat.

Oh ! oui, mon Dieu, vous m'avez de bonne heure aguerri contre la souffrance, endurci à la douleur. Pauvreté, privations, peines angoissantes et brisement, broiement du cœur, vous ne m'avez rien épargné, tout en veillant avec la tendresse d'une mère et la sagesse du père le plus compatissant, pour que l'épreuve n'excédât jamais la mesure de mes forces. Ils ont été rudes pour moi, les exercices de ce noviciat de quarante ans ! Que pourrais-je bien souffrir, désormais, pour votre service et l'accomplissement de votre œuvre, que je n'aie déjà souffert, avec quoi je ne me sois familiarisé ?

Donc, mon Dieu, je suis prêt, me voici.

Les maîtres que vous m'avez donnés successivement, m'ont instruit, chacun pour leur part, avec plus de fruit que je n'en aurais recueilli dans la voie commune, si les coups de catastrophe ne m'avaient interdit de suivre le cours régulier de ma formation littéraire et sacerdotale.

L'un d'eux, le premier, m'a appris, dès l'adolescence, en quelle considération l'homme devait, sans orgueil ni timidité pusillanime, tenir sa propre dignité ; le soin qu'il lui fallait avoir de son propre honneur, la fermeté et la noblesse qu'il devait s'accoutumer, dès le commencement, à montrer dans son caractère. Il m'a enseigné la droiture sans feinte et l'amour de la vérité, de la justice, sans arrière-pensée ni compromissions. — Je ne savais pas, à cet âge, que ces leçons seraient pour moi, dans l'avenir, d'une si rigoureuse et si urgente application.

D'autres, dans leurs écoles, — les plus hautes et les plus savantes que l'Église possède en ce genre, à la Trappe, à la Chartreuse, — m'ont appris la science de la vraie et pure piété, l'art de la prière, celui de la mortification profonde, de la pénitence austère et douce. J'ai été familiarisé, avant l'âge, avec les longs jeûnes et le perpétuel silence.

D'autres m'ont formé plus particulièrement et avec un talent qui n'est plus à louer, à la vie sacerdotale, préparé aux sublimes et délicates fonctions du ministère ecclésiastique, initié aux secrets de l'art de conduire les âmes.

Un autre, à son heure, reprenant, sans le savoir, les leçons déjà lointaines de mon premier éducateur, m'a rajeuni son enseignement, et l'a merveilleusement adapté aux devoirs que m'imposait mon début dans la carrière sacerdotale. Avec toute l'autorité que lui donnaient sur moi son âge vénérable, ses vertus éminentes, sa situation, sa haute intelligence, ses talents, ses bienfaits, il a ravivé, creusé plus à fond, s'il était possible, l'empreinte que j'avais reçue du premier,

touchant la noblesse et la fermeté du caractère, le souci de
mon propre honneur, l'amour sans défaillance de la droiture,
de la loyauté parfaite, de la vérité, de la justice, joint à la
charité toujours indulgente et miséricordieuse envers les
personnes.

Un autre, enfin, le dernier, celui qui, pour ainsi dire,
n'a fait qu'apparaître et disparaître à mes yeux éblouis, et
dont l'enseignement si rapide et si plein retentit encore à
mes oreilles, m'a montré le point précis auquel aboutit tout
ce passé. Avec la lucidité transparente d'une parole qui
exprime une chose et en laisse apercevoir vingt autres, qui
énonce une pensée et suggère, à sa suite, d'inépuisables
réflexions, il m'a indiqué la voie qu'il me faudrait tenir
désormais. Ses conseils, à mon endroit, ont trahi aussi peu
d'hésitation qu'il n'en aurait éprouvé, s'il avait connu toutes
mes voies antérieures.

Il m'a dit :

« Les temps sont mauvais. Voyez : partout la décadence ! Armez-vous de force pour les bons combats. »

— Et je me suis rappelé que, précisément, aucune ordination, pas même l'ordination sacerdotale, n'avait fait sur
mon âme une impression de grâce, comparable à celle dont je
fus honoré, comblé, dans ma promotion au Diaconat, cet
Ordre qui confère précisément l'Esprit de force, *Spiritum
sanctum ad robur*.

Il ne m'a pas dit, mais il m'a seulement laissé entendre,
avec plus de clarté et d'énergie que s'il me l'avait dit :

« Toutes choses, dans cet universel désarroi, ont besoin d'être renouvelées, c'est-à-dire ramenées à leur glorieux et fécond commencement. C'est le moment de reprendre, pour notre compte, la prière du prophète pleurant sur les ruines de la cité sainte : *Innova dies nostros sicut a principio.* »

— Cette constatation, il avait le droit de la faire, puisque, je l'ai compris, les circonstances l'ont mêlé à tant de choses ; puisque, ayant pu voir de si près les administrations, les hauts dignitaires, et toutes les intrigues qui se nouent autour de leur pouvoir, les pasteurs des peuples et les mille affaires qui aboutissent à leur tribunal et à leurs bureaux, il est, mieux que quiconque, à même de juger de l'état réel de notre société, des vertus qui y sont en honneur, comme des défaillances, coupables ou non, qui s'y produisent. — Et je me suis rappelé que moi-même j'avais pu faire, à mes dépens, quelques constatations analogues, et sur lesquelles il me serait douloureux de revenir, en ce moment.

Il m'a dit :

« Ce n'est point au soldat qu'il appartient de choisir son poste de combat, ni de se donner une autre mission que celle de l'obéissance. Restez à la place où la Providence vous a mis ; restez-y aussi longtemps qu'elle vous y maintiendra. Ne le quittez que sur son ordre manifesté par ceux qui exercent, sous leur propre responsabilité, son autorité sur vous. Et de toute votre ardeur adonnez-vous aux travaux du saint ministère, sans choisir entre celui-ci et celui-là, mais avec une préférence marquée, s'il y a lieu à quelque préférence, pour les plus humbles et les plus cachés. »

— Je serai fidèle à cette consigne, qui m'est douce par

tempérament, et je la garderai aussi longtemps que Dieu ne
m'en aura point relevé : tenant par dessus tout à ne me dis-
tinguer en rien de mes compagnons d'armes, et à vivre plutôt, s'il se peut, perdu dans leur multitude que je vénère, et
que je veux honorer moi-même, autant qu'il est en moi, par
l'exercice des vertus qui font le prêtre selon le cœur de Dieu.

Mais il m'a dit aussi :

« De toutes vos forces, par tous les moyens qui sont à
votre disposition, sans jamais sortir des limites que vous
impose votre condition hiérarchique, défendez la vérité
outragée, trahie. Défendez, revendiquez la justice, qu'on
abandonne pour le vil intérêt sous toutes ses formes. Arrière
les pusillanimes, qui par crainte d'un scandale, font éclater
et propagent le pire des scandales : le scandale qui, procé-
dant d'un amour insensé de la paix, recouvre la corruption,
la protège et l'entretient à l'aide du mensonge, trompe
pieusement les âmes, et les conduit tout droit au précipice !
Soyez prudent, soyez humble. D'ailleurs, il n'est ni nécessaire, ni même logique de se rebeller contre ses chefs pour
défendre la vérité, la justice, et pas n'est besoin de sortir du
rang, pour crier au loup ravisseur, caché sous une toison de
brebis, qu'il souille de son contact. »

— La sainte vérité, il me semble l'avoir déjà défendue
avec assez de désintéressement, puisqu'on m'en a tenu si
grande rigueur, et que, humainement parlant, j'y ai tout
perdu. Mais qu'importe ? —Je la défendrai avec plus de courage encore. Je la proclamerai, dussent tous les faux docteurs dont ces temps sont pleins, se voiler la face et aviser
à tous les moyens, honnêtes ou non, de me perdre.

A l'exemple de tant de saints qui, en des temps mauvais,

déliquescents comme les nôtres, n'ont cessé de dénoncer l'iniquité, estimant que ce n'est point scandaliser les âmes que de les mettre en garde contre ce qui, effectivement, et plus que tout le reste, les porte au mal, je ne tairai pas, non, je ne tairai jamais l'iniquité, — j'entends, celle qui porte préjudice au bien de tous.

Je défendrai la justice, et travaillerai de tout mon pouvoir, si minime qu'il soit, à son rétablissement parmi nous : je veux dire, au rétablissement des saintes lois qui en assurent le règne, en préparent et protègent les intègres décisions.

Pour atteindre ce double but, il n'est pas une pierre à ma portée, sous ma main, que je ne sois résolu à remuer, dût-elle retomber sur moi, m'écraser de son poids. Il n'est pas nécessaire que je vive, ni que je sois heureux et honoré en ce monde ; mais il est nécessaire que j'aille droit au but qui m'a été montré..... Dieu fera le reste, et suscitera d'autres défenseurs à sa cause, si pourtant nos crimes, notre longue iniquité, n'ont pas mérité qu'il nous inflige à jamais son terrible, effroyable silence, et nous laisse glisser jusqu'au fond de l'abîme.

Il m'a dit encore :

« Mais par dessus la vérité, la justice, s'il peut y avoir des degrés en tout cela, défendez autour de vous, et, autant qu'il est en vous, faites régner la sainte charité dans le peuple chrétien, en la pratiquant le premier jusqu'au sacrifice absolu de vous-même, s'il en est besoin. Nous sommes arrivés aux temps prédits où « la charité de beaucoup de fidèles se refroidira. » La charité ! On n'en a plus même la vraie notion, et l'on s'imagine l'avoir pratiquée dans toute son ampleur, dans toute sa perfection, lorsqu'on a jeté, par intermédiaire, quelque obole à la misère du pauvre. On croit, d'autre part, et cette erreur est fatale, qu'il est impossible, en certains cas, de défendre la justice, et de faire respecter les droits de la vérité, sans blesser la charité due au prochain ; alors que, au contraire, la défense de ces droits supérieurs, et de ces conditions indispensables de la vie chrétienne au sein des sociétés, est la plus haute expression de la charité mise au service du prochain. Inflexible sur les principes, impitoyable pour les abus, soyez respectueux, indulgent et plus que miséricordieux pour les personnes. Par dessus tout, aimez en Dieu et pour Dieu, — ce qui vous donne la mesure que vous devez mettre à cet amour, — les personnes et les âmes de ceux que vous aurez à combattre, et qui peut-être vous feront cruellement expier votre amour. »

— J'ai compris l'enseignement, je l'ai retenu, et avec la grâce de Dieu, je le mettrai en pratique. Ah ! je puis dire de cet enseignement, que Dieu lui-même m'y avait dès longtemps préparé, qu'il m'en avait, dès l'enfance, fait épeler en pleurant tous les préceptes. Quelle a été dans ma vie, l'heure à laquelle je n'ai pas eu à pardonner, même à ceux envers lesquels je n'aurais dû connaître que l'affection reconnaissante et la tendresse heureuse de s'affirmer, de se répandre en manifestations de toute sorte ?

Et plus tard, dans des revendications qu'on a voulu croire exclusivement et misérablement personnelles, alors que l'intérêt général de la sainte Église était la seule considération qui pût soutenir mes forces inégales, défaillantes, et me faire espérer contre l'espérance même, à combien de gens de toute condition, de tout rang, n'ai-je pas dû pardonner, comme je leur pardonne encore, en ce moment, dans toute la sincérité de mon âme et avec la magnanimité de cœur qui convient à mon sacerdoce ?

Mais je comprends aussi que le temps présent demande quelque chose de plus que la pratique personnelle, pour soi et quelques-uns de son entourage, de cette sainte charité sans laquelle il n'est pas de véritable chrétien. Je comprends, par ailleurs, que mon entreprise, toute de luttes et de combats pour la vérité, pour la justice, doit être accompagnée de l'œuvre de paix, de respect, de miséricorde et de prière pour tous ceux qui nous persécutent et nous font souffrir. Je comprends qu'il faut, de toute nécessité, que le pardon des offenses y soit prêché aussi haut, et aussi généreusement pratiqué, que la vérité et la justice y seront opiniatrément défendues.

Ah! que Dieu nous ramène aux commencements bénis du christianisme : *Innova dies nostros sicut a principio.*

En ces temps, le monde païen qui allait succomber sous leur assaut pacifique, ne voyait dans les chrétiens qu'ils immolaient par milliers, par millions, que trois signes vraiment caractéristiques, et qu'il ne parvenait pas à s'expliquer : l'intrépidité calme mais irréductible qu'ils mettaient à défendre leurs croyances, c'est-à-dire la vérité, la justice, affirmées jusqu'à la mort, revendiquées jusque dans les plus effroyables supplices; — l'amour profond qui les animait, qui les dévorait, les uns pour les autres ; — et enfin le sublime pardon qu'ils offraient, le sourire aux lèvres, à leurs bourreaux, et aussi à leurs faux-frères, plus haïssables, certes, que les bourreaux.

Il faut en revenir là, sous peine de périr, car tout le christianisme est là, et non ailleurs. C'est par là seulement que nous pouvons conserver, dans nos chrétientés vieillies, chancelantes, assaillies de toutes parts, quelque espoir de renouveau. Imitons nos ancêtres, et pour le reste..... « laissons les morts ensevelir leurs morts. »

Le maître, enfin, pour achever sur un mot de sainte espérance, a voulu sceller nos entretiens ou plutôt son mystérieux enseignement, du doux nom de Marie.

C'était, qu'il le sût ou non, prononcer le mot, qui, dans ma vie, explique tout, les explications elles-mêmes, et renferme la solution de l'énigme que j'ai été longtemps à moi-même.

Ce mot prononcé, sa tâche était achevée, la mienne commençait.

ÉPILOGUE

A Notre-Dame du Pardon des Injures. — La Vierge qui « n'y est pas encore ». — Le mal de l'Église de France.

O douce Vierge Marie, Reine sublime et ineffable modèle du Pardon, plus d'une fois, au cours de la rédaction de ces *Souvenirs*, votre image m'est apparue, et je l'ai noté au passage. J'y reviens, au moment où je termine cette humble revue de mes années enfuies, pour jeter un coup d'œil sur ce qui sera, je le veux, le but principal, unique, et je l'espère de votre bonté maternelle, la grâce privilégiée de mon avenir.

Je vous ai appelée la Reine sublime et ineffable du Pardon. Quoi de plus juste, de mieux fondé en doctrine ? Quel est le chrétien qui ignore, — si pour son malheur il n'y réfléchit pas assez, — que c'est au Calvaire, sur la Croix, que le divin Maître et Sauveur, Jésus, votre Fils, ô Mère, a consacré, par son exemple adorable, cette loi du Pardon des Injures ? — cette loi fondamentale qu'il avait promulguée avec une si grande solennité, lorsque, nous donnant la formule immuable de la prière par excellence, il avait dit :

« Vous prierez ainsi » ; c'est-à-dire, vous prierez en pardon-
nant, vous pardonnerez en priant, et la mesure de votre
pardon deviendra la mesure de l'efficacité accordée à votre
prière.....

Mais au Calvaire, vous étiez là, très sainte Mère de
Dieu, tout près de la Croix, sous le sang de votre divin Fils,
associée à son sacrifice et constituée, par élection divine,
co-rédemptrice du genre humain. Vous étiez là, crucifiée en
votre cœur, tandis que votre Fils l'était en ses membres, en
ses membres saints dont il vous avait emprunté la substance,
ô Mère ineffable ! Vous étiez là, vous entendiez ses paroles,
et ses paroles créatrices, qui opéraient tout ce qu'elles signi-
fiaient, s'actualisaient en votre cœur, avant de s'accomplir
dans le reste du genre humain. Et vous avez entendu la
grande parole : « Père, pardonnez-leur, ils ne savent ce qu'ils
font. » Et la première, vous avez acquiescé à la loi nouvelle
de miséricorde mutuelle et d'invincible amour, que nulle
offense ne peut déconcerter, que nul attentat ne peut
vaincre.

Et votre acquiescement vous a coûté ce que jamais ne
coûtera à aucune créature humaine le pardon qu'elle doit à ses
plus cruels ennemis. Cet acquiescement vous a coûté votre
propre Fils, que, sur sa demande, vous avez échangé contre
ses bourreaux, les acceptant dès lors comme vos propres
enfants et les aimant comme tels.

O l'échange douloureux, incompréhensible, plus incompréhensible encore que celui qui, seul, fut exprimé à haute
voix, et qui jette saint Bernard dans la stupeur : l'échange
de Jésus contre Jean, le disciple bien-aimé ! — Et cet échange
qui ne fut point exprimé, sans doute parce qu'il était trop
au-dessus de la nature, vous l'avez accepté dans toute sa
rigueur.

Ah ! Dieu ne nous impose pas de pareils sacrifices. Il ne

met pas à un tel prix notre générosité. Pauvres pécheurs, qui nous-mêmes avons si grand besoin de pardon, et devant Dieu et devant les hommes, Dieu nous demande seulement d'aimer comme des frères ceux qui nous ont offensés.

A vous, Vierge très pure, qui n'avez jamais péché, à vous, Mère sublime du Fils éternel du Père, au moment même où ils l'ont crucifié sous vos yeux, au moment où son sang qu'ils versent jusqu'à la dernière goute, vous inonde vous-même de ses flots, il demande de les accepter pour vos enfants, au lieu et place de Celui qu'ils vous ravissent avec un si horrible déploiement de haine et de fureur !

Et vous acceptez l'offre ! Et c'est avec un vrai cœur de mère que, vous unissant au Fils de votre sein, vous implorez la Miséricorde infinie pour ces malheureux, ces damnés de la terre, devenus les enfants de votre douleur !

Qui donc pourra vous contester le titre de Reine et modèle achevé du Pardon des Injures, et que n'êtes-vous invoquée sous ce titre, honorée sous ce vocable ?

Daignez me permettre, ô Mère, qui, par vos bontés, vos prévenances, avez toujours tenu une si grande place dans ma vie, daignez me permettre de placer sous ce vocable si doux et si opportun, si plein d'enseignements, et si fécond en grâces de salut, les humbles efforts que j'entreprends, dans ma faiblesse, dans mon néant, dans ma misère personnelle et l'humilité de ma condition, pour la défense de la justice et de la vérité.

Soyez ainsi, et à ce titre, ma protectrice et ma défense contre moi-même, dans les surprises et les détours de la nature, qui pourraient troubler ma sérénité, ma paix, la pureté de mon zèle, au souvenir des maux que j'ai soufferts, à l'approche de ceux qui peut-être ne me seront pas épargnés.

Soyez aussi ma protectrice et ma garante devant les hommes, afin que ceux-ci se persuadent plus facilement que mon intention est droite, et que la sainte charité domine et vivifie, autant qu'il est en moi, toutes mes démarches.

Soyez encore, sous ce titre sublime et qui vous appartient si légitimement, la réconciliatrice des âmes, des âmes chrétiennes qui, de nos jours, savent si peu pardonner les offenses réelles ou imaginaires qui leur ont été faites.

Que ce grand obstacle au parfait accomplissement de l'un des préceptes fondamentaux, sans lesquels il n'y a pas de christianisme sincère, agissant, effectif, s'évanouisse, disparaisse à la lumière de ce titre, non formulé jusqu'ici peut-être, mais que vous avez rapporté, dans les plis de votre manteau sanglant, des hauteurs du Calvaire.

Et que par vous, ô Notre-Dame du Pardon des Injures, la vérité, la justice revivent parmi nous, sous la loi du pardon mutuel, généreusement et joyeusement offert, cordialement accepté! Que par vous la vérité, la justice, recouvrent chez nous la plénitude de leurs droits, sous la royale égide de la vraie et parfaite charité!

Douce Mère, lorsque, tout petit enfant, j'escaladais avec un attrait dont je ne comprenais pas le sens, la colline que déjà vous aviez choisie, et sur laquelle peu après on vous érigeait une monumentale statue, ne vouliez-vous point m'exhorter, pour le temps où je serais instruit par le malheur personnel, pour le jour où l'Église de France serait menacée des pires épreuves, à vous ériger un monument que vous n'avez pas encore, puisque nulle part, ni dans les lieux que j'ai parcourus, ni dans les livres que j'ai lus, je ne vous ai vue invoquée jusqu'ici, sous ce titre si naturel et si vrai?

S'il en est ainsi, ô Mère, qu'il soit fait selon les désirs augustes de votre cœur, et que la Madone du Pardon des Injures s'ajoute à la glorieuse série des Madones, qui, sous les noms les plus variés, les plus doux, nous redisent votre amour pour nous!

Je ne suis rien, je ne puis rien, mais j'écris ces dernières lignes au jour béni de votre Assomption glorieuse, au jour prédestiné où tant de choses salutaires, grandes ou petites, ont germé dans l'Église. Que cette date me soit un pieux motif de confiance et d'espoir!

Et que le pauvre petit enfant, que vous avez recueilli jadis, sauvé de tous les périls, arraché à toutes les catastrophes, défendu tant de fois contre la malice des hommes, n'oublie jamais que son premier devoir est de les aimer tous, à votre exemple, et de leur pardonner, avec la magnanimité d'un cœur de prêtre, tout le mal qu'ils lui ont fait, tout le mal que, peut-être, ils lui feront dans l'avenir!

Que, de plus, il répande parmi ses frères, aussi loin que pourra atteindre sa faible voix, le culte béni de *Notre-Dame du Pardon des Injures!*

S'il plaît à Dieu et à notre Mère la sainte Église, qu'il érige en tous les lieux où il lui sera donné d'agir, des statues, des images, des Madones saintes, en l'honneur de la Vierge, qui, sous ce titre chéri, « n'y est pas encore » !

Et qu'il meure content, non d'avoir triomphé peut-être, mais d'avoir courageusement combattu, longtemps souffert, beaucoup aimé!.....

« Ici, s'arrètent, pour le moment, les SOUVENIRS D'ÉTIENNE FOURVIÈRE. Inutile qu'un témoin journalier de sa vie en affirme la sincérité : elle éclate à toutes les lignes du livre. Tout y est substantiellement vrai. Non moins inopportun, sans doute, d'en faire ressortir le poignant intérêt.....

« Mais ce qu'il n'est pas inopportun de constater, après lecture, c'est que son récit, par certains côtés, franchit les limites de l'auto-biographie, pour entrer·dans le domaine de notre histoire ecclésiastique contemporaine. Mis à part les incidents de route, qui, naturellement, varient avec les individus, le siècle qui vient de finir a vu, dans nos pays, plus d'un Étienne Fourvière.

« Ce que les SOUVENIRS révèlent en maint endroit, c'est proprement le mal actuel, le mal de l'Église de France. Puissent les premiers intéressés le comprendre!

« A cette heure, l'avenir est plein de menaces. Pourvu qu'il ne nous apprenne pas trop cruellement ce qu'on a gagné, chez nous, à négliger et compter pour rien, depuis cent ans, malgré les avertissements réitérés, incessants, du Saint-Siège, les lois disciplinaires de l'Église !

« Les lois de discipline intérieure sont pour les collectivités ce que sont les lois de l'hygiène pour le corps. Un moment vient, où l'on s'aperçoit qu'on ne les a pas violées impunément. — Heureux, quand il n'est pas trop tard !

« Il y a soixante ans, un évêque de France, peu après archevêque de Paris, écrivait à propos de sa tentative de restauration des lois canoniques : « *Nous ne le dissimulons pas, notre œuvre nous est inspirée par le désir d'apaiser des plaintes, et de conjurer des divisions qui pourraient, dans un avenir prochain, déchirer l'Église de France.* »

« Ces essais n'eurent pas de suite, malheureusement : trop violente fut l'opposition qu'on leur fit un peu partout, en haut lieu principalement.

« Mais la parole inquiète de l'évêque est restée. D'aucuns prétendent que le jour n'est pas loin, qui justifiera ses alarmes.

« On parle de divisions, de déchirements prochains.

« Qui sait, à la vérité, ce que demain nous réserve ? — Et qui sait jusqu'à quel point un corps anémié par cent ans d'oubli de ce qui aurait le plus contribué à lui faire une santé robuste, sera capable de résister au choc redoutable qu'on nous annonce ?

« Quoi qu'il en soit, nous voulons espérer.

« Trop de vertus couvrent encore, chez nous, cet abandon fatal des lois qui font les églises fortes et prospères. D'ailleurs, les Étienne Fourvière ne sont point des révoltés. Ils ne feront jamais des apostats. Quelles qu'aient été leurs souffrances, ils comprennent autrement leur devoir ; et la Vierge du Pardon, qu'ils invoquent avec des larmes si touchantes, nous épargnera le suprême châtiment.

Ces humbles nous sauveront.

« Convenez tout de même, Lecteur, que dans ce que la tempête balaiera bientôt, il n'y aura pas lieu de tout regretter. »

4 Octobre 1901.

FIN

TABLE DES MATIÈRES

Pour paraître ultérjeurement

HISTOIRE d'une CAUSE

9 782329 496290